Beate M. Weingardt

Was die Seele bewegt, bewegt auch den Körper

Psychosomatische Signale verstehen – bewusster leben

SCM

Stiftung Christliche Medien

SCM R.Brockhaus ist ein Imprint der SCM Verlagsgruppe, die zur Stiftung Christliche Medien gehört, einer gemeinnützigen Stiftung, die sich für die Förderung und Verbreitung christlicher Bücher, Zeitschriften, Filme und Musik einsetzt.

4. Auflage 2019

© 2015 SCM R.Brockhaus in der SCM Verlagsgruppe GmbH
Max-Eyth-Straße 41 · 71088 Holzgerlingen
Internet: www.scm-brockhaus.de; E-Mail: info@scm-verlag.de

Wenn nicht anders angegeben, sind alle Bibeltexte von der Autorin selbst übersetzt worden.

Grafiken auf S. 104, 110 und 113 aus dem Buch:
„Why Zebras don't get ulcers. The Acclaimed Guide to Stress, Stress Related Diseases, and Coping" by Robert M. Sapolsky. Copyright © 1994, 1998 by W.H. Freeman. Copyright © 2004 by Robert M. Sapolsky. Used by permission of Henry Holt and Company, LLC. All rights reserved.

Zitate an den Kapitelanfängen aus: Johannes Czwalina, „Wenn ich noch einmal anfangen könnte ..."; Menschen erzählen. © 2006 by Joh. Brendow & Sohn Verlag GmbH, D-Moers.

Hanns Dieter Hüsch: Ich bin vergnügt (Psalm)
aus: Hanns Dieter Hüsch/Uwe Seidel
Ich stehe unter Gottes Schutz, Seite 140, 2014/13
© tvd-Verlag Düsseldorf, 1996

Umschlaggestaltung: Dietmar Reichert, Dormagen
Titelbild: www.angelikaweingardt.com, © VG Bild-Kunst, Bonn 2014
Satz: Christoph Möller, Hattingen
Druck und Bindung: CPI books GmbH, Leck
Gedruckt in Deutschland
ISBN 978-3-417-26640-5
Bestell-Nr. 226.640

INHALT

Vorwort 7

1. Grundsätzliches 9
   1.1. Sind wir krank oder haben wir eine Krankheit? 9
   1.2. Wer krank ist, ist selbst schuld? 13
   1.3. Die Macht des Unbewussten 21

2. Was sagt die Bibel? 26
   2.1. Körper und Seele im Alten Testament 26
   2.2. Krankheit als Strafe? 34
   2.3. Was Jesus sagte und tat – eine Orientierung 41

3. Der Mensch hat Grenzen 46
   3.1. Veranlagungen und genetische Ausstattung 46
   3.2. Schwangerschaft 49
   3.3. Frühe Kindheit 51
   3.4. Biologische Alterungsprozesse 56

4. Was auf die Sinne und den Körper wirkt,
   wirkt auch auf die Seele 62
   4.1. Sehen 64
   4.2. Natur 69
   4.3. Hören 72
   4.4. Riechen 76
   4.5. Bewegung 79
   4.6. Musizieren, Singen, Musikhören 82
   4.7. Berühren und Berührtwerden 86
   4.8. Schlafen 88

5. Was ist Stress und wie entsteht er? 91
   5.1. Eustress und Distress 92
   5.2. Die Stressreaktion des Körpers 97
   5.3. Was beinhaltet die Stressreaktion? 103
   5.4. Langzeitfolgen der Stressreaktion 115

6. Stressauslöser im Alltag 119
   6.1. Stress durch Streit und Disharmonie 121

6.2. Stress durch äußere Belastungen... 129
6.3. Stress durch eigene Bewertung und innere Antreiber................. 137
6.4. Stress durch Sorgen, Ängste, Unsicherheit 142

7. Krankheit als Signal der Psyche – zwei Wirkungsbereiche.. 145
7.1. „Die Sprache der Haut" 146
7.2. „Körperschmerz – Seelenschmerz". 150
7.3. Redensarten weisen uns den Weg 156

8. Chancen zur Veränderung der eigenen Lebenssituation 160
8.1. Neue Bewertung von Belastungen 161
8.2. „Das Auge ist das Licht des Körpers": Gedanken zu
    Matthäus 6,22-23 164
8.3. Belastungen verringern durch Abgrenzung
    gegenüber anderen Menschen 167
8.4. Belastungen verringern durch Grenzen,
    die wir uns selbst ziehen 175
8.5. Konstruktive Auseinandersetzung mit Altlasten 183

9. Resilienz – was Menschen stark und belastbar macht........... 189
9.1. Selbstbewusstsein und Selbstvertrauen 191
9.2. Hoffnung 195
9.3. Dankbarkeit 197
9.4. Humor..200
9.5. Verbundenheit mit Menschen 203
9.6. Soziales Engagement 207
9.7. Kommunikation 209
9.8. Was man von belastbaren Menschen lernen kann –
    einige Anregungen 214

10. Die Bedeutung des Glaubens 217
10.1. Entlastung 220
10.2. Vertrauen 223
10.3. Sozialer Rückhalt 225
10.4. Selbstwert und Werte 227
10.5. Leben im Gleichgewicht 233

Psalm 237

Literaturverzeichnis (in Auswahl)..239

Für meinen „Ernst des Lebens",
dem ich so viel Glück verdanke

Vorwort

Stress – das Wort wird geradezu verschwenderisch benutzt. Schon die kleinste Verstimmung eines Familienmitglieds genügt – und man hat „Stress" mit ihm. Und die Aufforderung „Mach dir keinen Stress!" kann schlichtweg bedeuten: „Streng dich bloß nicht an!" Doch abgesehen davon, dass „Stress" gelegentlich eine inflationäre Verwendung erfährt, gibt es durchaus auch die andere Seite: Immer mehr Menschen haben immer häufiger und immer länger anhaltend das intensive Gefühl, überlastet zu sein.

Es ist natürlich, dass sich diese Empfindung im Leben immer wieder einstellt. Sei es, wenn wir uns von anderen Menschen zu viel aufladen ließen, sei es, wenn wir uns selbst zu viel vorgenommen haben. Sei es, wenn eine Menge Aufgaben fast gleichzeitig erledigt werden will, sei es, dass sich diese Aufgaben wie hohe Berge vor uns auftürmen. „Wie soll ich das alles nur schaffen?" ist das Grundgefühl vieler Menschen in unserer Gesellschaft.

Grundsätzlich ist es nicht ungesund, immer wieder in Stress zu kommen. Wir sind körperlich dafür gut gerüstet, ja, wir vermögen daran sogar zu wachsen. Belastungen mobilisieren unsere geistigen, seelischen und körperlichen Fähigkeiten und können einen nachhaltigen Kraftzuwachs in allen drei Dimensionen bewirken. Sie zwingen uns möglicherweise dazu, mit unseren Energievorräten bewusst umzugehen und mehr auf unsere Grenzen zu achten. Damit verbunden kommen wir nicht an der Herausforderung vorbei, rechtzeitig und deutlich gegenüber unserer Umwelt Grenzen zu ziehen. Dies ist nicht leicht, denn das Ideal unserer Zeit ist eindeutig der grenzenlos belastbare Mensch. Doch den gab es nie, gibt es nicht und wird es nie geben, und wer dies rechtzeitig erkennt und demütig akzeptiert, lebt bewusster und damit mehr im Einklang mit sich selbst.

Dazu soll dieses Buch ermutigen. Es will zum einen zeigen, wie unser Körper auf körperliche und seelische Belastung reagiert und welche gesundheitlichen Konsequenzen die sogenannte autonome Stressreaktion nach sich zieht, sofern sie nicht wieder abklingt. Da wir eine Mitverantwortung für unsere individuelle Gesundheit haben, kann es nur in unserem Interesse sein, über die Verbindungen zwischen Stress und Krankheit besser Bescheid zu wissen. Darum geht es im ersten Teil. Doch dieses

Buch will mehr, es will zu einem bewussteren Lebensstil ermutigen. Im zweiten Teil werden deshalb Möglichkeiten skizziert, dem Gefühl der chronischen Überlastung vorzubeugen oder ihm wirkungsvoll entgegenzusteuern.

Jedem Kapitel ist ein Zitat aus dem Buch „Wenn ich noch einmal anfangen könnte ..." (Johannes Czwalina, Brendow Verlag) vorangestellt. Damit soll deutlich werden, dass wir eine notwendige Veränderung unseres Lebensstils nicht zu lange vor uns herschieben sollten. Wenn wir heute erkennen, dass wir unablässig oder zu häufig oder zu stark unter innerem oder äußerem Druck stehen und aus der Spannung nicht mehr in die Entspannung finden, dann ist es heute an der Zeit, etwas zu tun. Ob unsere Umwelt dies versteht oder nicht, ob sie es respektiert oder nicht – wir sind für unsere Lebensqualität selbst verantwortlich. Ich persönlich glaube, dass eine höhere Macht (die ich Gott nenne) uns dabei unterstützen will, den rechten Weg zwischen Unterforderung und Überforderung zu gehen, doch nimmt sie uns die dafür zu treffenden Entscheidungen nach meiner Erfahrung nicht ab. Es ist allerdings hilfreich, zu glauben, dass wir geleitet und begleitet werden, um zur rechten Zeit das Richtige zu tun – und dass wir ermutigt werden, unseren Weg zu gehen, unbeirrt und gelassen, voller Vertrauen in uns selbst und in einige Menschen, die unsere Entscheidungen respektieren und unterstützen. Und vielleicht auch voller Vertrauen in Gott.

PS: Die häufige Wahl der männlichen Form („er") geschieht aus Gründen der sprachlichen Vereinfachung; die weibliche Form („sie") möge der Leser/die Leserin im Geist dazudenken.

1. Grundsätzliches

Wenn ich noch einmal leben könnte, würde ich von Anfang an mehr darauf achten, meine tiefste Lebensmelodie zu erspüren und dieser Spur zu folgen. Durch meine Eigenwilligkeit habe ich manches verzögert, innere gute Impulse und Warnungen habe ich oft überhört.

Schwester Käthe, geb. 1929,
Kommunität Schloss Craheim/Unterfranken

1.1. Sind wir krank oder haben wir eine Krankheit?

Eine Freundin ruft mich an: „Ich kann morgen leider nicht zu unserem verabredeten Treffen kommen, ich bin krank geworden." – „Oh wie schade, was hast du denn?" – „Ich habe eine Erkältung/Grippe/einen Hexenschuss/Migräne/eine Magenverstimmung …" – an dieser Stelle gibt es unzählige Antwortmöglichkeiten. Wenn möglich versehen wir die Krankheit, die uns „erwischt" hat, mit einem präzisen Namen, das macht die Sache einfacher, und wir müssen nicht allzu viel erklären. Doch *haben* wir nur eine Krankheit – oder *sind* wir krank? Was ist der Unterschied, fragen Sie sich. Natürlich, das eine lässt sich nicht vom anderen trennen – wer krank *ist, hat* in der Regel auch irgendeine Krankheit. Aber die Feststellung „Ich bin krank" macht auch deutlich, dass unsere Person *als Ganzes* betroffen ist. Denn eine Krankheit kann man nicht einfach ausgliedern, auch wenn sie nur einen kleinen Teil unseres Körpers lahmlegt oder beeinträchtigt. Ihre Auswirkungen betreffen uns als ganzen Menschen.

Auch wenn „nur" der Kopf oder der Rücken wehtut, auch wenn „nur" der Magen rumort, die Körpertemperatur zu hoch oder die Hand verstaucht ist – wir sind und bleiben eine Einheit von Geist, Körper und Seele. Will heißen: Bei einem Schmerz oder einer heftigen Abwehrreaktion des Körpers leidet der gesamte Mensch. So gesehen ist die Mitteilung „Ich bin krank" meistens zutreffend, auch wenn wir uns in der Regel darum bemühen, uns von der Erkrankung nicht total vereinnahmen zu lassen. Tapfer gehen viele Menschen trotz Kopfweh oder Schnupfen, Kreuzschmerzen oder leichtem Fieber – um nur einige Beispiele zu nennen – ihrer Arbeit nach oder erfüllen ihre Pflichten, wenn auch mit größerer Anstrengung. Manchmal macht es der Körper mit, manchmal streikt er erst recht.

Doch wenn uns *Auswirkungen* einer Krankheit als ganze Person betreffen, so ist zu fragen, ob dies nicht auch für die *Entstehung* einer Krankheit gilt. Könnte es sein, dass im Menschen irgendetwas nicht „in Ordnung" ist, bevor er krank wird? Dieser Gedanke ist für die meisten Menschen heutzutage ungewohnt, ja, bedrohlich. Doch das war nicht immer der Fall und ist es bis heute nicht überall. In vielen weniger „zivilisierten" Kulturen dieser Welt, wo die Medizin als Wissenschaft noch wenig bekannt ist, gilt das ungeschriebene „Gesetz der Ganzheitlichkeit". Die Menschen glauben: Wenn ein Teil des Körpers krank ist, ist am *ganzen Menschen* etwas nicht in Ordnung. Seine Krankheit macht eine Krise der Person deutlich.

Nehmen wir einmal an, dem ist so. Dann müssten wir weiterfragen: Wie kam es zu der Krise? Was sind die Gründe dafür, dass ein Mensch seine innere Balance, sein seelisches Gleichgewicht, verloren hat? Eine Menge Ursachen sind möglich. „Das hat mich umgehauen", sagen wir, wenn uns etwas schockiert oder überfordert hat. Das Bild ist treffender, als man denkt, denn seelische Belastungen können durchaus dazu führen, dass man eher „zu Fall kommt". Eine wissenschaftliche Studie zeigte, dass Menschen, die einen geliebten Angehörigen verloren haben, in den ersten Monaten nach diesem Verlust mit höherer Wahrscheinlichkeit einen Knochenbruch erleiden. Wie das? Warum kommen zu dem gebrochenen Herzen nun auch noch das gebrochene Bein oder der gebrochene Arm dazu? Hat der seelisch aus dem Gleichgewicht geratene Mensch etwa plötzlich Mühe, das körperliche Gleichgewicht zu wahren? Sind erschütterte und be-stürzte (!) Menschen auch anfälliger für Stürze? Falls ja: Was könnte der Grund dafür sein? Gefährlich wäre es, den Trauernden einen unbewussten Lebensüberdruss zu unterstellen oder ein Verlangen nach Auszeit mittels Krankheit. Einleuchtender klingt schon der Gedanke, dass sich Seelisches auch körperlich ausdrücken will. Er trifft sicher häufig zu (vgl. Kapitel 7) – aber lässt sich nicht beweisen. Wie auch sollte man diese Vermutung überprüfen?

Und selbst wenn sie zuträfe, so verfügt der Körper über eine Riesenauswahl an Ausdrucksmöglichkeiten. Die Frage bleibt deshalb: Warum erhöht sich bei Trauernden in den ersten Monaten das Sturz- und Unfallrisiko? Was könnte der Grund sein? Die Wissenschaftler, die den Zusammenhang beobachtet haben, erklären ihn folgendermaßen: Bei trauernden Menschen zerbricht durch den Verlust eines für sie wichtigen Angehörigen eine bisher bestehende wichtige Ordnung in ihrem Leben. Vieles ist nicht mehr so, wie es war – und wird es auch nie wieder sein. Wer aber aus bisher Gewohntem herausgerissen wird, kommt seelisch für einige Zeit aus der Balance. Die Psyche muss sich umstellen, ein neues inneres Gleichgewicht finden, was nicht im Handumdrehen geschieht. Dieser seelische „Schwebezustand" wirkt sich natürlich auf Denken, Konzentration und Aufmerksamkeit eines Menschen aus. Trauernde sind häufig nach innen gekehrt, geistesabwesend, unkonzentriert. Sie sind nicht selten in ihren Grundfesten erschüttert und stehen zumindest vorübergehend nicht mehr so fest „mit beiden Beinen" auf der Erde, wie es vor dem Verlust der Fall war. Die seelische Wunde erfordert ihre ganze Kraft und Aufmerksamkeit!

Es liegt nahe, dass Menschen in dieser Verfassung auch physisch labiler und „wackliger" sind. Dass sie beim Gehen eher etwas übersehen, weil sie weniger darauf achten, wohin sie ihren Fuß setzen und was ihnen möglicherweise im Weg steht oder liegt. Hinzu kommt, dass die seelische Energie, die sie zur Verlustbewältigung benötigen, auch ihrem Körper Kraft raubt – zumal, wenn Appetitlosigkeit dazukommt. Trauernde fühlen sich deshalb oft schlaff und kraftlos – nicht zufällig spricht man davon, dass jemand „am Boden zerstört ist" und „den Kopf hängen lässt". Doch das Leben mit seinen Herausforderungen geht weiter und will bewältigt werden. Eine Menge Arbeit wartet, zahlreiche Behördengänge sollten erledigt werden. Man funktioniert, so gut es geht – doch dabei genügt ein Stolpern, eine kleine Unachtsamkeit, und schon kommt es zum Sturz.

Doch nun die spannende Frage: Ist auch der Umkehrschluss zulässig? Hat ein Mensch, der sich etwas bricht, zuvor einen seelischen „Knacks" oder eine schwere Erschütterung seiner Psyche erlebt? Die Antwort lautet: Eher selten! Naheliegender sind andere Ursachen für Brüche und Stürze, man denke nur an Sportunfälle, Unfälle bei der Hausarbeit, Stolperfallen und anderes.

Bleibt festzuhalten: Wenn ein Teil des menschlichen Körpers beeinträchtigt oder verletzt wird, so ist zunächst der ganze Mensch beeinträchtigt oder verletzt, weil alles im Körper letzten Endes mit allem in Verbindung steht. Oder wie Paulus in einem seiner Briefe an eine noch junge christliche Gemeinde formuliert: „Leidet ein Glied, so leiden alle Glieder mit."[1]

---

1   1. Korinther 12,26.

Für diese intensive Verbundenheit sorgt unser Gehirn. Es ist das komplizierteste Gebilde der gesamten Schöpfung, denn in ihm sind sämtliche Funktionen, die unseren Körper und unseren Geist sowie unsere Gefühle steuern, auf engstem Raum zusammengeballt – und unvorstellbar vielseitig miteinander vernetzt. Um diese faszinierende Vernetzung, deren Arbeitsweise seit einigen Jahrzehnten wissenschaftlich auf vielfältige Weise und mit großer Akribie erforscht wird, soll es in diesem Buch gehen. Denn nur wenn wir etwas von diesen Zusammenhängen erahnen oder erkennen, können wir auch sinnvoll damit umgehen.

1.2. Wer krank ist, ist selbst schuld?

In den vergangenen Jahren kamen zahlreiche Bücher auf den Markt, die alle ungefähr Folgendes behaupteten: „Körperliche Krankheiten spiegeln grundsätzlich seelische Probleme oder Belastungen wider." Besonders bekannt wurde hierzulande das Buch „Krankheit als Weg" von Thorwald Dethlefsen und Rüdiger Dahlke.[2] Sie ließen den Leser schon auf dem Klappentext ihres Buches wissen, alle körperlichen Symptome hätten „einen tieferen Sinn für unser Leben: Sie vermitteln uns wertvolle Botschaften aus dem seelischen Bereich." Wenn es so einfach wäre, würde dies folgerichtig bedeuten: Wann immer unser Körper ein Problem hat, bringt er damit etwas an den Tag, was eigentlich in unserer Seele nicht in Ordnung ist. Sobald wir krank werden, müssten wir uns folglich die Frage stellen: „Was will mein Körper mir damit sagen? Was habe ich unterdrückt, verdrängt oder will ich nicht wahrhaben – und nun muss mein Körper es auf diese Weise ausdrücken?"

Besonders gefährlich wird es, wenn die Verzweiflung Todkranker ausgenutzt und ihnen mit falschen Versprechungen viel Geld abgeknöpft wird. Da empfiehlt ein selbst ernannter „Diener des Göttlichen" seinen krebskranken Patienten, sie sollten „zuerst die Seele heilen, die Heilung von Geist und Körper wird dann folgen". Oder es wird eine „ganzheitliche Behandlung" angeboten, bei der die „Konflikte und krank machenden Ursachen", die dem Krebs zugrunde lägen, aufgedeckt würden. Auch die Pseudowissenschaft „Psychobionik" suggeriert Krebspatienten, sie könnten sich in einwöchigen Behandlungen durch die richtige Innenweltschau selbst heilen – gegen teures Geld natürlich. Nicht zuletzt behauptet die sogenannte „Reinkarnationstherapie", dass „Krebs durch schlechtes Karma aus früheren Leben verursacht wird". Durch Rückführungen in diese früheren Leben soll Heilung der akuten Erkrankung möglich sein, so wird versprochen.[3] Schlimm daran ist, dass die Patienten zum Kämpfen gezwungen werden – schließlich wird ihnen vorgegaukelt, dass sie dann eine Chance hätten, ihre Krankheit zu besiegen. Mit ihrer Verzweiflung, in der sie sich an jeden Strohhalm klammern, wird viel Geld verdient.

Doch Tatsache ist, dass gerade der seelische Druck – „Ich muss kämp-

---

2 Auch Louise L. Hay, Norman Vincent Peale, Joseph Murphy und Bernie Siegel gehören in diese Sparte von Ratgeberliteratur. Sehr kritisch dazu Karin Spaink: Krankheit als Schuld? Die Fallen der Psychosomatik, Hamburg 1994.
3 Siehe den Artikel „Den Tumor weglächeln" in der SZ vom 16./17. März 2013.

fen bis zuletzt!" – kranke Menschen noch mehr schwächen kann, als sie es ohnehin schon sind. Besonders schlimm ist, wenn schon auf Kinder ein solcher Druck ausgeübt wird. Ein Hamburger Spezialist für Kinderkrebs berichtet von einer Mutter, der eine Heilerin gesagt hatte, ihr an Krebs erkranktes siebenjähriges Kind müsse seine Einstellung ändern, um gesund zu werden. „Daraufhin schüttelte die Mutter das Kind im Krankenbett und rief: ‚Du hast doch die Wahl!' "[4] Welche Qualen werden diesem Kind noch zusätzlich aufgebürdet!

Das Problem bei dieser Sicht der Dinge ist: Wir sind, so wird unterstellt, an allem selbst schuld. Wer krank ist, hat zur Last der Krankheit auch noch die Last zu tragen, dass er irgendetwas in seinem Leben „falsch" gemacht hat. Sonst wäre er schließlich nicht krank geworden, so die „Logik" von Dahlke und Kollegen. Im Grunde liegt dieser Denkweise die Überzeugung zugrunde: „Seelische Gesundheit zeigt sich darin, dass man mit einer unverwüstlichen körperlichen Gesundheit durchs Leben geht. Sagten schließlich nicht schon die Römer: ‚Mens sana in corpore sano' – ein gesunder Geist bzw. ein gesundes Gemüt wohnt in einem gesunden Körper? Na also, dann ist ein gesunder Körper der Beweis für einen gesunden Geist!"

Stopp! So einfach ist es eben nicht. Genau das übersehen – oder verschweigen – die Esoteriker und viele selbst ernannte „Alternativmediziner" wie der Amerikaner Bernie Siegel, der sich zu der These versteigt: „Es gibt keine unheilbaren Krankheiten, es gibt nur unheilbare Menschen."[5] Mit anderen Worten: „Wer krank ist und nicht gesund wird, der hat etwas falsch gemacht." Wenn diese Behauptung stimmen würde, hätte das grausame Konsequenzen. Wir wären dann grundsätzlich und ausschließlich selbst dafür verantwortlich, wenn wir gesundheitliche Probleme bekommen. „Krankheit wird so zum wandelnden Beweis psychischer Defizite gemacht …"[6] Dieses Denken ist anmaßend und hochgefährlich, ja, geradezu kriminell. Ich lehne es aus zwei Gründen entschieden ab:
● Die Zusammenhänge zwischen Körper, Geist und Seele werden in irreführender Weise vereinfacht. Natürlich hängt alles mit allem irgendwie zusammen, in unserem Körper und im gesamten Universum, und natürlich gibt es manchmal auch sehr deutliche Verbindungen zwischen unserem Verhalten und unserer Gesundheit. Beispiele gibt es zur Genüge.

---
4 Ebd.
5 Bernie Siegel: Liebe, Medizin und Wunder, Düsseldorf, 5. Aufl. 1995, S. 139.
6 Spaink, S. 41.

Übergewichtige werden nicht überrascht sein, wenn sich eines Tages ihre Gelenke melden, ebenso wie Kettenraucher sich nicht wundern werden, wenn sie eines Tages Lungenprobleme bekommen. Und Leistungssportler wissen, dass sie irgendwann mit Folgeschäden ihres Intensivsports zu kämpfen haben.[7] Allein diese drei Beispiele zeigen: Manchmal liegen die Zusammenhänge zwischen unserem Verhalten und unseren gesundheitlichen Problemen klar auf der Hand. Aber so eindeutig ist es eben nicht immer! Wer vollmundig behauptet, dass hinter jedem *körperlichen* Leiden auch ein unbewusstes oder verdrängtes *seelisches* Leiden steht, beweist damit nur, dass er keine Ahnung von der Komplexität des menschlichen Organismus hat. Er oder sie ignoriert oder verharmlost die unglaublich vielschichtigen Verbindungen, die zwischen Körper, Geist und Seele bestehen. Sie sind ebenso komplex wie unser zentrales Steuerungsorgan, das Gehirn mitsamt dem Nervensystem.

• Ein solch vereinfachendes Denken ist gefährlich, weil es dem Menschen einredet, dass er die uneingeschränkte Macht über seinen Körper und damit auch seine Gesundheit erlangen kann. Es „weigert sich, die Stärken, Schwächen und Gesetzmäßigkeiten des Körpers anzuerkennen, Eigensinnigkeiten, die sich nicht ohne Weiteres den Launen eines allmächtigen Geistes beugen"[8]. Mit der Vorstellung, der Mensch müsse nur „richtig leben" und natürlich „richtig denken", werden grenzenlose Hoffnungen geweckt. Es werden aber auch in der Folge maßlose Enttäuschungen produziert, weil es eben in der Praxis oft genug trotz aller Bemühungen, „richtig zu leben", zu Krankheiten kommt.

Auch Studien an Menschen, die auf wissenschaftlich nicht erklärbare Weise von schweren Krankheiten geheilt wurden, zeigen: Es gibt nicht die eine gemeinsame „Ursache" für diese Heilungen, schon gar nicht ist es die Willenskraft der Patienten oder ihr fester Glaube, wieder zu genesen. Denn diese Willenskraft und diesen Glauben hatten auch viele, die dennoch an ihrer Krankheit gestorben sind! Aus Einzelfällen von Heilungen oder gar Spontanremissionen lassen sich – leider – keine gesetzmäßigen Ursachen ableiten.[9]

---

7 So erklärte Boris Becker in einem Interview, dass er „einen hohen Preis" für seine Tenniskarriere bezahlt habe: „Ich habe zwei neue Hüften, ich habe eine zehn Zentimeter lange Eisenplatte im rechten Sprunggelenk, ich hinke leicht" (DER SPIEGEL 28. August 2014).
8 Spaink, S. 39.
9 Siehe den Artikel „Geschenkte Zeit" im Schwäbischen Tagblatt vom 11. August 2009. Gegen die These, dass Glaube und Willenskraft entscheidend sind, sprechen auch die Spontanheilungen von Kindern.

Doch an dieser Stelle muss ein weiterer Punkt erwähnt werden: Nicht nur die Vorstellung, dass der Geist vollständig den Körper beherrschen kann, ist höchst gefährlich. Erst recht zum Unsinn und Unheil wird dieses Denken, wenn bestimmte Krankheiten mit *ganz bestimmten* seelischen Störungen in Verbindung gebracht werden. Die simpelste Deutungsmethode besteht darin, körperliche Probleme sozusagen wortwörtlich auf den seelischen Bereich zu übertragen, wie es z.b. folgende Fragen suggerieren:

- „Sie sind kurzsichtig? Was wollen Sie denn nicht sehen in Ihrem Leben? Wovor verschließen Sie die Augen?"
- „Sie hören schlecht? Wovor verschließen Sie die Ohren, was wollen Sie denn nicht hören? Warum wollen Sie keine Verbindung zu anderen Menschen haben?"
- „Sie leiden unter Verstopfung? Was halten Sie denn mit aller Gewalt fest? Was fressen Sie in sich hinein und können es nicht loslassen? Was haben Sie nicht verdaut?"
- „Sie haben Kopfweh? Wo sind Sie denn besonders dickköpfig? Worüber zerbrechen Sie sich ständig den Kopf? Wollen Sie vielleicht mit dem Kopf durch die Wand? Gibt es etwas, was Sie im Kopf nicht aushalten?"
- „Sie haben steife Gelenke? Worauf versteifen Sie sich denn? Was macht Sie so unflexibel? Wo sind Sie starrsinnig?"[10]

Die Beispielliste ließe sich beliebig verlängern. Es trifft zwar zu, dass bestimmte Krankheiten schon früher in einschlägigen Werken mit bestimmten „Charakterdefiziten" in Verbindung gebracht wurden. Dies führte beispielsweise zu der These, es gäbe einen Typus von Mensch, der zu Colitis ulcerosa (chronisch entzündliche Dickdarmerkrankung) oder zu chronischer Polyarthritis (auch Rheumatoide Arthritis genannt) neigt. Auch war lange von einer „Typ-A-Persönlichkeit" die Rede, die ein besonders hohes Risiko für Herzprobleme und Durchblutungsstörungen aufweist.

Von dieser vereinfachenden Denkweise ist man in der psychosomatischen Medizin heute weit entfernt. Wurde doch im Lauf der Forschung immer klarer, dass sie der Komplexität des Menschen nicht gerecht wird.

---

[10] Besonders erschreckend wird es, wenn jeder Krankheit eine entsprechende psychische „Ursache" zugeordnet wird, z.B: „Arthritis. Wahrscheinlicher Grund: fühlt sich ungeliebt. Kritiksucht, Groll." So in einem „Krankheits-ABC" von Louise L. Hay: Gesundheit für Körper und Seele, München 1989, S. 200ff.

Auch setzt jede allzu vereinfachende Typologisierung den kranken Menschen massiv unter Druck: Nicht genug damit, dass er an seiner Krankheit „selbst schuld" ist, wird ihm auch gleich noch per Blind- oder Ferndiagnose klargemacht, wo sein eigentliches Problem liegt. Widerspruch ist zwecklos, denn schließlich ist dem Patienten sein Problem nicht bewusst – sonst wäre er ja nicht krank geworden. Der solchermaßen „durchschaute" Kranke befindet sich plötzlich in der Falle: Er kann sagen, was er will – er kommt aus dem Verdacht, etwas zu verdrängen, es nicht eingestehen oder nicht wahrhaben zu wollen, nicht mehr heraus!

Nehmen wir das Beispiel Kurzsichtigkeit, von dem ich persönlich seit meiner Jugend extrem betroffen bin. Folgender Dialog könnte stattfinden – Frage des Therapeuten: „Wovor verschließen Sie denn die Augen?" Ich beteure: „Ich verschließe vor nichts die Augen, nicht dass ich wüsste! Im Gegenteil, ich bemühe mich, mit offenen Augen durchs Leben zu gehen!" – Nächste Frage: „Könnte es nicht sein, dass Sie Angst davor haben, sich einzugestehen, dass Sie vor etwas die Augen verschließen?" – Ich antworte: „Nein, diese Angst habe ich nicht, zumindest ist mir nichts dergleichen bewusst! Ich versuche, mich möglichst ehrlich mit mir selbst auseinanderzusetzen!" – Dritte Frage: „Aha, es ist Ihnen nicht bewusst. Wie können Sie es dann behaupten?" – Ich: „Was kann ich Ihnen denn anderes sagen als das, was mir bewusst ist?"

Wir merken, gegen Unterstellungen, dass man etwas verdränge, nicht wahrhaben wolle usw., ist kein Kraut gewachsen. Wer meint, uns besser zu kennen, als wir uns selbst kennen, kann im Einzelfall durchaus einmal recht haben. Doch das Problem ist: Wir können ihn nicht widerlegen, nicht das Gegenteil beweisen. Wir haben allerdings die Freiheit, ihm nicht zu glauben. *Dass körperliche Probleme mit seelischen Belastungen verbunden sein können, will dieses Buch deutlich machen. Doch es will auch deutlich machen, dass dies nicht immer der Fall ist.* Denn es steht nicht immer in unserer Macht, Krankheiten zu verhindern oder zu besiegen! Ein hohes Selbstvertrauen, auch was die Verantwortung und Fürsorge für die eigene Gesundheit anbelangt, ist sicher hilfreich und wichtig – doch es darf nicht in Selbstüberschätzung münden. Sonst kann die Sorge um die Gesundheit auch krank machen!

Was aber bleibt dem Kranken, dem „eigene Schuld" unterstellt wird? Er kann Entlastung in der Reinkarnationslehre suchen. Sie behauptet, dass wir in diesem Leben die Konsequenzen der Verfehlungen, Versäumnisse und Defizite aus einem früheren Leben tragen müssen. Der Vorteil:

Diese These ist nicht zu widerlegen – damit sind wir wenigstens vom Makel der persönlichen Schuld befreit. Doch auch der Glaube an Reinkarnation ist keine seriöse Möglichkeit, eine Krankheit zu erklären. Mit einer gründlichen und wissenschaftlich haltbaren Anamnese, Diagnose und Ursachenforschung hat er nichts zu tun.

Darüber hinaus wird bei Erklärungen dieser Art, die uns selbst die volle Verantwortung für eine Krankheit aufbürden, das Eigenleben des Körpers, auch seine Eigendynamik, vollkommen unterschätzt. Der Körper wird als willenloses „Ausführungsorgan" des Geistes und der Gefühle angesehen. Als ob er nicht auch unabhängig von diesen beiden Einflussfaktoren, beispielsweise aufgrund von Umwelteinflüssen, krank werden könnte. Auch Veranlagung und genetische Faktoren sowie Einflüsse während der Schwangerschaft oder in der frühen Kindheit können eine große Rolle spielen.

Es ist eine unbestreitbare Tatsache: Der Körper bringt von Natur aus eine Menge Anfälligkeiten und Schwachstellen mit – bei jedem Menschen in einem anderen Mischungsverhältnis. Einige dieser Schwachstellen sind allerdings bei allen Menschen vorhanden, denn sie sind das vorläufige Ergebnis der bis jetzt durchlaufenen Evolution des Menschen. So ist z.B. unsere Wirbelsäule nicht optimal an den aufrechten Gang angepasst, was mit fortschreitendem Alter leicht zu Rückenproblemen führen kann. Auch unsere Knie sind eine Schwachstelle, da sie ursprünglich nicht für den aufrechten Gang konstruiert waren. Nicht zu vergessen unsere Zähne – sie sind auf wenig bis gar keinen Zuckerkonsum sowie auf eine durchschnittliche „Lebenserwartung" von maximal 50 Jahren angelegt.

So ließe sich fortfahren. Auf jeden Fall sind viele Krankheiten, die uns Menschen in der westlichen Welt heute plagen, schlicht und einfach auch der gestiegenen Lebenserwartung und den veränderten modernen Lebensgewohnheiten geschuldet. Sie lassen sich mithilfe eines gesunden Lebensstils unter Umständen lange hinauszögern oder gar vermeiden, aber sie lassen sich „mit richtigem Denken" nicht wegtherapieren.

- Krankheit *kann* in Zusammenhang mit geistig-seelischen Vorgängen stehen, muss es aber nicht. Denn es ist nicht zu beweisen, dass eine Erkrankung geistig-seelische Ursachen hat. Möglicherweise können wir den Verlauf einer Erkrankung durch unsere geistig-seelische Haltung beeinflussen, und ganz sicher entscheidet unsere innere Einstellung mit darüber, wie wir mit einer Krankheit umgehen. Doch „umgehen" heißt nicht „beherrschen".

- Mit hoher Wahrscheinlichkeit hat auch das Unterbewusstsein auf Entstehung und Verlauf einer Krankheit einen Einfluss. Doch die Aktivität des Unterbewusstseins ist vom Bewusstsein (Vernunft, Verstand, Logik usw.) nie umfassend ergründbar – und nie ganz beherrschbar. Der französische Mathematiker und Philosoph Blaise Pascal sagte schon im 17. Jahrhundert: „Das Herz hat seine Gründe, die die Vernunft nicht kennt."[11] Dies gilt auch für unseren Körper. Auch er hat Gründe, die wir nicht immer nachvollziehen, geschweige denn beeinflussen können.

Weshalb aber erfreuen sich Bücher wie jene von Dethlefsen/Dahlke oder Louise L. Hay einer so großen Verbreitung und Popularität? Zum einen, denke ich, weil die Menschen darin Erklärungen für ihre Erkrankungen suchen. Zum anderen, weil dem Leser eingeflüstert wird: *„Du kannst alles, wenn du nur willst! Du kannst wieder gesund werden, wenn du krank bist, und mehr noch: Du musst in Zukunft gar nicht mehr krank werden, wenn du unsere Ratschläge beherzigst!"* Vermittelt wird dadurch ein „illusorisches Gefühl der Sicherheit: Sofern du nur positiv denkst, kannst du dich für alle Zeit vor Krankheit schützen."[12]

Solche direkt oder indirekt geweckten Hoffnungen bedienen ein Wunschdenken. Sie beruhen meines Erachtens auf einer enormen Überschätzung der Macht unseres Denkens und unseres Willens. Diese Illusion wird durch die moderne Hirnforschung immer mehr widerlegt: Der Mensch kann sich noch so intensiv in Gedanken mit sich selbst auseinan-

---

11 Im Französischen ist diese Aussage ein reizvolles Wortspiel: „Le cœur a ses raisons, que la raison ne connait pas." *Raison* bedeutet sowohl Vernunft/Verstand als auch Grund/Ursache.
12 Spaink, S. 52.

dersetzen – er wird sich dennoch niemals selbst ganz durchschauen. Sein Unterbewusstsein ist einflussreicher und komplexer, als es sich die meisten Menschen vorstellen können – oder wollen.[13]

---

13 Sigmund Freud brachte diese Tatsache schon vor über hundert Jahren auf die einprägsame Formel: „Der Mensch ist nicht Herr im eigenen Haus." Das bestätigt die moderne Hirnforschung. Wenn sie allerdings daraus den Schluss zieht, der Mensch habe auch keinen freien Willen, sondern sei in seinen Entscheidungen quasi vorherbestimmt, so schießt sie deutlich über das Ziel hinaus, denn dies lässt sich aus den beobachteten Vorgängen im Gehirn nicht schlussfolgern. Zum Thema „Unterbewusstsein" vgl. beispielsweise Dan Ariely: Die halbe Wahrheit ist die beste Lüge. Wie wir andere täuschen – und uns selbst am meisten, München 2012.

1.3. Die Macht des Unbewussten

Hätten Sie gedacht, dass man andere Menschen positiver beurteilt, wenn man ein warmes Getränk in der Hand hält? Und doch ist es so: Mit einem die Finger wärmenden Getränk schätzen wir fremde Menschen eher als „warmherzig und großzügig" ein als mit einem kalten Getränk in der Hand! Ja, auch wir selbst verhalten uns eher warmherzig und großzügig, wenn uns warm ist, als wenn wir frösteln. Dieses Beispiel zeigt: Es ist offenbar unser *Unterbewusstsein*, das auf vielfältige Weise beeinflusst, wie wir andere Menschen spontan wahrnehmen und über sie denken – und wie wir uns selbst spontan verhalten.[14]

Schätzungsweise 90 Prozent der Gehirnaktivitäten sollen, so die Forscher, unbewusst ablaufen, schließlich ist nur ein Teil der sogenannten Großhirnrinde dem Bewusstsein zugänglich. Es war Sigmund Freuds große Leistung, durch Beobachtung und Nachdenken die ungeheure Macht und Reichweite des Unterbewusstseins im Menschen entdeckt zu haben. Doch Freud verfügte zu seiner Zeit noch über keinerlei technische Mittel, um seine Erkenntnisse wissenschaftlich zu überprüfen. Dies hat sich in den letzten Jahrzehnten rasant geändert. Dank enormer technischer Fortschritte lässt sich heute die vielfältige Wirkungsweise des Unterbewusstseins immer besser nachweisen.[15] Noch zu Freuds Zeit – er lebte von 1856 bis 1939 – hingegen musste es genügen, die Menschen genau zu studieren und auf das, was sie mitteilten, sorgfältig zu hören. Freud ahnte allerdings schon, dass seine Entdeckung des mächtigen Unbewussten für den Menschen bedrohlich und kränkend sein würde.

Denn diese Entdeckung beinhaltete schließlich, dass wir gar nicht so sehr von Vernunft und Intellekt bestimmt werden, wie wir uns oft einbilden. Hingegen lenken uns viel stärker, als uns möglicherweise vorstellbar und auch lieb ist, unbewusste Kräfte. Sie bestimmen unser Denken und Fühlen, unsere Vorlieben und Abneigungen, unsere Ziele und Entscheidungen. Wir sind, um Freud zu zitieren, in der Tat nicht „Herr im eigenen Haus". Zumindest nicht uneingeschränkt, beherbergen wir doch zahlreiche unbekannte Mitbewohner, die sich recht wenig von uns sagen lassen,

---

14 „Warme Hände, warmes Herz", Psychologie heute 4/2009, S. 10.
15 Hätten Sie beispielsweise gedacht, dass Menschen, die an Tischen essen, die nach Putzmitteln duften, weniger Krümel verstreuen und insgesamt einen saubereren Essplatz hinterlassen als an Tischen, die nicht nach Putzmitteln riechen? Oder dass wir schneller essen, wenn im Hintergrund eine schnelle Musik läuft? Alles wissenschaftlich gründlich überprüft!

sondern tun, was sie wollen! Der Hirnforscher Gerhard Roth sagt: „Freud hatte sicherlich in der Annahme recht, dass das Unbewusste die Instanz ist, die unser Verhalten weitgehend steuert (...) Es (das Unbewusste, d.v.) ist die Gesamtheit all unserer Vorerfahrungen, die unser Gehirn seit dem Mutterleib gemacht hat."[16]

Hirnforscher schätzen, dass wir täglich sage und schreibe rund 100 000 kleine und große, unwichtige und wichtige Entscheidungen fällen, von denen uns gerade einmal um die 100 bewusst sind. Wenn diese Schätzung auch nur annähernd zutrifft, dann ist es völlig unrealistisch zu glauben, man könne es eines Tages so weit bringen, sich auch die restlichen 99 900 Entscheidungen bewusst zu machen. Dies wäre auch nicht empfehlenswert, schließlich würde es das Ende unserer Handlungsfähigkeit bedeuten. Wir wären vor lauter Bewusstheit und Nachdenken darüber, wie wir uns entscheiden sollen, vollkommen gelähmt und würden vermutlich über die ersten zwanzig Entscheidungen am Tag nicht hinauskommen. Schließlich kostet es Zeit und Kraft, bei jedem Entschluss das Für und Wider abzuwägen! Mit welchem Fuß soll ich zuerst aufstehen, an welcher Zahnreihe setze ich meine Zahnbürste an, wie schlüpfe ich in meine Kleider, und warum ziehe ich das an, was ich anziehe?

Es wäre unerträglich, ständig über alles, was wir tun, nachdenken zu müssen. Wenn also Hirnforscher dem alternden Menschen empfehlen, täglich wenigstens einmal aus der Macht seiner Gewohnheiten auszubrechen und zum Beispiel nicht mit dem gewohnten Bein zuerst in die Hose zu steigen, weil diese „Kreativität" das Gehirn trainiert, so ist dies sicher ein guter Tipp. Doch er kann eben nicht auf all unsere täglichen Gewohnheiten angewendet werden, sonst kämen wir vor lauter Überlegen zu nichts anderem mehr. Wir müssen uns klarmachen: Es ist eine der zentralen Funktionen des Unterbewusstseins, uns die meisten Entscheidungen abzunehmen, damit wir uns auf die wirklich wichtigen, außerordentlichen Aufgaben und Herausforderungen des Tages konzentrieren können. Außerdem würde uns jede etwas anspruchsvollere Tätigkeit – z.B. Autofahren – schwer erschöpfen, wenn nicht ein großer Teil davon nach einiger Zeit des Trainings automatisch, d.h. mithilfe des Unterbewusstseins ohne großen geistigen Aufwand erledigt würde.

Wer darüber nachsinnt, gerät ins Staunen. Es ist eine phänomenale Fähigkeit des Gehirns, eine unermessliche Fülle an täglich anfallen-

---

16 Zitiert in Hans-Ulrich Grimm: Die Ernährungslüge. Wie uns die Ernährungsindustrie um den Verstand bringt, München 2003, S. 178.

den Aufgaben effektiv ohne Einschaltung des Bewusstseins erledigen zu können. Doch diese Fähigkeit hat ihren Preis, von dem schon die Rede war. Wir können unser Unterbewusstsein niemals umfassend „einsehen", geschweige denn darüber verfügen. Wir können lernen, uns über manches *nachträglich* Rechenschaft zu geben, was wir zunächst völlig unbewusst – oder unterbewusst – getan oder gesagt haben. Wir können lernen, unseren Gefühlen, die sich ja meist aus unbewussten Wahrnehmungen und Gedanken speisen, mehr auf den Grund zu gehen. Wir können jedoch nicht lernen, sie vollständig zu überwachen und zu steuern.[17] Denn das Gehirn selbst hat offenbar ein Interesse daran, dass wir niemals volle Verfügungsgewalt darüber haben, was sich in ihm abspielt und was dadurch auch unsere körperlichen Funktionen beeinflusst[18]. Wer etwas anderes behauptet oder verspricht, weckt falsche Hoffnungen und steht nicht auf dem Boden wissenschaftlicher Erkenntnis.[19]

Wie sehr und wie intensiv Vorgänge in unserem Unterbewusstsein Auswirkungen auf unseren Organismus haben, wurde im Übrigen in vielen Untersuchungen nachgewiesen. Folglich kann auch eine Krankheit durchaus von unterbewussten Erinnerungen, Gedanken oder Gefühlen mit beeinflusst oder gar ausgelöst werden.[20]

Das Problem dabei ist: Der Einfluss unbewusster oder vorbewusster Erinnerungen auf unsere Krankheiten lässt sich – zumindest bis jetzt – mit keinem Messverfahren der Welt eindeutig überprüfen oder nachweisen. Man kann deshalb nur Zusammenhänge *vermuten* und Rückschlüsse ziehen. Doch ob Zusammenhänge wirklich bestehen (und wenn ja, in welcher Stärke), vermag keine letzte Instanz zu beurteilen. Und selbst *wenn* ein Zusammenhang bestehen sollte, ist damit nicht immer die Lösung griffbereit. Ein Beispiel: Eine Frau vermutet, dass ihre Kopfschmerzen etwas mit dem psychischen Druck zu tun haben, den sie in ihrer Partnerschaft empfindet. Was kann sie tun? Sie kann lernen, anders mit ihrer Beziehung oder ihrem Partner umzugehen, wodurch sich die Bewertung

---

17 Sehr spannend dazu: „90 Prozent sind unbewusst", Psychologie heute 2/2002, S. 44-49.
18 Zur Vertiefung empfiehlt sich das Fachbuch „Gestatten, mein Name ist Ich. Das adaptive Unbewusste – eine psychologische Entdeckungsreise" von Timothy D. Wilson, Zürich 2007, das eine Fülle von Beispielen für die Arbeitsweise unseres Unterbewusstseins bringt. Einer der Kernsätze lautet: „Obwohl es den Anschein haben mag, als würden wir wichtige Wahrheiten über uns entdecken, wenn wir unser Inneres beobachten, bekommen wir keinen direkten Zugang zum adaptiven Unbewussten" (S. 219).
19 Beispielsweise ist es Unsinn zu behaupten, man könne die Nutzung der beiden auf unterschiedliche Aufgaben spezialisierten Hirnhälften eigenmächtig steuern und lernen, „mehr rechtshemisphärisch" zu denken.
20 Vgl. dazu Kapitel 8.

der Situation ändert (vgl. Kapitel 8.1.). Würde sie die Lösung in einer Trennung suchen, bedeutet dies nicht unbedingt, dass die Kopfschmerzen dadurch verschwinden würden. Das *kann* der Fall sein, muss es aber nicht. Denn Schmerz kann sich auch verselbstständigen oder auf tiefer liegende Probleme hinweisen, die nicht nur etwas mit der akuten Belastung zu tun haben.[21]

Besonders machtlos sind wir gegenüber prägenden Erfahrungen, die wir im Kindesalter gemacht haben. Sie wurden, mit starken Gefühlen eingefärbt, im Unterbewusstsein gespeichert. Erfahrungen, die der Mensch vor dem vierten Lebensjahr macht, werden ohne Bewusstsein gespeichert, weil die für bewusste Erinnerungen notwendigen Hirnstrukturen erst ab dem dritten Lebensjahr reifen und frühestens ab dem vierten Lebensjahr ausgereift sind. Demgegenüber ist das für Gefühle zuständige limbische System zum Zeitpunkt der Geburt schon fertig ausgebildet.

„Gebranntes Kind scheut das Feuer", sagt der Volksmund und deutet damit an, dass sich negative Erfahrungen ins Gedächtnis einprägen und zukünftiges Verhalten beeinflussen. Der Grund: Vom Standpunkt des menschlichen Überlebenswillens ist es sinnvoll, die Erinnerung daran im Gedächtnis zu bewahren, damit wir in Zukunft die entsprechenden negativen Situationen oder Reize meiden. Wie aber wollen wir Jahre oder Jahrzehnte später auf unbewusst gespeicherte Erfahrungen unserer frühen Kindheit zugreifen? Möglicherweise eröffnen uns langwierige Psychotherapien einen Zugang zu Erlebnissen oder Traumata aus den ersten Lebensjahren – möglicherweise aber auch nicht. Nicht alles kann eine Therapie aufdecken und bearbeiten. Außerdem sind zeitaufwendige und kostspielige Therapien nur für wenige Menschen ein Weg, denn die Anzahl von Therapeuten ist begrenzt.

Jesus hat einmal gesagt: „Der Geist ist willig, aber das Fleisch ist schwach" (Matthäus 26,41). Er wollte damit deutlich machen, dass unsere Emotionen („Fleisch" bedeutet in der Sprache der Bibel die menschliche Bedürftigkeit und die damit verbundene Emotionalität) nicht unbedingt und nicht immer unserem Geist und Willen gehorchen. Daran hat sich bis heute nichts geändert. Einige Beispiele aus dem Alltag: Wir wollen uns wach halten, doch es fallen uns die Augen zu. Wir strengen uns an, nicht vor Scham zu erröten, spüren aber doch, wie uns die Röte ins Gesicht

---

21 Die Verselbstständigung von Schmerz liegt auch dem Phänomen des sehr quälenden Phantomschmerzes zugrunde: Das Gehirn signalisiert immer noch Schmerzen, obwohl der Auslöser – das betreffende Körperteil – nicht mehr vorhanden ist.

steigt. Wir kämpfen dagegen an, vor Aufregung zu zittern, können das Zittern aber nicht unterdrücken. Wir haben das Ziel, uns trotz emotionaler Bewegung zu beherrschen, doch es kommen uns die Tränen. Wir versuchen verzweifelt, gelassen zu bleiben, doch wir sind angespannt, und das Herz schlägt uns bis zum Hals ...
Wenn Jesus uns an die Grenzen unseres Verstandes erinnert, so wollte er unseren Intellekt gewiss nicht abwerten, sondern uns vor Selbstüberschätzung – und damit auch Selbstüberforderung – bewahren. Denn auch er wusste: Es gehören Demut und Weisheit dazu, die Grenzen der eigenen Kraft – auch der Willenskraft – anzuerkennen! Was keineswegs bedeutet, dass wir uns damit auch in jedem Fall und endgültig abfinden müssen. Veränderungen sind immer möglich, aber sie sind nicht immer berechenbar und vorherzusagen – und mühelos sind sie schon gar nicht! Und natürlich sind, wie Jesus betonte, „bei Gott alle Dinge möglich" – doch es steht wiederum nicht in unserer Macht, über Gott und seine Wege zu verfügen.

Der Glaube, dass dem Menschen über seinen Geist auch sein Körper vollständig untertan sei, ist in dieser Vereinfachung nach den Erkenntnissen der modernen Hirnforschung in keiner Weise gerechtfertigt. Im Gegenteil, dieser Glaube weckt Allmachtsfantasien und Hoffnungen, die fast unweigerlich in schweren Enttäuschungen enden müssen – verbunden mit dem Selbstvorwurf: „Was habe ich nur falsch gemacht, dass ich krank wurde und die Krankheit nicht besiegen konnte?" Wie schwer diese Gedanken ihrerseits wiederum die Gesundheit belasten können, weil sie verunsichern, beschämen und zermürben, kann man sich lebhaft vorstellen. Selbsterkenntnis hilft, doch sie sollte nicht in Selbstanklagen münden!

2. Was sagt die Bibel?

Wenn ich noch einmal leben könnte, würde ich meinen Mitmenschen noch viel mehr Liebe, Vertrauen, Geduld und verzeihendes Verständnis entgegenbringen. Aber dieser Wunsch und diese Sicht sind ja gewachsen in langen Jahren zur Reife hin.

Vera Binz, geb. 1919, Erzieherin

2.1. Körper und Seele im Alten Testament

Ganzheitlichkeit – was meinen wir damit? Doch wohl dies: dass Körper, Geist und Seele untrennbar miteinander verbunden sind. In diesem Sinn ist es beeindruckend, wie ganzheitlich der hebräische Mensch den Menschen gesehen hat. Als hätte er schon damals gewusst oder geahnt, was die Forschung seit einigen Jahrzehnten zunehmend an den Tag bringt: Körper, Denken und Fühlen sind durch Millionen Nervenbahnen in ständiger Kommunikation. Alle Ab- und Aufspaltungen sind deshalb willkürlich vorgenommene Trennungen, die dem Zweck dienen, zu vereinfachen und Probleme leichter zu handhaben. Zugegeben, dies kann durchaus sinnvoll sein – wenn man die Zusammenhänge dabei nicht völlig aus den Augen verliert. Zwei Beispiele aus den Psalmen (so nennt man die Gebete von Einzelnen oder Gruppen, die im Alten Testament gesammelt sind) seien genannt, in denen die Verbundenheit von Denken, Fühlen und körperlichem Erleben geschildert wird:

● In Psalm 32 schreibt der Verfasser: „Wohl dem Menschen, dem der Herr die Schuld nicht anrechnet und in dessen Herzen kein Falsch ist! Denn als ich schwieg, zerfiel mein Gebein ob meines unablässigen Stöhnens ..." Deutlich wird, dass das Verschweigen, vielleicht auch Verdrängen einer seelischen Last ein Ventil sucht – zum einen das „Stöhnen" der Seele, das auf Schmerz hinweist, zum anderen der Zerfall (andere Übersetzung: die Abnutzung) der Knochen. Interessant ist, dass wir im Deutschen bei einer einschneidenden, uns belastenden Erfahrung sagen: „Das sitzt mir in den Knochen" (dazu mehr in Kap. 7.2.).

● Der Beter von Psalm 73 schildert, wie sehr es ihn erbittert hatte, dass es „den Gottlosen so gut geht", während die Frommen – darunter auch er – oft sehr zu leiden haben. Rückblickend beschreibt er seinen Zustand mit folgenden Worten: „Als mein Herz erbittert war und es mich in meinen Nieren stach, da war ich dumm und ohne Einsicht ..."[22]. Ganz klar sieht er einen Zusammenhang zwischen körperlicher und seelischer Belastung, ebenso zwischen starken Grollgefühlen und einer eingeschränkten Funktionsfähigkeit von Verstand und Vernunft!

Das ganzheitliche Denken im hebräischen Menschenbild zeigt sich auch in der Sprache. Eine ganze Reihe von zentralen Begriffen hat eine doppelte Bedeutung: Sie bezeichnen sowohl geistig-seelische Instanzen als auch bestimmte Organe oder Körperteile. Ich möchte mich an dieser Stelle auf die Bedeutungen von sechs wichtigen „Organen" des menschlichen Organismus beschränken.

Seele (Näfäsch)

Das hebräische Wort, das in unseren deutschen Bibeln mit „Seele" übersetzt wird (manchmal auch mit „Leben"), bedeutet im Hebräischen zunächst einfach „Kehle". Was ist das Kennzeichen der Kehle? In der Kehle konzentrieren sich die *drei Vitalfunktionen* des Menschen, die ihn als ein bedürftiges und lebendiges Wesen charakterisieren:
- die Luftröhre – ohne Luft kein Leben;
- die Speiseröhre – ohne Nahrung kein Leben;
- die Stimmbänder – ohne Kommunikation kein wirkliches Leben.

Man kann sagen: Erst durch die Vorgänge, die sich in der Kehle abspielen, wird der Mensch zu einem lebendigen Wesen. „Näfäsch" kann deshalb auch mit „Leben" übersetzt werden. Und wie ist es im Deutschen? Auch bei uns schwingt, wenn wir von „Seele" reden, die *Bedürftigkeit des Menschen* mit:
- Wenn man von „Seelsorge", „Seelenbalsam" und „Seelentröster" redet, so verweist man auf ein tiefes Bedürfnis des Menschen, das gestillt werden will.
- Die tiefste Form der Verbundenheit zwischen Menschen wird gerne als „Seelenverwandtschaft" bezeichnet, wohingegen die tiefste Form der Einsamkeit mit dem Wort „mutterseelenallein" beschrieben wird.
- Sagt man von jemandem, dass er wohlhabend oder wohlversorgt ist,

---

22 Psalm 73,21 nach der Übersetzung der Zürcher Bibel, Zürich 1955.

aber seelisch „hungert", so meint man damit: Die materiellen Mittel können die Bedürfnisse, die über das Körperliche hinausgehen, nicht voll befriedigen. Das gilt ganz besonders auch für Kinder.

Mit anderen Worten: Was den Menschen zutiefst bestimmt, was ihn erst zu einem lebendigen Wesen macht, ist im Grunde sein *Angewiesensein*, sein „Hunger" – nach Atem, nach Nahrung, nach Verbundenheit und Zwiesprache. Wer von einer dieser drei Lebensquellen abgeschnitten wird, ist in seinen existenziellen Bedürfnissen bedroht und – nach einiger Zeit – dem physischen und/oder psychischen Tod geweiht. Deutlich wird diese Lebensvoraussetzung in der scharfsinnigen Frage Jesu: „Was nützt es dem Menschen, wenn er die ganze Welt gewinnt und nimmt dabei doch Schaden an seiner Seele?"[23]

Jesus wusste, dass unsere geistig-emotionalen Bedürfnisse mit dem Erwerb oder der Anhäufung von materiellen Gütern und Genüssen keineswegs zu befriedigen sind. Deshalb ist auch die andere Übersetzung zutreffend: „Was nützt es dem Menschen, wenn er die ganze Welt gewinnt und nimmt dabei doch Schaden an seinem Leben?" Denn wo wir in unseren tiefsten menschlichen Bedürfnissen „hungrig und durstig" bleiben, ist auch unsere Lebensqualität eingeschränkt. Und wenn unsere Seele leidet, ist auch unsere körperliche Gesundheit langfristig beeinträchtigt und bedroht.

Herz (Leb/Lebab)

Kein menschliches Organ wird häufiger im Alten Testament erwähnt als das Herz. Das Herz hat im Hebräischen, genau wie die Kehle, allerdings eine doppelte Bedeutung:
- Das Herz ist das Organ, das den Organismus am Leben erhält – wenn das Herz erstirbt, ist der Mensch tot.
- Andererseits ist das Herz auch der Sitz des menschlichen Denkens und Fühlens sowie der menschlichen Entscheidungen.

Das Herz bildet sozusagen jene Funktionen ab, die der moderne Mensch im Gehirn verortet. Daher findet sich im Alten Testament häufig die Re-

---

[23] Matthäus 16,26, Übersetzung nach der BasisBibel, Deutsche Bibelgesellschaft, Stuttgart 2010.

dewendung „in seinem Herzen denken", so beispielsweise in Sprüche 16,9: „Des Menschen Herz denkt sich seinen Weg aus, aber der Herr allein lenkt seinen Schritt." Auch Jesus benutzt diese Redewendung ganz selbstverständlich, als er seine Jünger fragt: „Warum denkt ihr so Böses in euren Herzen?" (Matthäus 9,4). Dass im Herzen auch die Gefühle ihren Sitz haben, machen Redewendungen wie „Mein Herz freut sich" (Psalm 13,6) oder „Sein Herz entbrannte ihm gegen seinen Bruder" (1. Mose 43,30) deutlich.[24] Der Gedanke liegt nahe, dass das Herz als lebenswichtiges Organ vom Denken und Fühlen des Menschen mit beeinflusst wird.

Und wo immer empfohlen wird, etwas „von Herzen" zu tun, ist gemeint, dass wir es mit aller Entschlossenheit und Energie sowie ohne jeden Zwiespalt tun sollen. Das ist auch mit dem folgenden Gebot gemeint: „Du sollst Gott lieben von ganzem Herzen, von ganzer Seele, mit all deiner Kraft" (Markus 12,30). Auch im Deutschen sprechen wir davon, dass wir in eine Sache „viel Herzblut" investiert haben. Damit wollen wir sagen, dass wir uns mit großer Liebe und Leidenschaft für etwas engagieren. Das Gegenteil davon wäre ein „halbherziges" Engagement, bei dem es an der vollen Hingabe und Entschlossenheit mangelt.

Ein Unterschied ist allerdings wichtig: Im Gegensatz zum Deutschen wird im Hebräischen mit dem Herzen *nicht in erster Linie das Gefühl* verbunden, sondern mehr das Denken und Wollen. Es liegt jedoch auf der Hand, dass sich Gedanken und Gefühle gegenseitig durchdringen und beeinflussen und oft schwer trennen lassen.

Geist (Ruach)

● Das im Hebräischen weibliche Wort „Ruach" bedeutet ursprünglich „Atem, Hauch, Luft, Wind".

● Die zweite Bedeutung ist „Geist" – auch der Geist ist, wie die Luft, unsichtbar und doch bewegt und bewegend.[25] Die Schöpfungsgeschichte erzählt: Erst durch das Einhauchen des göttlichen Geistes/Atems wurde der Mensch ein lebendiges Wesen.[26] Auch Jesus spielte auf die Doppelbe-

---

24 „Entbrannte gegen" bedeutet: eine warme oder leidenschaftliche Anziehungskraft empfinden.
25 Vgl. die Aussage in der Schöpfungsgeschichte: „Der Geist Gottes schwebte über dem Wasser" (1. Mose 1,2).
26 1. Mose 2,7.

deutung der „Ruach" an, als er sagte: „Der Wind weht, wo er will, und du hörst sein Brausen wohl, aber du weißt nicht, woher er kommt und wohin er geht" (Johannes 3,8). Man kann genauso übersetzen: „Der Geist weht, wo er will ..." Doch die Bedeutung ist in beiden Fällen dieselbe: Wir haben weder über das lebenswichtige Element des Atems, der Luft, noch über die geistige Vitalität oder Inspiration unserer Person wirklich Macht. Beides entzieht sich, genau wie Gott, unserem Zugriff. Deshalb wird auch Gottes Geist mit dem Wort „Ruach" bezeichnet.

• Mit „Geist" sind allerdings weniger das Denken und die Vernunft gemeint. Es geht eher um die Gesinnung, die eine Person beherrscht.

• Diese Bedeutung kommt in der tadelnden Frage Jesu an seine Jünger zum Ausdruck: „Wisst ihr nicht, wes Geistes Kinder ihr seid?"[27], mit anderen Worten: Welche Gesinnung beseelt euch? Wenn ihr von Gottes Geist erfüllt seid, könnt ihr nicht den Geist der Rachsucht haben. In dem schon erwähnten Jesuszitat „Der Geist ist willig, aber das Fleisch ist schwach"[28] meint „Geist" ebenfalls die Gesinnung des Menschen, die ihn über das reine Getriebensein durch Bedürfnisse und Gefühle hinausführt. Ja, im Johannesevangelium lesen wir, dass der Geist (Gottes) unseren menschlichen Geist so infiltrieren kann, dass dieser Prozess von Jesus mit einer „Neugeburt" verglichen wird.[29]

• „Geist (Gottes)" bezeichnet darüber hinaus in der Bibel häufig eine Form der Inspiration, über die wir nicht verfügen, für die wir uns nur öffnen können. Von Jesus wird des Öfteren erzählt, dass er „auf Anregung des Geistes" oder auch „in der Kraft des Geistes" seine Ziele wählte, was darauf hinweist, wie tief verbunden er mit seinem Vater war. Auch freute er sich „im Geist", ebenso konnte er aber auch „betrübt im Geist" sein oder „im Geist ergrimmen", was deutlich macht, dass Gottes Geist auch Gefühle keineswegs ausschließt.

---

27 Lukas 9,55.
28 Matthäus 26,41.
29 Johannes 3,3-6.

Schoß (Rähäm)

Das hebräische Wort für „Mutterleib/Mutterschoß" ist gleichzeitig auch das Wort für „Erbarmen, Barmherzigkeit". Im Vordergrund steht bei der biblischen Barmherzigkeit weniger ein Gefühl als vielmehr ein praktisches Tun: Man „erweist jemandem Barmherzigkeit". So beschreibt ein Schriftgelehrter auch den Samariter, der sich um einen Schwerverletzten am Wegesrand kümmerte: „Er erwies ihm Barmherzigkeit."[30] Deutlich wird: Wer barmherzig ist, bietet einem anderen Menschen einen Schonraum, umhüllt ihn mit seiner Liebe und Fürsorge. Das Bergende des mütterlichen Schoßes wird zum Inbegriff dieses schützenden und unterstützenden Handelns.

Eingeweide (Me'im)

Mit den Eingeweiden ist im weitesten Sinn das Verdauungssystem des Menschen gemeint. Hier haben nach hebräischem Denken auch die Gefühle ihren Sitz, vor allem die Gefühle des Mitleids sowie der seelischen Erschütterung. Wenn im Hebräischen tiefstes Mitleid ausgedrückt wird, so heißt es wörtlich: „Es packte/rührte ihn in den Eingeweiden." Hier wird in der Tat eine sehr enge Verbindung zwischen Gefühl und Verdauungsfunktionen deutlich. Auch einige Redewendungen im Deutschen zeigen, dass diese Verbindung den Menschen schon seit langer Zeit bewusst ist: Da „schlägt uns etwas auf den Magen" oder „dreht uns den Magen herum", wir haben an etwas „schwer zu knabbern oder zu schlucken" oder „fressen etwas in uns hinein" und verspüren womöglich eine gewaltige „Wut im Bauch".

Von Jesus wird öfter berichtet, dass er „Mitleid" hatte. Das Griechische gebraucht hierfür einen Begriff, der bedeutet, dass etwas Jesus „in den Eingeweiden berührte". Sein Mitgefühl war tief und spontan, beispielsweise als er sah, wie eine Witwe hinter der Leiche ihres einzigen Sohnes zum Friedhof ging.[31]

Zu den Eingeweiden werden auch die Nieren gezählt. Wir kennen in unserer Sprache die Redewendung „Das geht mir an die Nieren". Im Hebräischen gelten die Nieren als Sitz der Gefühle. Wenn es im Alten Tes-

---
30 Lukas 10,37.
31 Lukas 7,13.

tament oft heißt, dass Gott „Herz und Nieren" prüft, so wird damit der umfassende Einblick Gottes in unser menschliches Gedanken- *und* Gefühlsleben umschrieben.

Blut (Damam)

Wie ergreifend fand ich in meiner Jugend die Filmszene, in der Karl Mays Helden Winnetou und Old Shatterhand sich die Handgelenke anritzten und feierlich einige Blutstropfen als Zeichen „ewiger Blutsbrüderschaft" austauschten! Damit machten sie deutlich, dass ihre Bindung zueinander eine Tiefe hatte, in der jeder bereit war, für den anderen auch das eigene Blut hinzugeben – wie es dann ja auch geschah: Winnetou warf sich vor Old Shatterhand, um die tödliche Kugel abzufangen, die diesen hätte treffen sollen! Blut hat in unserer Sprache eine doppelte Bedeutung:
- Blut ist der Stoff, der uns physisch am Leben erhält – wer zu viel davon verliert, stirbt. Blut ist eine unverwechselbare Substanz in unserem Organismus, denn Blutgruppen sind nicht beliebig austauschbar oder kombinierbar.
- Blut ist ein Teil unserer psychischen Identität, wie der Begriff „Blutsbande" oder die Redewendung „Blut ist dicker als Wasser" deutlich machen. Damit ist ja nicht gemeint, dass jemand genau die gleiche Blutgruppe wie wir besitzt, sondern dass die Person auf eine tiefe und nicht austauschbare Weise seelisch mit uns verbunden ist und wir mit ihr.

Für die Israeliten ging die Bedeutung von Blut noch weiter:
- Blut galt als Träger des Lebens schlechthin, und Leben ist unverfügbar. Deshalb durfte Blut nicht verzehrt werden. Das Fleisch von Tieren konnte nur dann als Nahrung dienen, wenn kein Blut mehr in ihm enthalten war. Mit der – nicht unumstrittenen – Schlachtmethode des „Schächtens" sollte dies gewährleistet werden. Nur ein solcherart behandeltes Fleisch galt – und gilt bis heute – als „koscher", das heißt, für den menschlichen Verzehr erlaubt.
- Blut als Träger des Lebens bedeutet aber auch: Wer sein „Blut" für jemanden vergießt, opfert sein Leben für diese andere Person.

Es ist ein großer Gewinn, sich in die Vorstellungswelt der Hebräer und ihrer Sprache einzuarbeiten. Man lernt dadurch eine Sicht des Menschen kennen, die neben der materiellen immer auch eine immaterielle Seite, neben der körperlich-sichtbaren immer auch eine geistig-unsichtbare Dimension umfasst. Nichts ist einfach nur das, was es rein sichtbar oder materiell darstellt – alles hat auch eine verborgene, übertragene Dimension, die es zu entdecken und ernst zu nehmen gilt. Im Vergleich dazu ist unser heutiges „modernes" Denken vor allem in der Medizin eher eindimensional und vereinfachend. Sind wir, so gesehen, nicht auf mindestens einem Auge blind, wenn wir Seele und Körper auseinanderreißen und uns nur auf das „Sicht- und Messbare" konzentrieren?

2.2. Krankheit als Strafe?

Auch wenn das Alte Testament als Quelle von Gottesbildern, Glaubenserfahrungen und Lebensweisheit sehr zu schätzen ist: Vieles in seiner Vorstellungswelt ist für uns heute nicht mehr wörtlich zu nehmen oder gar verbindlich. Denn in dieser Vorstellungswelt spiegeln sich neben tiefer Weisheit doch auch sehr deutlich die Grenzen des damaligen Wissens, Denkens und Glaubens wider. Diese Grenzen werden auch in bestimmten Bildern von Gott und vom Menschen deutlich. Interessant für unser Thema sind hier vor allem zwei Überzeugungen, die viele Schriften des Alten Testaments prägen:

- die Überzeugung, dass Gott absichtlich Ereignisse herbeiführt, die dem Menschen Leid und Schmerzen zufügen, um ihn zu „bestrafen" bzw. zu „erziehen";

- die Überzeugung, dass alles Gute, das der Mensch tut, in Form von Gutem in irgendeiner Weise wieder zu ihm zurückkehrt, ebenso alles Böse in Form von Bösem – und zu diesem Bösen zählen auch Krankheit und vorzeitiger Tod.

Man bezeichnet die letztere Überzeugung auch als „Tun-Ergehen-Zusammenhang", basierend auf der Erwartung: Wie ein Mensch handelt, so ergeht es ihm auch (langfristig). Tritt dieses Gesetz nicht durch äußere Umstände von selbst ein („Wer andern eine Grube gräbt, fällt selbst hinein", heißt es beispielsweise in Sirach 27,29), so sorgt Gott durch persönliches Eingreifen dafür, dass „der/das Gute belohnt und der/das Böse bestraft wird" – so glaubte man!

Mit beiden Vorstellungen sollten wir uns als heutige Bibelleser bewusst *kritisch* auseinandersetzen, denn sie sind keineswegs zeitlos gültig, sondern zeitbedingt. Mit anderen Worten: Es sind Bilder, die sich die damaligen Menschen von Gott machten. Dabei waren sie Kinder ihrer Zeit und ihrer Kultur, zu der auch die Religion zählte.

Doch auch hier gab es Aufbrüche: Im Buch „Hiob" wird der kühne Vorstoß gemacht, den „Tun-Ergehen-Zusammenhang" fundamental infrage zu stellen. Der leidgeprüfte Hiob lehnt die Behauptung seiner Freunde, sein Leid müsse die Strafe für vorangegangene Sünde sein, entrüstet und mit aller Entschiedenheit ab; er macht ihnen und erst recht Gott bittere Vorhaltungen. Und das Unvorstellbare geschieht: Gott gibt Hiob am Ende recht – so die revolutionäre Aussage dieses Buches![32]

Doch zurück zu den beiden Überzeugungen und ihren Schlussfolgerungen, die für unser Thema interessant sind:
- Gott sorgt für ausgleichende Gerechtigkeit schon hier auf Erden.
- Deshalb straft er Menschen unter Umständen für ihre Vergehen, indem er Schmerz, Leid und Krankheit sowie Not und Elend über sie verhängt.

Beide Annahmen sind für Christen nicht mehr uneingeschränkt annehmbar und gültig, und zwar aus einem theologischen und einem psychologischen Grund.

Der psychologische Grund

Es ist vielfach erwiesen, dass Strafen in der Regel beim Bestraften nicht zu *Einsicht* und damit auch zu keiner wirklichen *Gesinnungsänderung* führen. Was bewirken sie dann? Allenfalls Angst vor erneuter Strafe, was im besten Fall zu einer *Unterdrückung* von unerwünschtem Verhalten führt. Eine solche Motivation ist aber nicht Gottes Ziel mit dem Menschen. Im Gegenteil: Vor allem in den Prophetenbüchern wird häufig betont, dass es Gott auf die *rechte Gesinnung* des Menschen ankommt und nicht auf ein äußerliches und formales Wohlverhalten, hinter dem keine echte Überzeugung steht. Man darf Gott nicht auf das Niveau eines Despoten herunterziehen, der seine Untertanen mit Strafen und Strafandrohungen in Schach hält, wodurch sie in einem dauernden Klima der Angst leben.

Der theologische Grund

Seit Jesus von Nazareth auf unserer Erde erschienen ist, ist der Gedanke an einen „strafenden Gott" nicht mehr rückhaltlos akzeptabel. Denn

---

32 Zu den Freunden Hiobs, die den Tun-Ergehen-Zusammenhang mit allen Mitteln gegenüber Hiob aufrechtzuerhalten versuchen, sagt Gott ausdrücklich, dass er zornig über sie sei, weil sie nicht „recht" von ihm gesprochen hätten – im Gegensatz zu den Aussagen Hiobs (Hiob 42,7).

das Bild, das Jesus von Gott gezeichnet hat, wird in erster Linie und *eindeutig von Liebe und Barmherzigkeit bestimmt*. Der Gott Jesu möchte, dass sich der Mensch zu einem vertrauensvollen und mündigen Gegenüber entwickelt, anstatt von ihm blinden und unterwürfigen Gehorsam zu fordern. Wer jedoch ständig in Furcht vor Strafe lebt, geht innerlich – und wenn möglich auch räumlich – auf (Sicherheits-)Abstand zu dem, der ihm droht. Denn jemanden, der als bedrohlich erlebt wird, kann man wohl respektieren, aber nicht lieben, ihm schon gar nicht vertrauen.

Deutlich wird dies in der erschütternden Biografie eines Tessiner Familienvaters. Er ließ im 19. Jahrhundert Frau und Kinder im bitterarmen Verzasca-Tal zurück, um wie unzählige seiner Landsleute in Kalifornien sein Glück zu suchen. Als er nach etlichen Jahren mit etwas angespartem Vermögen, aber innerlich deprimiert und verbittert zu seiner Familie zurückkehrte, brach für diese eine zwar materiell bessere, dafür aber seelisch unerträgliche Zeit an. Der Vater begann, Frau und Kinder auf eine unglaublich harte und demütigende Weise zu behandeln – als wolle er sie ständig spüren und büßen lassen, wie sauer verdient sein Geld war, und als könne er es nicht verwinden, wie wenig wahres Glück ihm das ersparte Vermögen gebracht hatte. Unablässig und überall witterte er bei den Seinen Geldverschwendung, klagte sie der Undankbarkeit an und tyrannisierte die Familie selbst in Kleinigkeiten.

Die Lebensfreude, welche sich Frau und Kinder trotz des kargen Lebens in Abwesenheit des Vaters bewahrt hatten, wich mehr und mehr einer lähmenden Furcht – und wachsendem Hass. Schon beim Klang seiner Schritte verfielen die Kinder samt der Mutter in ein verängstigtes, dumpfes Schweigen. Die Folge: Alle Söhne verließen so früh wie möglich die Heimat und wanderten nach Amerika aus, um der düsteren Familiensituation zu entgehen. Den Schwestern empfahlen sie von dort aus dringend, es ihnen gleichzutun und das Elternhaus zu verlassen ...[33]

Die tragische Lebensgeschichte zeigt, dass auch aufrichtige Liebe, wie sie Frau und Kinder anfänglich durchaus empfunden hatten, durch Angst, Schikane und ständige Demütigung nach und nach zerstört wird. Gilt dies nur für zwischenmenschliche Beziehungen? Nein – es gilt auch für unsere Beziehung zu Gott, sofern wir ihn uns personal vorstellen. Die Liebe zu ihm, das heißt genauer: die vertrauensvolle Bindung an ein göttliches Wesen, und die Furcht vor ihm können auf Dauer nicht nebeneinander

---

[33] Die Beschreibung dieses bitteren Schicksals findet sich in: Piero Bianconi: Der Stammbaum – eine Tessiner Chronik, Zürich und Stuttgart 1971.

bestehen.[34] Der Verfasser des 1. Johannesbriefes findet dafür klare Worte. Er schreibt: „Furcht ist kein Bestandteil der Liebe, sondern die vollkommene Liebe vertreibt alle Furcht" (1. Johannes 4,18). Denn die uneingeschränkte Liebe ist auch von uneingeschränktem Vertrauen geprägt. Die Ermutigung zu dieser und keiner anderen Form der Gottesbeziehung kommt von Jesus selbst – er selbst hat das Vertrauen in den Mittelpunkt unserer Gottesbeziehung gerückt, nicht (mehr) die Angst vor Strafe!

Doch vergessen wir nicht: Auch zur Zeit Jesu war die Vorstellung von einem strafenden Gott gang und gäbe, der die Menschen absichtlich mit Krankheit und Tod heimsucht. Wie ist das möglich? Die Erklärung liegt zum einen in dem Wunsch des Menschen nach einem berechenbaren Gott, der nach menschlich nachvollziehbaren Regeln handelt. Zum andern existieren eine Vielzahl von Beispielen und Äußerungen im Alten Testament, die das Bild eines strafenden Gottes malen. Es sind Erzählungen, manchmal nur aus wenigen Sätzen bestehend, in denen von Gott gesagt wird, dass er Krankheit über Menschen verhängt, um sie für ihre Sünden und Verfehlungen zu bestrafen. Nur sechs Beispiele – von vielen – seien genannt:

● Als Mirjam einige kritische Worte über ihren Bruder Mose äußerte, erregte sie damit, so heißt es, den „Zorn Gottes" – „Und siehe, da war Mirjam aussätzig wie Schnee". Es wird zwar nicht direkt gesagt, dass Gott diesen Aussatz veranlasste, aber der Zusammenhang ist zwingend (4. Mose 12).

● Es war in der Zeit, als David noch nicht König war, sondern mit einer Art Freibeuterschar unstet im Süden des Landes umherzog. Als ein wohlhabender Mann namens Nabal Davids Männern die Gastfreundschaft verweigerte, ging dessen Frau Abigail heimlich zu David und bat um Vergebung für das törichte Verhalten ihres Mannes. Damit wollte sie auch Davids Rache an ihrer Familie abwenden. Als sie ihrem Mann mitteilte, dass sie bei David um Vergebung gebeten hatte, traf ihn der Schlag. Dann heißt es: „Und nach zehn Tagen schlug der Herr den Nabal, dass

---

34 Wobei hier streng unterschieden werden muss zwischen Furcht = Ehrfurcht und Furcht = Angst. Leider geben die meisten Übersetzungen diesen Unterschied nicht deutlich wieder, da es im Hebräischen dafür nur ein Wort gibt, dessen Bedeutung sich aus dem Zusammenhang erschließt. Wenn es z.b. heißt: „Die Furcht des Herrn ist der Anfang aller Weisheit" (Psalm 111,10), so ist bei dem Begriff „Furcht des Herrn" grundsätzlich an Ehrfurcht und nicht an Angst zu denken.

er starb." Als David dies hörte, lobte er Gott und sagte: „Der Herr hat dem Nabal seine böse Tat auf seinen Kopf vergolten" (1. Samuel 25). Der Schlaganfall wird nicht als natürliche Folge von Nabals Entsetzen oder Zorn über das eigenmächtige Vorgehen seiner Frau angesehen, sondern als Strafe Gottes.

• Entgegen Gottes ausdrücklichem Gebot und doch gleichzeitig, wie es heißt, von Gott dazu „gereizt" (ein unlösbares Paradox!), ließ David eine Volkszählung durchführen. Prompt erkannte er seine Schuld und bat Gott um Vergebung für den Verstoß gegen sein Gebot. Gott vergab ihm jedoch nicht (!), sondern ließ ihm, so wird erzählt, ausrichten, dass er zwischen dreierlei Strafen wählen könne, von denen eine nur ihn, zwei jedoch das ganze Volk getroffen hätten. David entschied sich für eine der beiden Strafen, die das ganze Volk trafen, nämlich eine Pestepidemie: „Da ließ der Herr die Pest über Israel kommen (…), sodass siebzigtausend Mann vom Volk starben" (2. Samuel 24,15). Hier wird nicht nur erneut „Krankheit als Strafe" gesehen, sondern auch noch unterstellt, dass Gott zigtausende unschuldige Menschen absichtlich dem Tod anheimgibt und dabei den eigentlich Verantwortlichen verschont!

• Als der eigens aus Syrien angereiste reiche Feldherr Naeman dank des Propheten Elisa von seinem Aussatz geheilt wurde, wollte er sich mit kostbaren Geschenken bei ihm bedanken. Elisa nahm sie nicht an, doch sein Knecht folgte heimlich dem Syrer und luchste ihm unter einem Vorwand einige Geschenke ab. Elisa sagte dem Knecht nach dessen Rückkehr seine Lüge auf den Kopf zu und schloss die Prophezeiung an: „Aber der Aussatz Naemans wird dich und deine Nachkommen für immer treffen." Und so geschah es auf der Stelle: „Da ging sein Knecht von ihm hinaus, aussätzig wie Schnee" (2. Könige 5). Auch hier drängt sich der Verdacht auf, dass Elisa mit der Krankheit die Strafe Gottes für die heimliche Bereicherung ankündigte.

• König Asarja (787-736 v.Chr.) regierte sein Land Juda zwar, so lesen wir, nach Gottes Willen, doch ließ er auch Opferkulte zu, die anderen Göttern als dem Gott Israels galten. Daraufhin heißt es: „Der Herr aber plagte den König, dass er aussätzig war bis an seinen Tod …" (2. Könige 15,5). Offensichtlich war dies die göttliche Strafe für dessen zu große religiöse Toleranz.

- Im 5. Buch Mose wird dem Volk der Israeliten für den Fall, dass es die Gebote Gottes nicht einhält, auf vielfältige Weise mit göttlicher Strafe gedroht. Unter anderem heißt es: „Jahwe wird dir die Pest anhängen (...) Er wird dich schlagen mit Auszehrung, Entzündung und hitzigem Fieber (...) Er wird dich schlagen mit ägyptischem Geschwür, mit Pocken, mit Grind und Krätze, dass du nicht geheilt werden kannst. Er wird dich schlagen mit Wahnsinn, Blindheit und Geistesverwirrung" (5. Mose 28,21f.27).

Wer als heutiger Bibelleser solche und ähnliche Erzählungen wörtlich nimmt und gar für Tatsachenberichte hält, muss entsetzt, abgestoßen und verunsichert zugleich sein. Denn er kann daraus nur schlussfolgern, dass Gott, der sein Wesen laut biblischer Aussage nicht ändert[35], auch heute noch in dieser Form mit uns Menschen umgeht. Das heißt, er muss davon ausgehen, dass Krankheit auch heute noch durchaus eine von Gott absichtlich verhängte Strafe für Sünde und Verfehlung sein kann.

Die Überlegung eines kranken Menschen: „Was habe ich verbrochen, dass Gott mich so bestraft?", wäre dann nicht nur verständlich, sondern möglicherweise sogar berechtigt! Wir sollten uns deshalb an dieser Stelle ehrlich fragen: Folgen wir den alttestamentlichen Autoren und unterstellen Gott eine solche teilweise maßlos überzogene und zutiefst grausame „Bestrafungspädagogik"? Dann müssen wir ihm gleichzeitig auch einen erschreckend unbarmherzigen Vergeltungswillen unterstellen.

Die Antwort kann nach meiner Erkenntnis nur lauten: Wir können den biblischen Autoren an dieser Stelle nicht folgen. Denn der von ihnen beschriebene Gott ist nicht der Gott, den Jesus uns verkündet und den er in seiner eigenen Person verkörpert hat. Es ist nicht der Gott, dem Jesus vertraute und dem zu vertrauen er auch uns aufforderte. Wir haben deshalb die Freiheit, den Glauben an einen Gott abzulehnen, der Verfehlung, Versagen und Schuld mit Krankheit bestraft, die nicht selten sogar zum Tod führt.

Gott lässt Krankheit zu, das ist auch unsere Erfahrung – aber ihm zu unterstellen, dass er sie auch *veranlasst,* das heißt, sie *absichtlich herbeiführt,* um uns zu strafen, halte ich für höchst gefährlich. Denn diese Unterstellung zerstört das Vertrauen in ihn.

Wesentlich hilfreicher ist hingegen die Sicht, in einer Krankheit ein

---

35 „Ich bin der Herr und verändere mich nicht" (Maleachi 3,6).

Signal oder gar eine Chance zu sehen. Dazu einige Aussagen von Menschen, die teilweise todkrank waren:
- Ein Mann, mitten im Berufsleben stehend, wurde von einem schweren Schlaganfall getroffen, von dem er sich nur sehr langsam und nicht mehr zu hundert Prozent erholte. Auf die Frage, ob er seine Krankheit als Signal oder Chance sehe, antwortete er: „Als Chance. Wer das erleben darf, was ich erleben durfte oder musste, der denkt anders übers Leben. (…) Ich sage heute, mir hat jemand ganz Schlaues eine Ohrfeige gegeben, weil ich's mal wieder überzogen hatte." – Deutlich wird, dass er diese „Ohrfeige" gerade *nicht* als Strafe, sondern eher als heilsames „Wachrütteln" erlebte.[36]
- „Die Krankheit war wirklich so ein Zeichen: Jetzt musst du dein Leben ändern, vor allen Dingen musst du deine Einstellung ändern. (…) Die Krankheit war eine Chance. (…) Sie wollte mir etwas sagen."
- „Diese ganzen Jahre, in denen ich mich gefragt habe: ‚Warum ich?', wütend war über die Krankheit, depressiv war, setzten sich zu einer Lebenserfahrung zusammen, die ich aus heutiger Sicht nicht mehr missen möchte."
- „Ich habe so viel Positives durch die Krankheit erlebt, dass ich sie nicht missen möchte. Aber es war natürlich auch schwer. Wenn ich das alles vor der Krankheit gewusst hätte, hätte ich ausgeglichener gelebt, ich hätte nicht versucht, es allen immer recht zu machen, ich hätte mir selbst nicht so geschadet. Aber rückblickend musste es so sein."[37]

Es gibt Krankheit als Folge von vielerlei Auslösern und Ursachen. Dazu gehören Umwelteinflüsse, Krankheitserreger, genetische Gründe, pränatale oder frühkindliche Entwicklungsbedingungen, körperliche und seelische Fehl- oder Überbelastungen. Es gibt Krankheit als Folge von angeborenen Schwächen oder Vorschädigungen und als Konsequenz persönlichen Fehlverhaltens oder persönlicher Unkenntnis – um nur einige mögliche Ursachen zu nennen. Und es gibt Krankheit als unerklärliches Schicksal. *Aber es gibt Krankheit nicht als gezielte Strafe Gottes.*

---

36 Zitat aus Barbara Klose-Ullmann: Mein Körper sagt mir, er will nicht mehr tanzen, München 2003, S. 194f.
37 Barbara Klose-Ullmann, a.a.O., S. 118, 122, 130, 177.

2.3. Was Jesus sagte und tat – eine Orientierung

Der Gott, den Jesus von Nazareth seinen Zuhörern verkündete, ist *nicht* der Gott, der Menschen für ihre Sünde und Schuld, auch für Bagatellschuld, mit Krankheit oder gar Tod bestraft. Es gibt für diese These zahlreiche Belege in den Worten Jesu, wie sie von den Evangelien überliefert sind. Einige seien exemplarisch genannt.

- „Mit welchem Maß ihr andere messt, werdet auch ihr gemessen!" (Matthäus 7,2). – Das besagt: Unser Verhalten hat Konsequenzen – nicht nur für andere, sondern auch und erst recht für uns selbst. Das machte Jesus in vielen Gleichnissen und Beispielen deutlich. Unser Verhalten wirkt sich aus in diesem Leben – aber auch in der Ewigkeit. Jesus hat die Folgen mit drastischen Bildern vom „Jüngsten Gericht" beschrieben: vom „ewigen Feuer" ist die Rede und von „Heulen und Zähneknirschen" – Signale äußerster Verzweiflung. Nimmt man diese Gerichtsvorstellungen wörtlich, so läuft man Gefahr, in das Gottesbild des strafenden und vorsätzlich Leid und Schmerz zufügenden Gottes zurückzufallen.

- Genau das hat Jesus wohl nicht angestrebt, sondern ihm war ein anderer Gedanke wichtig. Jesus war überzeugt davon, dass Gott nicht für alle Zeiten alles hinnimmt, was Menschen tun – eben weil er kein gleichgültiger, sondern ein gerade auch die Schwachen liebender und für sie engagierter Gott ist. Es gibt, so Jesu beunruhigende, aber auch tröstliche Botschaft (je nachdem, ob man sie als Täter oder als Opfer liest), eine ausgleichende und höhere Gerechtigkeit nach dem Tod.

- Doch Jesus hat nie behauptet, dass Gott Menschen *zu Lebzeiten* bestraft – auch nicht mit Krankheiten oder anderen Formen von Leid. Wer die Evangelien genau studiert, dem fällt auf: Keinem der Kranken, die zu ihm gebracht wurden, hat Jesus je unterstellt, dass die Krankheit die Strafe für dessen Sünden sei. Hätte er dies geglaubt, so hätte er einen Kranken auch niemals heilen dürfen – wäre er doch mit einer Heilung dem Strafwillen Gottes in den Rücken gefallen!

- „Wenn ihr vergebt, wird euch vergeben!" (Matthäus 6,14) – Jesus forderte uns zur gegenseitigen bedingungslosen Vergebung von Schuld auf. Bedingungslos bedeutet: Wir sollen nicht warten, bis der „Verletzer" sich für das, was er uns – aus unserer Sicht – angetan hat, entschuldigt. Denn damit würden wir unsere Vergebung von seinem Verhalten abhängig machen. Es wäre folglich keine bedingungslose Vergebung – erst recht nicht, wenn wir auch noch Vergeltung fordern würden.

● Wenn Jesus uns aber zu bedingungsloser Vergebung auffordert, dann setzt dies voraus, dass Gott ebenso handelt. Es wäre paradox, von Menschen mehr Großmut und Vergebungsbereitschaft zu verlangen als von Gott selbst. Mit anderen Worten: Wenn Gott nicht Gnade, sondern Vergeltung üben würde, so könnte Jesus uns nicht zu bedingungsloser Vergebung auffordern – sonst wären wir barmherziger als Gott selbst.[38]

● „Ihr sind viele Sünden vergeben!" (Lukas 7,47). Jesus hat Fehler und Vergehen der Menschen oft unmissverständlich beim Namen genannt und von Sünde und Schuld gesprochen, doch seine Botschaft der *vergebenden Güte Gottes* stand immer im Vordergrund. So auch hier im Fall einer stadtbekannten „Sünderin", der Jesus öffentlich Gottes Vergebung zuspricht.

● Man denke auch an das Gleichnis vom verlorenen Sohn, der nach seiner Rückkehr seine Schuld gegenüber dem Vater klar bekennt – doch erst, nachdem der Vater ihn liebevoll in die Arme geschlossen und geküsst hatte! (Lukas 15,20f). Der Vater reagiert auf das Schuldbekenntnis des Sohnes überwältigend großzügig: Er nimmt den Sohn unverzüglich wieder als Sohn mit allen Rechten in sein Haus auf – das Symbol dafür ist der Ring, den er ihm an den Finger steckt, sowie das Fest, das er für ihn ausrichten lässt. Das bedeutet, dass er ihm bedingungslos vergibt und auf jede Form der Vergeltung oder einer „Bußleistung" vonseiten des Sohnes verzichtet.

● „Frau, hat dich niemand verurteilt? Dann verurteile ich dich auch nicht!" – Als man eine Ehebrecherin vor Jesus schleppte, um zu prüfen, ob Jesus in die gesetzlich vorgeschriebene Strafe der Steinigung einwilligen würde, geschah Überraschendes: Jesus weigerte sich, die Frau zu verdammen, und forderte stattdessen die Umstehenden auf: „Wer ohne Sünde ist, der werfe den ersten Stein" (Johannes 8,1-12). Kein Stein flog –

---

38 Vgl. mein Buch „Das verzeih ich dir nie!", 12. Aufl. Witten 2014.

alle waren sich darüber im Klaren, als Menschen selbstverständlich auch „Sünder" zu sein!

- „Geht weiter und schüttelt den Staub von euren Füßen!" – Als Jesus und seine Jünger auf dem Weg nach Jerusalem in der Provinz Samaria keine gastfreundliche Aufnahme erfuhren, fragten zwei seiner Jünger empört, ob er nicht auf die betreffenden Häuser Feuer regnen lassen könne. Dies käme einer grausamen Bestrafung gleich. Entrüstet fuhr Jesus sie an: „Wisst ihr nicht, wes Geistes Kinder ihr seid? Ich bin nicht gekommen, um das Leben der Menschen zu vernichten, sondern um es zu retten!" (Lukas 9,51-56).

- „Weder er noch seine Eltern haben gesündigt!" – Aufschlussreich und bedeutsam ist eine von dem Evangelisten Johannes geschilderte Episode: Jesus und seine Jünger kamen an einem blind geborenen Mann vorbei, und die Jünger fragten ihn: „Wer hat gesündigt, er oder seine Eltern, dass er blind geboren ist?" In dieser Frage spiegelte sich das alte Denkschema: „Wenn jemand krank ist oder mit einem Defizit geboren wird, muss es eine Strafe von Gott sein. Folglich hat dieser Mensch – oder seine Eltern – Schuld auf sich geladen."[39] Die Antwort Jesu war unmissverständlich: „Weder er hat gesündigt noch seine Eltern!" (Johannes 9,3).

- „Unglück kann jeden treffen!" – Die Überzeugung, dass Gott mit Unglück und Krankheit straft, wurzelte zu Jesu Zeiten tief in den Menschen. Dem schob Jesus einen Riegel vor. Ihm kam zu Ohren, dass der römische Präfekt Pontius Pilatus wieder einmal Menschen hatte willkürlich töten lassen. Auch erfuhr er von einem Turmeinsturz in Jerusalem, bei dem achtzehn Menschen ums Leben gekommen waren. Provozierend fragte Jesus seine Zuhörer: „Meint ihr, die von Pilatus Ermordeten seien größere Sünder als die anderen gewesen, weil sie das erlitten haben? Und meint ihr, die achtzehn vom Turm Erschlagenen seien schuldiger gewesen als alle anderen Menschen in Jerusalem? Mitnichten!" (Lukas 13,1-5). Damit erteilte er allen Spekulationen, Unglück sei Strafe, eine Absage.

Berücksichtigt man darüber hinaus, dass Jesus, wie schon erwähnt, Kranke aller Art bereitwillig heilte, *ohne* nach deren Vorleben und Sünden-

---

39 Wobei der Gedanke, dass ein neugeborenes Kind schon gesündigt haben könnte (im Mutterleib?), geradezu absurd anmutet.

register zu fragen, so lässt sich auch daraus nur der Schluss ziehen, dass er jeglichen Zusammenhang zwischen Krankheit, vorzeitigem Tod und Strafe Gottes kategorisch ablehnte.

Doch die Frage darf dennoch gestellt werden: Hat Jesus möglicherweise einen Zusammenhang zwischen dem Befinden und Ergehen von Seele und Körper gesehen? Entsprechend der ganzheitlichen Denkweise seiner Zeit und Kultur liegt dieser Gedanke nahe. Allerdings gibt es dazu so gut wie keine überlieferten Aussagen Jesu. Zwei Äußerungen, die allerdings nicht eindeutig zu interpretieren sind, seien näher betrachtet.

- „Deine Sünden sind dir vergeben!" – Die Evangelien berichten von einem gelähmten Mann, den seine Freunde in selbstlosem Einsatz übers Dach zu Jesus herunterließen, weil an der Tür nicht durchzukommen war. Naheliegend wäre, hier einen psychosomatischen Zusammenhang zu vermuten. Denn Jesus sagte zu dem Gelähmten, als er ihn sah: „Mein Sohn, deine Sünden sind dir vergeben!" Heißt das, dass er die Sünden dieses Mannes als Ursache der Lähmung betrachtete?

Das ist nicht völlig auszuschließen, denn es gibt in der Tat bis heute sogenannte psychogene (d.h. psychisch bedingte, ohne erkennbare körperliche Ursache auftretende) Lähmungserscheinungen bei Menschen (siehe Kap. 7.2.)! Und wer kennt nicht die Erfahrung, dass Angst lähmen kann – warum sollte dies nicht auch für Schuldgefühle gelten?

Doch der weitere Verlauf der Geschichte legt eine andere Deutung der Worte Jesu nahe: Jesus vergab dem Gelähmten zuerst seine Schuld, weil er damit einen klaren Anspruch gegenüber seiner Umgebung zum Ausdruck bringen wollte, nämlich: „Ich, Jesus von Nazareth, habe die Vollmacht von Gott, die Menschen nicht nur zu heilen, sondern ihnen – was noch weit schwerer wiegt – auch Schuld zu vergeben" (so auch in Lukas 7,36ff). Jesus wusste, dass er mit diesem Anspruch seine fromme Umwelt herausforderte. Prompt protestierten sie: „Was maßt sich dieser an? Er lästert Gott! Denn wer kann Sünden vergeben außer Gott allein?" (Markus 2,1-12; vgl. Lukas 7,49).

Wäre die Krankheit des Gelähmten tatsächlich eine von Gott verhängte Strafe für Sünden gewesen, dann hätte der Kranke ja in dem Moment, als er Vergebung der Sünden zugesprochen bekam, auch von seiner Lähmung befreit sein müssen. Das war aber nicht der Fall. Es bedurfte stattdessen einer zusätzlichen Entscheidung Jesu, ihn auch von seiner Krankheit zu heilen!

Warum aber provozierte Jesus seine Zuhörer vorsätzlich, indem er dem Gelähmten zuerst seine Sünden vergab? Vermutlich wollte Jesus deutlich machen, dass er nicht nur die Vollmacht hatte, Kranke zu heilen, sondern – was in den Augen damaliger Zeitgenossen noch viel vermessener und bedeutsamer war – dass er auch die Autorität besaß, Schuld zu vergeben. Jesus war nämlich der Überzeugung, dass das Problem der Sünde, das heißt der seelischen Belastung, im Leben eines Menschen wesentlich schwerer wiegen kann als das Problem der Krankheit.

- „Willst du gesund werden?" – Zu psychologischen Überlegungen gibt auch die Begegnung Jesu mit einem Mann Anlass, die das Johannesevangelium schildert. Der Mann lag seit achtunddreißig Jahren gelähmt an einem Teich in Jerusalem, der von Zeit zu Zeit in Wallung geriet. Der Erste, der dann ins Wasser stieg, wurde von seinen Gebrechen geheilt. Aufgrund seiner Lähmung gelang es dem Mann nie, dieser Erste zu sein – andere waren immer schneller. Überraschenderweise fragte Jesus den Kranken, als er ihn sah: „Willst du gesund werden?" Man könnte aus dieser Frage die Unterstellung ableiten, dass der Kranke an seiner Situation möglicherweise gar nichts ändern wollte und sich stattdessen häuslich in ihr eingerichtet hatte. Doch das ist reine Spekulation. Warum sollte er, wenn dem so wäre, sich dann überhaupt noch am Teich aufhalten?

Viel naheliegender ist, dass Jesus dem Kranken diese Frage gestellt hat, weil er niemanden ungefragt mit seiner Hilfe überfallen wollte. (Auch an Blinde, die einmal zu ihm gebracht wurden, richtete Jesus die Frage: „Was soll ich euch tun?") Zum anderen wollte er dem Kranken wohl klarmachen, dass zum Gesundwerden auch der erklärte Wille, ja das Mitwirken des Kranken gehört (Johannes 5,1-9).

Es ist klar erkennbar, dass Jesus in keinem der Krankheitsfälle, mit denen er in Berührung kam, eine Verbindung zu Schuld und Sünde sah.

---

3. Der Mensch hat Grenzen

Wenn ich noch einmal leben würde, so würde ich nicht darüber hadern, dass ich mich mit einem Herzfehler durchschleppen musste; ich würde darin eine Schranke erkennen, die eine höhere Weisheit meinem zu Hochmut und Selbstüberschätzung neigenden Wesen auferlegt hat.

*Eduard Buess, geb. 1913,
Professor für Theologie*

3.1. Veranlagungen und genetische Ausstattung

Als wir auf die Welt kamen, hatten sich die Erbanlagen unserer Eltern zu einer neuen Kombination verbunden, die es bisher auf dieser Welt noch nicht gab. Diese Erbanlagen beinhalteten eine Menge an körperlichen Merkmalen, von der Haar- oder Augenfarbe bis zur endgültigen Körper- und Schuhgröße, ebenso wie eine Vielfalt an Begabungen und Talenten. Es sind unsere Gene, die uns robuster oder sensibler machen, uns mit Schwachstellen und besonderen Stärken ausrüsten, uns hier extrem widerstandsfähig und dort extrem anfällig reagieren lassen. Wer kennt nicht angeborene Schwächen wie die Lese-Rechtschreib-Schwäche, die Anlage zur Fehlsichtigkeit oder die Neigung zur Glatzenbildung (bei Männern)?[40] Meistens treten sie im Lauf unserer Entwicklung vom Kind zum Erwachsenen auf. Manche Defizite suchen uns allerdings auch erst im reifen Erwachsenenalter oder im letzten Lebensdrittel heim.

Da klagt eine Freundin, sie hätte ein schwaches Herz, und fügt sogleich erklärend hinzu: „Das ist leider bei uns in der Familie verbreitet, meine Schwestern haben es auch." Jemand anderes plagt sich mit Asthma oder Rheuma herum und verweist auf den Vater, der mit dem gleichen Gebrechen geschlagen war. Der Botaniker Robert Gradmann betont in seinen Lebenserinnerungen, dass er seine Rückgratverkrümmung, die im Alter zu einer wesentlich „geschrumpften" Körpergröße führte, sowohl von väterlicher als auch von mütterlicher Seite vererbt bekommen habe, weshalb auch sämtliche Gegenmaßnahmen seinerseits wenig bewirkt hätten.

Man spricht in solchen Fällen von angeborenen „Dispositionen", frei übersetzt: Veranlagungen, Neigungen. Der Begriff macht deutlich, dass

---

40 Davon abgesehen, gibt es bekanntermaßen auch Erbkrankheiten, mit denen schon Kinder zur Welt kommen.

manche unserer Körperteile oder Organe von Geburt an mit einer erhöhten Sensibilität und damit Tendenz zu bestimmten Veränderungen oder Krankheiten ausgestattet sind. Deshalb werden sie auch „weak links" genannt (= schwache Glieder in der Kette). Ebenso geläufig ist der Begriff der erhöhten „Vulnerabilität", das heißt: Verletzlichkeit, Anfälligkeit. Dies gilt übrigens auch für unser Gehirn, sprich: für psychische Krankheiten. Auch hier gibt es durchaus Dispositionen. Die gute Nachricht dazu lautet: *Eine Disposition ist keine zwingende Notwendigkeit*, sondern besagt lediglich, dass eine größere *Wahrscheinlichkeit* besteht. Wenn beide Elternteile depressiv oder schizophren sind, ist die Wahrscheinlichkeit, dass ein Kind dieser Eltern ebenfalls depressiv oder schizophren wird, größer als bei Kindern, bei denen nur ein oder kein Elternteil unter einer dieser Krankheiten leidet. Doch es kann durchaus sein, dass zwei mit der gleichen Krankheit behaftete Elternteile leibliche Kinder haben, die zeitlebens frei von dieser Krankheit bleiben! Die unendlich vielen Möglichkeiten genetischer Kombinationen, verbunden mit Umwelteinflüssen, machen es möglich. Doch wenn zu einer Disposition noch eine *akute lebensgeschichtliche Belastungssituation* hinzukommt, beispielsweise durch eine schwere psychische Krise, so kann es sein, dass diese Disposition zum Ausbruch kommt und zu entsprechenden Erkrankungen führt.

Forscher haben in den letzten Jahren klare Hinweise darauf gefunden, dass auch Gene nicht unveränderlich sind, sondern auf die Umwelt reagieren, in der die betreffenden Menschen leben (man nennt dieses Forschungsgebiet *Epigenetik*). Ob und wie unsere Erbanlagen im Lauf unseres Lebens zum Zuge kommen, ist offenbar zum Zeitpunkt der Zeugung nicht ein für alle Mal festgelegt. Es handelt sich offensichtlich um ein Wechselspiel zwischen Anlage und Umwelt.

Anschaulich wird dieser Spielraum der Veranlagungen bei eineiigen Zwillingen, die ja, da sie aus einer befruchteten Zelle stammen, das exakt gleiche Erbgut besitzen. Sie weisen deshalb eine auffallend hohe Übereinstimmung von zahlreichen körperlichen und psychischen Eigenschaften auf – auch dann, wenn sie getrennt aufwachsen. So erzählen die Geschwister Renate und Ingrid Müller, Jahrgang 1967 und im Abstand von zwei Minuten zur Welt gekommen, in ihrem Buch „Zwillingskrebs"[41], dass sie beide im Jahr 2008 im Abstand von zwei Monaten „die gleiche niederschmetternde Diagnose Brustkrebs" erhalten hatten.

---

41 Rowohlt Verlag 2011.

Allerdings können sich eineiige Zwillinge im späteren Leben erstaunlich unterschiedlich entwickeln. Auch muss keineswegs jede Krankheit, die bei einem Zwilling auftritt, zwangsläufig beim anderen ebenfalls auftreten. Hier spielen oft Umwelteinflüsse, wichtige spätere Bezugspersonen und prägende Ereignisse im Lebenslauf eine Rolle – um nur einige der infrage kommenden Einflussfaktoren zu nennen.

Doch grundsätzlich ist gegen eine erbliche Veranlagung „kein Kraut gewachsen", abgesehen von den Möglichkeiten der Prophylaxe (Vorbeugung).[42] Wenn Sie beispielsweise wissen, dass Ihr Vater an grauem Star erblindete, werden Sie vermutlich in fortgeschrittenem Alter darauf achten, regelmäßig die entsprechende Augenuntersuchung durchführen zu lassen, um diesem Schicksal zu entgehen. Und wenn schon einige Frauen meiner Familie in der Vergangenheit an Darmkrebs erkrankt waren, werde ich keine entsprechende Vorsorgeuntersuchung versäumen, weil ich ja möglicherweise auch ein erhöhtes Risiko für diese Erkrankung in mir trage.[43] Das muss nicht, kann aber so sein, und es wäre leichtfertig, solche möglichen Veranlagungen einfach zu ignorieren. Sie gehören nun einmal auch zu der Ausstattung, die uns unsere Eltern und Vorfahren neben vielem Guten und Hilfreichen weitergegeben haben. Manche dieser Schwachstellen lassen sich beheben bzw. beherrschen, bei einigen sind Gegenmaßnahmen nötig – mit anderen muss man leben bzw. sich abfinden und versuchen, Schlimmeres zu verhüten.[44]

---

42 An dieser Stelle muss die pränatale Diagnostik erwähnt werden, auf deren Vorteile und Risiken sowie ethische Fragestellungen ich jedoch nicht eingehen kann.
43 Die Schauspielerin Angelina Jolie z.B. hat von ihrer Mutter ein Gen geerbt, das die Wahrscheinlichkeit für Brustkrebs massiv erhöht. Deshalb ließ sie sich prophylaktisch (vorbeugend) beide Brüste amputieren.
44 Der Apostel Paulus erwähnt in einem Brief an die Gemeinde in Korinth, dass auch er sich mit einem schweren Leiden – er nennt es seinen „Pfahl im Fleisch" – auseinandersetzen müsse und deshalb Gott dreimal ausdrücklich gebeten hätte, ihn davon zu heilen. Gott aber hätte ihm auf seine Bitte geantwortet: „Lass dir an meiner Gnade genügen; meine Kraft ist gerade in den Schwachen besonders wirksam!" Mit anderen Worten: Paulus musste sich mit seiner Krankheit abfinden (2. Korinther 12,7-9)!

3.2. Schwangerschaft

Ein vor einiger Zeit erschienener Leitartikel der Zeitschrift „Der Spiegel"[45] machte anhand zahlreicher wissenschaftlicher Untersuchungen deutlich, dass der Mensch schon während seiner Entstehung, sprich: im Mutterleib, einer Reihe von massiven Einflüssen von außen ausgesetzt ist, die unter Umständen lebenslange Folgen haben. Wer kennt nicht sogenannte „Contergan-Kinder"? Ihre verstümmelten Arme waren darauf zurückzuführen, dass die Mütter während der Schwangerschaft ein damals für harmlos angesehenes und deshalb rezeptfreies Medikament eingenommen hatten, von dessen zerstörerischen Nebenwirkungen auf das werdende Leben man nichts wusste.

Doch neben diesem drastischen Beispiel gibt es viel subtilere Einflussfaktoren, die zu erforschen man erst in den letzten Jahren begonnen hat. Eine wichtige Frage ist beispielsweise, welche Art von Einfluss auf das werdende Leben intensive Stresszustände der Mutter ausüben. Dieser Einfluss findet über die Hormone statt, die im mütterlichen Blutkreislauf zirkulieren. An diesen Kreislauf ist das Kind angeschlossen. Grundsätzlich gilt: Was im mütterlichen Blut zirkuliert, seien es Giftstoffe, Nährstoffe oder Hormone, wird zwangsläufig vom Kind, zumindest in Teilen, „mitverwertet". Das kann langfristige und schwerwiegende Folgen haben, wie der „Spiegel"-Bericht deutlich macht. Es sind Folgen, für die diese Menschen als Erwachsene keine Schuld tragen.

Dazu nur ein Beispiel: Frauen, die während der Schwangerschaft rauchen, laufen Gefahr, bei ihrem Kind Gefäßschäden zu verursachen, die sein Risiko für einen späteren Schlaganfall oder Herzinfarkt erhöhen. Der Grund: Inhaltsstoffe des Tabakrauchs können unter Umständen die Plazenta durchdringen und das kardiovaskuläre System des Fötus schädigen.[46]

Interessant ist jedoch eine These, die schon vor einigen Jahren von zwei Münchner Medizinern – Vater und Tochter[47] – aufgestellt wurde. Sie behaupten, dass es vor allem vier natürliche Einflussfaktoren gibt, die das werdende Leben während der Schwangerschaft entscheidend mitprägen. Alle vier Faktoren sind auf die in unseren Breitengraden deutlichen jahreszeitlichen Schwankungen zurückzuführen. Diesen Schwankungen

---

45 DER SPIEGEL 25/2012.
46 „Nikotinbabys", Psychologie heute 7/2007, S. 66.
47 Peter Axt/Michaela Axt-Gadermann: Mai-Frau sucht Dezember-Mann, München 2004.

war der Mensch in früherer Zeit natürlich aufgrund größerer Abhängigkeit von der Natur in viel höherem Maße ausgesetzt als in der Gegenwart. Haben doch Wissenschaft und Technik in den vergangenen Jahrzehnten zahllose Möglichkeiten entwickelt, uns vom Einfluss der Jahreszeiten unabhängiger zu machen. Doch die Münchner Mediziner gehen davon aus, dass immer noch eine gewisse Abhängigkeit besteht.

Die vier Einflussfaktoren wirken sich ihrer Auffassung nach dahingehend aus, dass Menschen, die in der gleichen Jahreszeit oder gar im gleichen Monat geboren wurden, einige ähnliche gesundheitliche Dispositionen mitbringen. Die verschiedenen Jahreszeiten haben, so ihre Annahme, vor allem folgende Auswirkungen:

– Die Ernährung der Mutter variiert. Sie war früher, zumindest was Obst und Gemüse anbelangte, je nach Jahreszeit sehr unterschiedlich, was die Nährstoffzufuhr entsprechend veränderte. Doch auch heute gibt es noch Schwankungen, vor allem wenn man sich regional und saisonal ernährt.

– Die Sonnenscheindauer, der die werdende Mutter aufgrund der Jahreszeit und der Tageslänge ausgesetzt ist, variiert. Sie ist in den warmen Monaten höher als in den kalten. Denn wir halten uns in den warmen Monaten mehr im Freien auf und bekommen mehr Tageslicht ab als in den kälteren Monaten.

– Die Krankheitsrisiken verteilen sich nicht gleichmäßig über alle Jahreszeiten, sondern sind in der kalten Jahreszeit höher als in der warmen.

– Der hormonelle Zustand der Mutter durchläuft im Lauf eines Jahres gewisse Schwankungen, was wiederum das werdende Leben mit beeinflusst.

Auch wenn manche dieser jahreszeitlich bedingten Unterschiede heute mit Sicherheit nicht mehr so ausgeprägt sind wie in früheren Jahrzehnten und Jahrhunderten (man denke nur an das ganzjährig vielfältige Sortiment an Obst und Gemüse!), dürften sie nicht vollständig verschwunden sein. Ohne im Einzelnen auf die Ausführungen der Verfasser einzugehen, zeigen die von ihnen vorgelegten Statistiken doch in faszinierender Weise, dass wir vorgeburtlichen Einflüssen im Mutterleib ausgesetzt sind, die auf unsere spätere körperliche Konstitution durchaus Auswirkungen haben können.

3.3. Frühe Kindheit

Die frühe Kindheit ist eine Zeit, in der Körper, Geist und Seele des Menschen noch extrem verletzlich und formbar sind. Kinder können sich nicht oder nur in äußerst eingeschränkter Form gegen Stress und Belastungen vonseiten ihrer Umwelt schützen. Deshalb sind die ersten Lebensjahre eine Zeit hoher Sensibilität und Verletzlichkeit – was dort versäumt oder verformt wurde, lässt sich nicht immer in späteren Jahren ausgleichen oder korrigieren. Was dort in falsche Bahnen gelenkt wurde, lässt sich nicht immer rückgängig machen. Was dort an körperlichen und seelischen Wunden geschlagen wurde, hinterlässt tiefe Spuren, die auch der Gesundheit im Erwachsenenalter durchaus Grenzen setzen können.

Eine Fülle an Untersuchungen in aller Welt ergeben immer wieder ähnliche Resultate hinsichtlich der Frage, wie sich Erfahrungen in der Kindheit im Erwachsenenalter auswirken können. Einige davon seien zitiert:

- Kinder, die in sozial schwachen Familien aufwachsen, haben im Erwachsenenalter ein höheres Risiko, an bestimmten körperlichen Problemen zu leiden. Diese werden mit dem Begriff „metabolisches Syndrom" bezeichnet und beinhalten unter anderem bestimmte Stoffwechselerkrankungen, Herz-Kreislauf-Probleme, Diabetes sowie Bluthochdruck. Dazu ein dramatisches Beispiel: Eine junge Frau wächst als Tochter einer alleinerziehenden alkoholkranken Mutter auf. Von Kindheit an erlebt die Tochter sich als nicht nur mehr oder weniger allein verantwortlich für sich selbst, sondern auch verantwortlich für die Mutter. Sie steht ständig unter Spannung, ist im Grunde chronisch überfordert. Im Alter von fünfzehn Jahren bekommt sie ein Kind und sechs Wochen später einen schweren Schlaganfall. Sie kann nicht mehr gehen und sprechen, doch mit zäher Willenskraft erholt sie sich wieder einigermaßen, macht eine Ausbildung, arbeitet. Mit ungefähr dreißig Jahren bekommt sie einen zweiten Schlaganfall. Seitdem sitzt sie im Rollstuhl.[48]

- Kinder, die inmitten von anhaltendem familiären Stress aufwachsen, werden häufiger krank als Gleichaltrige. Die ständige Anspannung

---
48 Barbara Klose-Ullmann, a.a.O., S. 221ff.

scheint ihre Immunabwehr zu schwächen.[49] Auch zeigt eine über 19 Jahre dauernde Langzeitstudie, dass junge Erwachsene, die als Babys von ihren Eltern eher ungeduldig, ruppig oder gleichgültig behandelt wurden, in ihrem Blutbild zwei charakteristische Unterschiede zu Kindern aufwiesen, die liebevoll und einfühlsam umsorgt worden waren. Die Unterschiede führten dazu, dass diese jungen Erwachsenen in ihrem weiteren Leben weniger gegen Herz-Kreislauf- und gegen Stoffwechselerkrankungen geschützt waren.[50]

● Menschen, die frühkindlichem Stress wie beispielsweise Trennung der Eltern, Verlust eines Elternteils, Vernachlässigung oder Missbrauch ausgesetzt waren, zeigen auch als Erwachsene einen erhöhten Stresshormonspiegel und leiden überdurchschnittlich oft an chronischen Depressionen.[51]

● Menschen, die schon vorgeburtlich oder im Kleinkindalter starken Stressbelastungen ausgesetzt waren, zeigen im Erwachsenenalter eine erhöhte Bereitschaft, auf Herausforderungen ebenfalls mit Stress zu reagieren. Offenbar ist die Stressachse zwischen Gehirn und Körper bei ihnen empfindlicher eingestellt. Sie reagiert deshalb schon bei schwächeren Reizen als bei Personen, die diesen Stressbelastungen in der Kindheit nicht ausgesetzt waren. Diese Menschen sind also nicht „abgehärtet" oder gar abgestumpft gegenüber Stress, sondern im Gegenteil wesentlich „dünnhäutiger" in Bezug auf Stressauslöser! Dazu gehören beispielsweise auch Menschen, die in ihrer Kindheit Schlägen oder sexuellen Übergriffen ausgesetzt waren.[52]

● Schwere Depressionen der Mutter nach der Entbindung, die nicht zügig behandelt werden, beeinträchtigen die Kindesentwicklung massiv. Die Kinder leiden im Alter von acht Jahren dreimal so häufig wie „normale" Kinder unter psychischen Problemen, außerdem sind sie in ihrem kognitiven Leistungsvermögen in der Regel eingeschränkt.[53] Allerdings können Großeltern eine Art Puffer oder Schutzpanzer für das Kind bilden: Eine enge und vertrauensvolle Beziehung zu den Großeltern verrin-

---
49 „Familienstress", Psychologie heute 7/2007, S. 66.
50 „Geborgenheit schützt bleibend", Psychologie heute 7/2010, S. 56.
51 „Immerwährende Alarmbereitschaft", Psychologie heute 11/2007, S. 12.
52 „Physische Unordnung und frühes Leid", Psychologie heute 7/2011, S. 58.
53 „Leere statt Liebe", Psychologie heute, 1/2006, S. 53.

gert das Risiko, dass die depressive Symptomatik an die Kinder weitergegeben wird.[54]

- Dass traumatische Erfahrungen in der Kindheit auf dem weiteren Lebensweg das Risiko für körperliche Erkrankungen erhöhen, bestätigt eine große deutsche Bevölkerungsstudie mit über 3000 Teilnehmern. Zu den traumatischen Erfahrungen gehören schockierende Kriegserlebnisse, Misshandlung in der Kindheit, Überfall, Vergewaltigung, schwerer Unfall oder plötzlicher Tod eines nahestehenden Menschen sowie Naturkatastrophen. Sowohl Herz-Kreislauf-Krankheiten als auch Angina, Bronchitis, Asthma und Lebererkrankungen waren bei Menschen mit traumatischen Kindheitserfahrungen zwei- bis dreimal so häufig wie bei Menschen mit unbeschwerter Vergangenheit.[55] Außerdem hinterlassen frühkindliche Traumata Spuren im Immunsystem – es scheint, als ob dieses dauerhaft geschwächt würde.[56]

- Menschen, die als Kinder den Zweiten Weltkrieg miterlebt haben, leiden im Alter häufiger an Krankheiten wie Diabetes, Depressionen und Herz-Kreislauf-Erkrankungen. Vor allem jene Kinder, die direkte Kampfhandlungen beobachtet haben, leiden auch noch 70 Jahre später eher an Depressionen – vermutlich eine Folge der damaligen Traumatisierung. Dies ist das Ergebnis einer Befragung von 21 000 Teilnehmern aus zwölf europäischen Ländern.[57]

- Psychische Probleme in der Kindheit haben oft Folgen bis ins Erwachsenenalter hinein, wie eine englische Untersuchung an mehr als 17 000 Beteiligten zeigte. Die Betroffenen verfügen später in der Regel über ein geringeres Einkommen, sie weisen Gedächtnis- und Konzentrationsprobleme auf, sind emotional instabiler, weniger gewissenhaft und weniger verträglich im sozialen Umgang. Darunter leiden auch ihre Selbstkontrolle sowie die Stabilität ihrer Partnerschaften.[58] Allerdings bilden Freunde einen gewissen Schutz. Haben Kinder in stressreichen

---

54 „Großeltern mindern das Depressionsrisiko", Psychologie heute 11/2007, S. 13.
55 „Trauma und Krankheit", Psychologie heute 8/2009, S. 53.
56 „Der Körper vergisst nicht", Psychologie heute 8/2009, S. 52.
57 „Das späte Leiden", Artikel im Schwäbischen Tagblatt vom 8. September 2014. Natürlich kann der schlechtere Gesundheitszustand im Alter auch mit anderen Ursachen in Verbindung gebracht werden, doch ein Zusammenhang zu den extremen Gefühlen der Angst und Hilflosigkeit, die diese Kinder in Kriegszeiten erlebten, liegt auf der Hand.
58 „Ein langer Schatten", Psychologie heute 8/2011, S. 14.

Situationen einen Freund oder eine Freundin an ihrer Seite, so bleiben Selbstwertgefühl und Stresspegel konstant. Waren die Kinder hingegen in einer Stresssituation allein, so sank das Selbstwertgefühl, und die Blutwerte des Stresshormons Cortisol stiegen an. Die enorm schützende Wirkung von Freundschaften gilt also schon fürs Kindesalter.[59]

• Untersuchungen an Tieren konnten zeigen: Tiere, die in der Zeit nach der Geburt eine intensive mütterliche Zuwendung erhalten, bilden ein sogenanntes Antistress-Gen aus. Es bewirkt, dass die Bildung des Stresshormons Cortisol gehemmt wird. Die Folge: Diese gut „bemutterten" Tiere ließen sich im späteren Leben nicht so leicht in Stress bringen. Da der Ablauf der Stressreaktion bei Säugetieren und Menschen ziemlich gleich ist, spricht, so Joachim Bauer, viel dafür, diese Erkenntnisse auch auf den Menschen übertragen zu können.[60]

Die Fülle solcher Studien zeigt deutlich, dass die frühe Kindheit tatsächlich für das Kind eine sehr vulnerable und sensible Lebensphase ist, in der in vieler Hinsicht Weichen gestellt werden. Doch die gute Nachricht lautet: Nicht alle, die eine schwere Kindheit hatten, haben später auch eine angeschlagene Gesundheit bzw. ein höheres gesundheitliches Risiko. Der Zusammenhang ist nicht *zwingend.*

Einen äußerst wirksamen Schutzschild bildete zu allen Zeiten *warmherzige Mutterliebe*. Wie ein Forschungsteam herausfand, trat bei jenen Teilnehmern ihrer Untersuchung, die ausgesprochen einfühlsame und fürsorgliche Mütter in der Kindheit hatten, trotz schwieriger Entwicklungsbedingungen das „metabolische Syndrom" nicht auf! Vermutet wird, dass diese Kinder aufgrund der ausreichenden Zufuhr an positiver Aufmerksamkeit und verstehender Liebe deutlich weniger seelische Belastungen erlebten. Darüber hinaus lernten sie, mit Belastungen besser umzugehen – was offensichtlich ihren Müttern ja auch gelungen war, sonst hätten sie trotz schwieriger sozialer Verhältnisse ihren Kindern nicht mit großer Wärme und Einfühlung begegnen können. Diese Kinder erlebten bei ihren Müttern auch Geborgenheit und konnten Vertrauen zu

---

59 „Dem Stress trotzen", Psychologie heute 5/2012, S. 14. Siehe dazu auch mein Buch „Freundschaft macht glücklich!", SCM R.Brockhaus, Witten 2013.
60 Näheres bei Joachim Bauer: Prinzip Menschlichkeit, Hamburg 2007, S. 161ff.

ihnen und zu sich selbst aufbauen, was ihnen im späteren Leben ein größeres Selbstvertrauen und eine höhere Resilienz (= Widerstandskraft gegen Belastungen) verlieh.[61]

Auch Bezugspersonen außerhalb der Familie, die einem Kind Geborgenheit und Anerkennung schenken, können einen wichtigen psychischen Schutzwall für das Kind bedeuten. Sehr hilfreich ist hier das Buch „Es ist nie zu spät, eine glückliche Kindheit zu haben"[62], in dem der finnische Psychiater Ben Furman eine Vielzahl ermutigender und beeindruckender Fälle darstellt, in denen Kinder trotz oder *gerade* aufgrund schwerer Belastungen in der Kindheit zu beeindruckenden Persönlichkeiten heranreiften (siehe dazu auch Kap. 9).

---

61 Psychologie heute, 5/2012, S. 11. Die Studie stammt aus den Vereinigten Staaten und umfasste 1200 Teilnehmer.
62 Dortmund, 6. Auflage 2008. Im Klappentext heißt es: „Es ist ein Buch, das Hoffnung erweckt, uns positiv einstimmt und klarmacht, dass niemand ein Gefangener seiner Vergangenheit zu sein braucht." Das ist nicht zu viel versprochen. Zur Problematik der Erinnerungen an die Kindheit: Ursula Nuber: Der Mythos vom frühen Trauma. Über Macht und Einfluss der Kindheit, Frankfurt 1995.

3.4. Biologische Alterungsprozesse

Nicht nur bei der Entwicklung des werdenden Lebens sind eine Menge Einflüsse am Werk, die unseren körperlichen Möglichkeiten und Ausprägungen ihre ganz individuelle Gestalt geben. Auch spätestens ab dem vierten Lebensjahrzehnt, wenn wir unseren dreißigsten Geburtstag hinter uns haben, setzen auf biologischer Ebene die ersten körperlichen Abnutzungs- und Alterungsprozesse ein, und wir werden zunehmend mit unseren körperlichen Grenzen konfrontiert.

Die physischen Veränderungsprozesse, die das Älterwerden mit sich bringt, wurzeln darin, dass der Lebenszeit des Menschen natürliche Grenzen gesetzt sind. Man kann diese Alterungsprozesse, wie unsere Gesellschaft zeigt, deutlich hinauszögern, man kann sie vehement bekämpfen oder in ihren Auswirkungen abzumildern versuchen, was dank moderner Medizin ja auch vielfach geschieht.

Davon abgesehen hat jedoch der persönliche Lebensstil gravierende Auswirkungen auf die letzte Lebensphase eines Menschen. Eine Fülle an gründlichen Untersuchungen zeigt, dass Ernährung, Bewegung, geistige Aktivität und gute Sozialkontakte eine enorm wichtige Rolle im Alterungsprozess spielen. Dazu einige Belege:

- Eine Studie an 824 Männern und Frauen, die über einen Zeitraum von 60 Jahren intensiv beobachtet wurden[63], zeigte, dass es vor allem sieben Faktoren sind, die den Alterungsprozess verlangsamen: Tabakabstinenz, Normalgewicht (mäßiges Übergewicht ist eher altersverlängernd), wenig Alkohol, regelmäßige Bewegung, eine solide Ehe, eine lange Ausbildungszeit und „reife Abwehrmechanismen" im Umgang mit emotionalen Konflikten und Stress (Motto: „Das Positive auch im Negativen sehen").

- Bei einem Vergleich von Hundertjährigen zeigten sich bestimmte charakterliche Parallelen zwischen ihnen: Hochbetagte sind „eher zufriedene und gelassene Menschen, die vieles akzeptieren können und sich selbst nicht besonders wichtig fühlen. Ihr Denken kreist weniger um die eigene materielle Situation als darum, dass es ihren Kindern und Enkeln

---

63 „Instandhaltung ist alles", Psychologie heute 3/2002, S. 52f. Sehr ähnliche Ergebnisse schildert auch der zehn Jahre später erschienene Artikel „Use it or lose it", Psychologie heute 4/2012, S. 44.

gut gehen soll. Erstaunlich auch, dass es unter den Hundertjährigen kaum Menschen gibt, die besonders zänkisch, verbittert oder depressiv sind."[64] Hundertjährige sind darüber hinaus emotional stabil, überdurchschnittlich offen, gewissenhaft und verträglich. Sie sind den Dingen und Menschen gegenüber aufgeschlossen.

● Es ist zu vermuten, dass diese Persönlichkeitsmerkmale zum hohen Alter der untersuchten Gruppe beigetragen haben. Das würde bedeuten, dass es gesundheitsfördernde Eigenschaften sind. Präziser muss man sagen: dass diese Persönlichkeitsmerkmale gesundheitsfördernde Konsequenzen haben. Zu diesen Konsequenzen zählen ein harmonisches Verhältnis zu den Mitmenschen, ausreichende soziale Kontakte sowie wenig chronischer Stress im Leben.

● Eine Untersuchung der Frage, was das Gehirn auch im Alter fit erhält, erbrachte unter anderem die Antwort: Joggen ist so wirksam wie Hirnjogging. „Frische Luft und Bewegung haben messbare Effekte auf die geistige Leistungsfähigkeit (...) Beim Sport wird das Gehirn durchblutet, und weitere positive biochemische Prozesse werden in Gang gesetzt", so der Forscher Florian Schmiedek. „Körperliches Training steigert nachweislich die Aufmerksamkeit, das Denkvermögen und die Gedächtnisleistung."[65] Dabei gilt: Ausdauersport (z.B. Nordic Walking) ist ebenso geeignet wie Koordinationstraining, wohingegen Dehn- und Entspannungsübungen keine erkennbare Wirkung auf die geistige Fitness haben.[66]

● Eine Langzeitstudie mit 2000 Menschen ab 65 Jahren ergab, dass jene, die Sport trieben, ein um fast 40 Prozent geringeres Risiko hatten, an Demenz zu erkranken. Hingegen zeichnete sich der Beginn kognitiver Beeinträchtigungen auch deutlich im physischen Bereich ab: Bevor die kognitiven Beeinträchtigungen einsetzten, verlangsamte sich schon der Gang der später Dementen, auch ließ die Kraft in ihren Händen nach.[67]

---

64 „Hundertjährige: Überlebenskünstler?", Psychologie heute 7/2002, S. 51.
65 „Wie das Gehirn wirklich fit bleibt", Psychologie heute 12/2010, S. 34f.
66 „Sport im Alter", Psychologie heute 1/2011, S. 14 und S. 53.
67 „Vergessen Sie Alzheimer!", Psychologie heute 4/2007, S. 36. Eine Studie auf Hawaii mit 2000 Männern im Durchschnittsalter von 77 Jahren erbrachte sogar eine Halbierung des Demenzrisikos, wenn die Männer täglich mehr als drei Kilometer zu Fuß gingen. Schwäbisches Tagblatt, Artikel „Bewegung halbiert Demenzrisiko", 21. Juni 2013.

● Im Jahr 1921 begann der amerikanische Forscher Lewis Terman eine Langzeitstudie an rund 1500 elfjährigen Grundschülern, die bis 1990 weitergeführt wurde (dann war die Mehrheit der Teilnehmer gestorben). Sie zeigte, dass besonders das Persönlichkeitsmerkmal der Gewissenhaftigkeit, zu dem auch Vernunft, Verantwortungsbewusstsein und Selbstkontrolle zählen, bei den langlebigen Teilnehmern herausstach: „Der Einfluss der Gewissenhaftigkeit (in der Regel von Kindheit an) auf die Lebenserwartung ist etwa so groß wie jener des Blutdrucks. Pflichtbewusste, d.h. gewissenhafte Menschen haben im Schnitt glücklichere Partnerschaften, tiefere Freundschaften und auf die Dauer gesündere Jobs." Dies alles trägt, neben einer selbstdisziplinierten Lebensweise, entscheidend zu ihrer höheren Lebenserwartung bei.[68]

● Im Rahmen einer Untersuchung an 3610 Teilnehmern zeigte sich, „dass die kognitiven (= geistigen, intellektuellen, d.V.) Fähigkeiten umso besser waren, je häufiger die Teilnehmer sich mit anderen Menschen trafen oder mit ihnen telefonierten. Das galt für junge Erwachsene genauso wie für den 90-jährigen Opa." Mit anderen Worten: Nichts ist für die geistige Fitness so zuträglich wie soziale Kontakte, in denen miteinander gesprochen wird. Auch bei einer über acht Jahre dauernden Beobachtung von 516 älteren Menschen konnte nachgewiesen werden, „dass ein sozial aktiver Lebensstil den altersbedingten Rückgang der Intelligenz bremsen kann".[69]

Doch eines ist bei allen ermutigenden Forschungen auch klar: Man kann selbst durch den gesündesten Lebensstil nicht dauerhaft verhindern, dass man dem Tod entgegengeht – man kann es nur hinauszögern. Auch lassen sich nicht alle altersbedingten körperlichen Defekte oder „Verschleißteile" austauschen oder reparieren. Es scheint, als ob der menschliche Organismus in der zweiten Lebenshälfte immer weniger Energie in körpereigene Reparaturleistungen investiert.

Zahlreiche Krankheiten oder gesundheitliche Beeinträchtigungen in der zweiten Lebenshälfte sind in der Tat die Folgen von natürlicher Abnutzung oder von zu lang anhaltender Überforderung. Man denke

---

68 „Die weitere Reise", Psychologie heute 9/2011, S. 52f. Siehe dazu auch das deutsche Buch zu den Ergebnissen dieser Studie: Howard Friedman/Leslie Martin: Die Long-Life-Formel, Weinheim/Basel 2012.
69 „Reden verbessert die geistigen Fähigkeiten", Psychologie heute 5/2008, S. 15.

an Leistungssportler oder an Menschen mit eindeutig berufsbedingten Krankheiten. Ist nämlich eine bestimmte Zeitspanne oder Belastungsgrenze überschritten – die von Körperteil zu Körperteil und von Mensch zu Mensch aufgrund seiner individuellen Gene erheblich variiert –, so ist die uneingeschränkte Belastbarkeit und Funktion dieses Körperteils oder Organs nicht mehr hundertprozentig wiederherzustellen.

Viele Menschen hoffen natürlich auf weitere Fortschritte der Medizin, um Alterungsprozesse hinauszuzögern und altersbedingte Krankheiten noch wirksamer bekämpfen oder gar heilen zu können. Genannt sei nur die Alzheimer-Krankheit, die schwerste Demenzform, von der ab dem 80. Lebensjahr rund ein Viertel und ab dem 90. Lebensjahr rund die Hälfte aller Hochbetagten betroffen ist. Die Hoffnungen auf wirksame Gegenmittel sind verständlich und sicher nicht unberechtigt, doch eines ist ebenfalls sicher: Den Tod werden wir, was immer der Mensch noch an Heilungs-, Verzögerungs- und Reparaturmaßnahmen erfindet, nicht abschaffen können. Und das ist, so schmerzlich dieser Abschied ist, auch gut so.[70]

Nur eine kleine Auswahl natürlicher Alterungs- und Abnutzungsvorgänge seien erwähnt, die nicht direkt als Krankheit zu bezeichnen sind, die aber doch eine Vielfalt an körperlichen Problemen und Einschränkungen mit sich bringen können:

- Die Haare verlieren ihre Pigmentierung und werden grau oder weiß; die Haardichte lässt nach.
- Die Augenlinse wird unelastischer und trüber („grauer Star").
- Die Muskeln, welche die Augenlinse an die Entfernung des fixierten Gegenstandes anpassen, werden unelastischer („Altersweitsicht").
- Das Hörvermögen lässt nach, vor allem für hohe Frequenzen.
- Die Haut verliert an Elastizität und Feuchtigkeit; Faltenbildung und Fehlpigmentierungen („Altersflecke") nehmen zu.
- Das Bindegewebe und die Blutgefäße verlieren an Elastizität.
- Der Stoffwechsel verlangsamt sich; die Verdauungsorgane arbeiten weniger effektiv.

---

70 Alle weisen Menschen haben erkannt, dass es eine Strafe wäre, ewig leben zu müssen. Ein prägnantes Gedicht des alten Theodor Fontane sei stellvertretend für viele von ihnen zitiert:
„Leben: wohl dem, dem es spendet
Freude, Kinder, täglich Brot;
doch das Beste, was es sendet,
ist das Wissen, dass es endet,
ist der Ausgang, ist der Tod."

- Die Knochen werden poröser und damit brüchiger.
- Die Knorpelschicht zwischen den Gelenken nutzt sich ab (vor allem an Hüfte und Knien).
- Die Immunabwehr wird schwächer, bestimmte Abwehrzellen arbeiten nicht mehr so effektiv. Angriffe des Immunsystems auf körpereigenes Gewebe werden wahrscheinlicher („Autoimmunkrankheiten"). Die Genesungszeiten des Menschen bei Krankheit verlängern sich.[71]
- Die Fruchtbarkeit von Frauen endet spätestens ab dem sechsten Lebensjahrzehnt, die Fruchtbarkeit von Männern verringert sich (Spermienzahl wird reduziert, Spermienqualität vermindert sich).
- Das Gehirn verliert an Gewicht; die Reaktionszeiten verlängern sich; das Kurzzeitgedächtnis lässt nach; das Lernen von neuen Inhalten ist verlangsamt.

Selten war und ist es Menschen vergönnt, in der Kindheit rundum optimale Bedingungen für ihr körperliches und geistig-seelisches Gedeihen vorzufinden. Die weitaus meisten Kinder dieser Welt mussten und müssen sich mit Entbehrungen, Einschränkungen und Überlastungen – von zu einseitiger Ernährung bis zu früher und zu schwerer Arbeit, von materieller Not bis zu erschütternden seelischen Traumata – arrangieren und auseinandersetzen. Ja, selbst wenn Eltern sich alle Mühe geben, ihre Kinder mit Liebe und Engagement zu erziehen, so bleiben doch häufig Erfahrungen, die auch sie ihren Kindern nicht ersparen können.

Ein Beispiel: Eine Frau erzählte mir, dass sie auch nach über fünfzig Jahren noch den markerschütternden Schrei ihrer Mutter im Ohr hat, als diese vom unschuldigen Unfalltod ihres Mannes erfuhr. Die Frau war damals ein Kind, und dass dieses Erlebnis und die anschließende Zeit der Trauer, das Aufwachsen ohne Vater und die dadurch bedingte prekäre finanzielle Situation sie für ihr ganzes Leben prägte, steht außer Zweifel.

Es wäre Wunschdenken, zu glauben, dass bei einer solchen Erschütterung nicht auch die Gesundheit irgendwann mitbetroffen sein könnte. Es *muss* keineswegs so sein, weil wir auch mit unterschiedlich robuster Psyche ausgestattet sind und unser Leben unterschiedliche Verläufe nimmt.

---

71 Dies ist einer der Hauptgründe, weshalb die Gefahr, an Krebs zu erkranken, mit dem Lebensalter steigt. Vgl. Manfred Köhnlechner: Biologische Medizin heute, Frankfurt 1993, S. 235: „Die Ursache für die im Alter sich häufenden Krebserkrankungen ist auf das Nachlassen der sogenannten Immunabwehr zurückzuführen. Während bei Kindern sich in einem Millionstel Liter Blut knapp 3000 Killerzellen befinden, sind beim 80-jährigen Menschen nur noch knapp 200 Killerzellen vorhanden. Killerzellen sind auf die Vernichtung von Tumorzellen spezialisierte Zellen des Immunsystems."

Doch es *kann* so sein – und niemand ist dafür schuldig zu sprechen. Das Leben schlägt oft Wunden, ohne uns zu fragen, ob wir ihnen (schon) gewachsen sind.

> Neben den Grenzen, die uns als Spezies Mensch gesetzt sind, kommt jeder Einzelne von uns mit vielen Stärken und Begabungen, aber auch mit einer Menge an individuellen Begrenzungen, Defiziten und Schwachstellen zur Welt.

4. Was auf die Sinne und den Körper wirkt, wirkt auch auf die Seele

Persönliche Krisen haben mir bewusst gemacht, dass bereits die Abwesenheit von Unglück sehr großes Glück bedeutet. Aus dieser Erkenntnis heraus würde ich schöne Momente, den inneren Frieden und einfach anspruchslos mit anderen Menschen verbrachte Zeit mit mehr Dankbarkeit würdigen, ohne mich vom Gedanken an das Nächste treiben zu lassen.

*Katharina Starley, geb. 1966,
Unternehmensberaterin*

„Dass unsere Sinne wir noch brauchen können ...", heißt es in einem christlichen Dankeslied, und der Dank ist nur allzu berechtigt, denn unsere Sinnesorgane sind unsere Fenster zur Welt. Über sie nehmen wir in jeder Sekunde unzählige Informationen auf – wir sehen, wir hören, wir riechen, wir schmecken, wir tasten, wir bewegen uns. Meist sind wir uns der Höchstleistung, die unser Gehirn dabei vollbringt, nicht bewusst. Die meisten Signale, die wir über die Sinnesorgane empfangen und die in verschiedenen Gehirnarealen weiterverarbeitet werden, gelangen nicht in unser Bewusstsein. Der Vorteil: Wir können unsere Aufmerksamkeit auf anderes konzentrieren.[72]

Doch sobald sich etwas Gravierendes in unserer Umgebung verändert, sorgt unser Gehirn unter normalen Umständen dafür, dass die Veränderung in unser Bewusstsein dringt. Der Grund liegt nahe: Es könnte sich um etwas handeln, das uns in Gefahr bringt, weshalb wir schnell reagieren müssen. Dieses uralte Alarmsystem, das wir mit den Säugetieren gemeinsam haben, leistet uns auch in heutiger Zeit unentbehrliche Dienste. Nicht nur körperliche Mangelzustände wie Hunger und Durst oder Kälte, sondern auch Ungewohntes und Neues werden, egal wie vertieft wir in eine Tätigkeit sind, von den Sinnen ans Gehirn gemeldet. Dort wird es ausgewertet und je nach Resultat der Bewertung an unser Bewusstsein weitergeleitet.

Dazu ein Beispiel: Heiligabend, nachmittags – ich bereitete einen Got-

---

[72] „Elf Millionen Informationen kann das Gehirn in einem Moment gleichzeitig aufnehmen, bewusst erleben wir allerdings nur vierzig dieser eingehenden Sinneswahrnehmungen." Psychologie heute 7/2012, „Die Macht des Unbewussten", S. 31.

tesdienst vor und arbeitete hoch konzentriert an meinem Schreibtisch. Im Wohnzimmer nebenan brannte langsam die vierte Kerze des Adventskranzes nieder, die wir zum Nachmittagstee angezündet hatten. Plötzlich drang in mein Bewusstsein ein ungewohntes, sehr leises Knistern. Als ich ins Wohnzimmer eilte, um nachzusehen, loderte eine meterhohe Flamme über dem Adventskranz, einige Gegenstände in der Nähe waren schon angesengt. Ich konnte die Flammen gerade noch löschen. Hätte mein Unterbewusstsein das sehr leise, aber für mein Ohr außergewöhnliche Geräusch des Knisterns nicht ins Bewusstsein weitergeleitet, wäre ein unabsehbar größerer Schaden entstanden.

Auch unser Geruchssinn – das haben wir mit vielen Säugetieren gemeinsam – ist unterbewusst ständig aktiv. Er soll uns zum einen vor verdorbener Nahrung schützen, zum andern Gefahren signalisieren. Ich erinnere mich, dass ich wieder einmal in Arbeit vertieft am Computer saß, als ein verbrannter Geruch aus der Küche in meine Nase stieg. Blitzartig fiel mir ein, dass ich Pellkartoffeln in einem Topf auf dem Herd stehen hatte! – Abgesehen von solch erstaunlichen, ohne unser Zutun ablaufenden Leistungen des Gehirns lösen unsere Wahrnehmungen unter gewissen Voraussetzungen auch Gefühle in uns aus. Diese Gefühle können intensiv oder gedämpft sein, positiv oder negativ, kurzzeitig oder lang anhaltend. Sie sind von körperlichen Veränderungen begleitet, die sich sehr unterschiedlich auf die Gesundheit auswirken.

Wenn uns eine Wahrnehmung zum Lachen bringt oder Freude in uns auslöst, wenn wir etwas intensiv genießen oder uns tief entspannen, weil wir mit uns und der Welt im Frieden sind, so darf mit positiven Wirkungen auf die Gesundheit gerechnet werden. Wenn uns eine Wahrnehmung jedoch in negative Stimmung bringt, so ist mit negativen Effekten zu rechnen, die der Gesundheit langfristig abträglich sind. Dies ist immer dann der Fall, wenn die Gefühle uns in erhöhte Alarmbereitschaft versetzen, das heißt in einen Zustand hoher seelischer und damit auch körperlicher Anspannung, der über längere Zeit aufrechterhalten bleibt.

Unsere Sinne sind unsere Tore oder Fenster zur Welt und wirken auf den Körper zurück. Deshalb sollten wir darüber nachzudenken, welche Signale wir diesen Sinnen in welcher Intensität zuführen oder zumuten – und was die Konsequenzen sein könnten.

4.1. Sehen

„Trinkt, oh Augen, was die Wimper hält, von dem goldnen Überfluss der Welt", dichtete Gottfried Keller. Die Augen nehmen nicht nur Bewegungen, Muster, Umrisse, Bilder und Farben wahr, sondern auch die Helligkeit, die uns umgibt. Es ist bestimmt kein Zufall, dass alle Ausdrücke, die mit starkem Licht verbunden sind, im Deutschen eine positive Assoziation haben: Jemand zeigt ein „strahlendes" Lächeln, hat „leuchtende" oder ebenfalls strahlende Augen. Auch spricht man von einem „hellen" Kopf, oder jemand hat ein „sonniges" bzw. „heiteres" Gemüt. Auch vom „lichten Moment", vom „Lichtblick" oder gar von einer „Erleuchtung" kann die Rede sein. Die Fülle der durchweg positiv bewerteten Ausdrücke zeigt, wie sehr wir Menschen das Licht schätzen, lieben und brauchen!

In der Tat wirkt Licht nicht nur anregend auf unser Immunsystem, sondern über die Haut und die Augen auch stimulierend auf bestimmte Botenstoffe im Gehirn, die wiederum die Ausschüttung von Hormonen veranlassen. Deshalb ist es keineswegs gleichgültig, ob wir uns in geschlossenen Räumen oder im Freien aufhalten, wie folgende Untersuchungen bestätigen:

- In einer Untersuchung wurden Menschen, die ihr Fitnesstraining in einem Studio absolvierten, mit anderen verglichen, die das gleiche Training „an der frischen Luft" praktizierten. Das Ergebnis: Die Outdoor-Sportler waren hinterher in wesentlich positiverer Stimmung als die Indoor-Fitnessfreunde.[73] Der Grund dafür ist nicht die frische Luft – die natürlich auch guttut –, sondern die Tatsache, dass wir im Freien stärkerem Licht ausgesetzt sind. Selbst an einem Tag mit wolkenbedecktem Himmel ist das Tageslicht noch deutlicher heller als das Licht, mit dem wir unsere Räume erleuchten.

---

73 „Nichts wie raus!", Psychologie heute 5/2006, S. 8f. Der positive Effekt auf die Stimmung trat in dieser Studie mit knapp hundert Studenten am deutlichsten im Frühling auf. Bei hohen Außentemperaturen im Sommer war allerdings ein gegenteiliger Effekt zu beobachten: Die Stimmung der Teilnehmer verschlechterte sich. Die niedrigeren Temperaturen in Herbst und Winter hatten hingegen keinen Einfluss auf die gute Laune, die sich im Freien einstellte. Darüber hinaus verbesserte sich bei jenen Studenten, die viel Zeit im Freien verbringen, auch die Gedächtnisleistung, zudem wurde das Denken und Handeln flexibler und toleranter. Vgl. auch die Übersichtsstudie „Vitamin N: Therapie ohne Nebenwirkungen", Psychologie heute 12/2012, S. 38-43.

● Bekannt ist auch schon seit längerer Zeit, dass es eine durch Lichtmangel ausgelöste Form der Depression gibt, die sogenannte „Winterdepression". Bei der dafür entwickelten „Heliotherapie" werden die Erkrankten Lichtstärken ausgesetzt, die jenen des Tageslichtes ähneln, was schon bei mehr als 2500 Lux der Fall ist. Für einen optimalen Hormonhaushalt braucht der Mensch täglich mindestens zwei Stunden mit dieser Lichtintensität – bei noch intensiverem Licht genügt eine kürzere Verweildauer. Zur Einschätzung: Selbst an verhangenen Tagen sinkt die Lichtintensität im Freien selten unter 4000 Lux, sodass schon eine halbe Stunde Aufenthalt im Freien ausreichend ist, um präventiv etwas gegen die Winterdepression zu tun.[74]

● Schon aus diesem Grund sollten Kinder, Erwachsene, aber auch alte Menschen zu allen Jahreszeiten möglichst viel Zeit im Freien verbringen. Das war noch in der Generation unserer Großeltern gang und gäbe: Einerseits, weil viele Menschen in der Landwirtschaft beschäftigt waren und sich die meiste Arbeit dabei im Freien abspielte; andererseits, weil es keine motorisierten Verkehrsmittel gab und man die meisten Strecken zu Fuß zurücklegte. Der Bedarf an Tageslicht wurde reichlich gedeckt – doch diese Zeiten sind spätestens seit Mitte des letzten Jahrhunderts vorbei. Die rasante Technisierung und Motorisierung sowohl in der Landwirtschaft als auch in der gesamten Gesellschaft hat enorme Auswirkungen:
• Die meisten Menschen hierzulande arbeiten nicht mehr im Freien, sondern in geschlossenen Räumen. Ihren Arbeitsweg dorthin legen sie zum überwiegenden Teil in motorisierten Verkehrsmitteln zurück (wenn auch der Anteil der Radfahrer steigt). Ihre Freizeit verbringen die meisten Menschen ebenfalls überwiegend innerhalb von Gebäuden, vielfach vor dem Fernseher oder Computer. Nur wenige Zeit des Tages, auch wenige Zeit der Freizeit, wird noch im Freien verbracht. Untersuchungen zeigen, dass der Normalbürger in den Industrienationen 93 Prozent seiner Zeit in Innenräumen verbringt![75]
Ähnlich alarmierende Verhältnisse gelten zunehmend für Kinder: Viele von ihnen werden per Auto, Bus oder Zug zur Schule gefahren,

---

74 „Wie viel Licht vertreibt die Schwermut?", Psychologie heute 11/2002, S. 61. Eine Unterversorgung mit Licht bewirkt auch einen Vitamin-D-Mangel im Körper, der möglicherweise ebenfalls zur Entstehung von Depressionen beiträgt.
75 „Der Wald ruft", Psychologie heute 10/2008, S. 37ff.

wobei der Unterricht oft auch den Nachmittag mit einschließt. Entsprechend wird die Zeit für Spiele im Freien immer geringer. Die Mitarbeit in Hof und Garten ist immer mehr die seltene Ausnahme, entweder wegen schulischer Veranstaltungen oder weil die meisten Eltern weder Hof noch Garten besitzen. Ihre Freizeit verbringen viele Kinder häufig am PC oder ebenfalls in geschlossenen Übungsräumen, beispielsweise in der Musikschule.
- Auch den Alten fehlt häufig das Tageslicht. Wer aus gesundheitlichen Gründen nicht mehr gehfähig ist, sieht sich gezwungen, den größten Teil seiner letzten Lebensspanne innerhalb von vier Wänden zu verbringen, denn es fehlen die Menschen, die Gehbehinderte bei entsprechender Witterung ins Freie bringen.

Auch wer noch gehen kann, bleibt häufig zu Hause sitzen, weil es keine „Anlaufstellen" in der Umgebung mehr gibt (wie z.b. den Dorfladen, das Backhaus, den Friedhof), die man ansteuern könnte. Deshalb wirken selbst in der warmen Jahreszeit unsere Dörfer tagsüber häufig wie ausgestorben; man sieht kaum noch Menschen, die sich im Freien bewegen oder aufhalten.

Ergebnis: Die Zufuhr an Tageslicht dürfte für viele Menschen noch nie so gering gewesen sein wie bei unserer heutigen Lebensweise. Mit hellen Wohnungen suchen viele Menschen dem Mangel entgegenzusteuern, doch ein Ersatz für den Aufenthalt im Freien sind sie nicht. Ein zu großer Mangel an Tageslicht kann durchaus auch dazu führen, dass die innere Uhr nicht mehr in der Lage ist, den Schlaf-Wach-Rhythmus korrekt aufrechtzuerhalten.[76] Das könnte möglicherweise einer der Gründe dafür sein, dass auffallend viele Menschen heute an Schlafstörungen leiden.

Sehen und biologischer Rhythmus

Auch unsere innere Uhr, die eigentlich ein ganzes Orchester verschiedener innerer Uhren beinhaltet, braucht das Licht. Der Dirigent dieses „Orchesters" konnte vor einiger Zeit in einem kleinen Kern im Gehirn lokalisiert werden („suprachiasmatischer Kern").[77] Er bildet einen Teil der

---

[76] Besonders Licht aus dem blauen Lichtspektrum scheint stark auf die Melatoninproduktion zu wirken.
[77] „Das große Ticken", Psychologie heute 7/2012, S. 52f.

Zirbeldrüse (Epiphyse), die vielfältige hormonelle Aktivitäten im Körper reguliert. Dieser Dirigent ist vorwiegend auf die Lichtsignale angewiesen, die der Mensch über die Augen aufnimmt. Abhängig von der Lichteinstrahlung wird beispielsweise das „Schlafhormon" Melatonin produziert.

● Dabei gilt: Je weniger Licht auf den Menschen trifft, desto mehr Melatonin wird gebildet. Melatonin ist wichtig als „Einschlafhormon", denn es bewirkt Müdigkeit, es drosselt aber auch die Produktion von Serotonin, jenem Neurotransmitter, der für „heitere Stimmung" mitverantwortlich ist. Wird vom Auge zu wenig Tageslicht aufgenommen, kann zu wenig von dem „Wachhormon" Serotonin gebildet werden, was sich in Antriebslosigkeit und Schlappheit äußert.[78] Auch kann Melatonin bei Lichtmangel schlechter abgebaut werden.

● Nacht- und Schichtarbeiter, die seit zwanzig Jahren oder mehr in Nachtschicht arbeiten, sind gegen Morgen extrem von Schläfrigkeit und Unkonzentriertheit bedroht. Deshalb erhöht sich in dieser Zeit die Unfallhäufigkeit deutlich, das gilt auch für schwere Störfälle in Fabriken und Kernkraftwerken. Der biologische Rhythmus von Nacht- und Schichtarbeitern stellt sich, da sie auf dem Heimweg mit natürlichem Licht in Kontakt kommen, nicht vollständig um. Aufgrund dieser ständigen Störung des normalen Schlaf-Wach-Rhythmus haben Schichtarbeiter eine durchschnittlich geringere Lebenserwartung. Sie „sterben häufiger an Herz-Kreislauf-Erkrankungen, leiden häufiger unter Schlafstörungen, neigen verstärkt zu Depressionen und sind häufiger unfruchtbar, vor allem Frauen".[79] Auch ist der Melatoninspiegel bei Nacht- und Schichtarbeitern ständig zu niedrig, da sie nachts künstlichem Licht ausgesetzt sind.

● Melatonin hat darüber hinaus eine antioxidierende Wirkung, was die Entstehung von Krebs verhindert. Allein dreißig Studien zu den Folgen von Schichtarbeit konnten nachweisen, dass das Krebsrisiko bei Flugpersonal und bestimmten Schichtarbeitern, vor allem Krankenschwestern, deutlich erhöht ist.[80]

---

78 Das ist auch ein Grund, warum sich Menschen bei trübem Wetter oft müder und energieloser fühlen; man spricht vom „Winter-Blues".
79 Vivienne Parry: Der Tanz der Hormone, München 2007, S. 303.
80 „Krebs im Cockpit", Artikel in der SZ vom 4. Dezember 2008.

● Unbestritten ist auch das deutlich höhere Brustkrebsrisiko für Frauen, die dreißig Jahre und länger mindestens drei Nachtschichten im Monat gearbeitet haben.[81] Möglicherweise spielt hier aber auch Vitamin D eine Rolle, das unser Immunsystem stärkt. Seine Produktion im Körper ist ebenfalls von Sonnenlicht abhängig.

---

81 Die Studie umfasste 78 000 Frauen, das Risiko war um 50 Prozent erhöht gegenüber Frauen, die keine Nachtschichten machen mussten. Zitiert bei Vivienne Parry, S. 336.

4.2. Natur

Der Mensch kommt aus der Natur und ist durch ein unsichtbares inneres Band auf vielfältige Weise immer noch mit der Natur verbunden. So verwundert es nicht, dass Grün, die Farbe der Natur, eine besonders positive und beruhigende Wirkung auf den Menschen hat.

- Wer in grüner Umgebung wohnt, profitiert gleich mehrfach davon, vor allem im Kindesalter. In Studien zeigte sich, dass die kognitiven Funktionen von Kindern, die auf dem Land aufwachsen, besser sind als bei Stadtkindern. Bei einem Umzug aufs Land wurde außerdem eine deutliche Verbesserung der kindlichen Aufmerksamkeit beobachtet.[82]

- Auch für Erwachsene gilt dieser beruhigende und wohltuende Effekt. So hat die Aussicht aus einem Krankenzimmer einen messbaren Einfluss auf die Genesung. Kranke, die in der Klinik einen Blick ins Grüne hatten – auf Wiese oder, noch besser, Wald –, brauchten weniger Schmerzmittel, schliefen besser und erholten sich, wie eine Untersuchung zeigte, schneller von ihrer Krankheit als jene Patienten, deren Blick vom Krankenlager aus nur auf Häuser, Wände oder Hinterhöfe fiel.[83]

- Doch der wohltuende Einfluss der Natur erstreckt sich auch auf gesunde Menschen. Bei einer groß angelegten Studie der Universität Bern[84] stellte sich eindeutig heraus, dass der Aufenthalt in der Natur die Konzentration steigert, positive Gefühle sowie Selbstbeherrschung fördert, Frustration sowie Ärger und Stress reduziert. Besonders Kinder und Jugendliche, ob hyperaktiv oder nicht, profitieren enorm davon, wenn sie sich häufig in der Natur aufhalten, zumal sie dies in der Regel mit Bewegung verbinden.

- Wer in die Natur eintaucht, baut Stress ab – angefangen von abnehmender Muskelspannung und Herzaktivität bis zum sinkenden Stresshormon-Spiegel. Auch ist nach einem Ausflug in die Natur das Immunsystem besonders aktiv. In einer Umfrage sagten 86 Prozent, sie könnten ihre Sorgen am besten in der Natur vergessen.[85]

---

[82] „Grün tut gut,“ Psychologie heute 3/2002, S. 16.
[83] „Leben ist Bewegung", Psychologie heute 9/2010, S. 61. So auch „Vitamin N: Therapie ohne Nebenwirkungen", Psychologie heute 12/2012, S. 38ff.
[84] „Der Wald ruft", Psychologie heute 10/2008, S. 36ff.
[85] „Entspannt in der Natur", Artikel im Schwäbischen Tagblatt vom 25. Juli 2014.

● Sogar die *Vorstellung,* sich in der Natur aufzuhalten, unterstützt durch entsprechende Lautsprechergeräusche, kann schon beruhigend wirken, beispielsweise bei einer Zahnarztbehandlung.

● Vielfältig nachgewiesen ist auch, dass Menschen, die an ihrem Arbeitsplatz Zimmerpflanzen um sich haben oder vom Fenster aus auf Natur blicken, zufriedener mit ihrer Arbeit sind, sich besser konzentrieren können und sich seltener krankmelden.

● Menschen, die zweimal hintereinander eine Aufgabe lösen mussten, bei der hohe Konzentration nötig war, verbesserten ihre Leistung, wenn sie zwischen den Aufgaben einen Waldspaziergang machen konnten. Wer in der gleichen Zeit hingegen einen Stadtspaziergang unternahm, zeigte keine Verbesserung. Offensichtlich ist es in der Natur, wo die Aufmerksamkeit frei schweifen kann, leichter, die „geistigen Batterien" wieder aufzuladen, als in der Stadt.[86]

● Der Effekt, den die Natur auf uns hat, setzt sich aus vielen Quellen zusammen: Sonnenlicht, beruhigende Farben, leise und angenehme Geräusche bis hin zur tiefen Stille tun dem Menschen offensichtlich gut. Wir sind aufmerksam, aber nicht angespannt. Auch gibt es Vermutungen, dass die ätherischen Öle, die von Pflanzen ausgedünstet und von uns eingeatmet werden, das Immunsystem stärken.[87]

In einem Forschungsbericht aus dem Jahr 2009 heißt es: „Zunehmend zeigt die empirische Forschung, dass Aufenthalte in der Natur substanzielle Vorteile für die geistige Gesundheit bringen."

● Nach einem Spaziergang im Grünen war die Stimmung der Teilnehmer einer Studie besser: Sie waren unter anderem weniger wütend und deprimiert, stattdessen entspannter, und sie hatten ein höheres Selbstwertgefühl. Dieser Effekt trat bei der Kontrollgruppe, die einen Spaziergang durch ein großes Einkaufszentrum unternommen hatte, nicht ein.[88]

● Leider wächst derzeit in Deutschland eine Generation von Kindern heran, die mehrheitlich nur noch wenig Kontakt mit der Natur hat. Kin-

---
86 Auftanken in der Natur, Psychologie heute 10/2009, S. 11.
87 Vitamin N: Therapie ohne Nebenwirkungen, Psychologie heute 12/2012, S. 41.
88 Ebd., S. 42.

der verbringen heute ihre Zeit vorwiegend in geschlossenen Räumen, was deutliche Folgen für ihre körperliche und seelische Gesundheit hat. Schon sprechen Forscher von einer sich rasant ausbreitenden „Naturdefizitstörung". Nicht nur körperliche Probleme wie Vitamin-D-Mangel[89], Übergewicht und Bewegungsmangel, sondern auch geistige Defizite wie Aufmerksamkeits- und Konzentrationsprobleme gehören zu dieser Störung. Das Spiel im Freien, das die Fantasie anregt und die soziale Kompetenz von Kindern fördert, findet immer seltener statt. Der damit verbundene Stressabbau fällt ebenfalls flach.

- Die für ein gesundes Aufwachsen so wichtigen „Primärerfahrungen" im Umgang mit der Natur werden von Kindern immer seltener gemacht. Dadurch nimmt auch die Psyche Schaden. Die Anzahl der Antidepressiva, die amerikanischen Kindern verschrieben werden, hat sich in den letzten zwanzig Jahren mehr als verdoppelt, wobei der steilste Anstieg bei den Vorschulkindern zu beobachten ist.[90]

- Nicht zuletzt fehlt Kindern, die sich zu wenig in der Natur bewegen, eine natürliche Stimulation des Immunsystems. Schon lange ist bekannt, dass Kinder, die auf Bauernhöfen aufwachsen und mit vielerlei Keimen in Berührung kommen, im Durchschnitt gesünder sind als Kinder, die in der Großstadt aufwachsen. Die Erklärung: Auf Bauernhöfen kann das Immunsystem sich früh in der Bekämpfung von Keimen trainieren. Fehlt dieses frühe Training, ist das Risiko für Asthma, Allergien und spätere Autoimmunerkrankungen erhöht.[91]

---

89 Vitamin D wird im Körper nur hergestellt, wenn er genügend Lichtzufuhr bekommt. Vitamin-D-Mangel hat langfristig enorm vielfältige Auswirkungen auf die Gesundheit.
90 „Diagnose: Dramatischer Naturmangel", Psychologie heute 10/2011, S. 36ff.
91 „Zu viel Hygiene macht krank", Artikel im Schwäbischen Tagblatt vom 21. Mai 2012.

4.3. Hören

„Musik wird oft nicht schön gefunden,/ Weil sie stets mit Geräusch verbunden", verkündete Wilhelm Busch. Was er damit andeutete, stimmt: Ob wir etwas als angenehmes oder unangenehmes Geräusch empfinden, bestimmen wir. Für uns unangenehme Geräusche bezeichnen wir pauschal als Lärm oder Krach – wohingegen es für angenehme Geräusche keinen Sammelbegriff gibt. Ist das „Lärm"-Urteil im Kopf allerdings erst einmal gefällt, so reagiert der Betroffene mit seelischem Unbehagen – er fühlt sich gestört, ausgeliefert, belästigt, abgelenkt und vor allem: Er gerät in innere Anspannung.

Aus einer solchen psychischen Belastung können aufgrund der körperlichen Alarmreaktion (das Wort „Lärm" kommt vom Wort „Alarm") langfristig durchaus Erkrankungen wie chronischer Bluthochdruck und in der Folge Herz-Kreislauf-Erkrankungen erwachsen. Tatsache ist: Wir sind in heutiger Zeit allein schon aufgrund der umfassenden Technisierung unserer Umwelt wesentlich mehr und intensiverem Lärm ausgesetzt als früher.[92] Wie stark akustische Reize auf die Psyche und Gesundheit wirken, zeigen etliche Untersuchungen. Einige seien zitiert:

● Das Gehör ist der erste voll ausgebildete Sinn des Menschen: Schon ein viereinhalb Monate alter Embryo kann hören! Das belegt die enorme Bedeutung des Hörens für den Menschen. In frühen Zeiten diente das Ohr dem Menschen als einzigartiges Frühwarnsystem. Lange bevor sie etwas sehen konnten, meldete unseren Vorfahren das Ohr möglicherweise das Rascheln eines gefährlichen Tieres im Gebüsch, worauf sie sich schleunigst in Sicherheit bringen konnten.

● Auch heute noch besitzen alle Menschen von Geburt an ein sehr feines Hörvermögen, das eher auf leise denn auf laute Geräusche programmiert ist. Doch sind wir in unserer Zeit eher von lauten Geräuschen umgeben. Lärmschwerhörigkeit ist heute schon die in Deutschland häufigste Berufskrankheit, die aber meist erst sehr spät erkannt wird. Häufigste Lärmquelle außerhalb des Berufs ist der Straßenverkehr, gefolgt von Fluglärm.

---
92 „Warum stresst uns Lärm?", Psychologie heute 11/2012, S. 54ff.

● Zu laute Musik schwächt schon bei Jugendlichen deutlich das Hörvermögen. Man geht heute davon aus, dass ein 60-jähriger Afrikaner ein besseres Gehör hat als ein 25-jähriger Westeuropäer.

● Lärm belastet nicht nur die Psyche – man ist angespannt, ablenkbar, unkonzentriert, lernt schwerer, prägt sich Gelerntes schlechter ein, wird auf die Dauer aggressiv oder depressiv –, sondern auch den Körper, weil der lärmgeplagte Mensch in Stress gerät.[93]

● Selbst im Schlaf registrieren wir die Geräusche um uns herum und „beauftragen" unser Gehirn, sie sorgfältig auszuwerten und uns bei verdächtigen Geräuschen unverzüglich zu wecken. Werden die vom Ohr wahrgenommenen Geräusche vom Gehirn als ungewohnt, unvertraut oder „für uns persönlich bedeutsam" eingestuft (beispielsweise wenn ein Baby weint), so wachen wir in der Regel auch bei sehr leisen Geräuschen auf. Eine wahre Spitzenleistung unseres Gehirns!

Hingegen können Menschen bei Geräuschen, die sie als vertraut oder ungefährlich einstufen, auch dann schlafen, wenn diese nicht besonders leise sind, beispielsweise beim Rauschen eines Brunnens oder Wasserfalls. Dies gilt auch für die vertrauten Geräusche des Partners im Nebenbett. Allerdings beeinträchtigen sie die Schlafqualität: Wer allein schläft, schläft tiefer, länger und besser – so der Befund im Schlaflabor. Ist man allerdings an das gemeinsame Schlafzimmer gewöhnt und wird davon unvermittelt entfernt – z.B. durch eine Geschäftsreise –, so hat man zunächst mehr Schlafprobleme, weil die gewohnte „Geräuschkulisse" fehlt, die ja auch Geborgenheit signalisiert.[94]

Tatsache ist: Unsere Ohren sind selbst im Schlaf hellwach! Die negative Folge: Auch wenn Menschen sich irgendwann daran gewöhnen und nicht mehr aufwachen, wenn regelmäßig nachts Autos oder Züge vorbeirattern oder Flugzeuge starten, bleibt ihr Organismus von den Folgen des Lärms nicht verschont. Eine Auswertung von über 800 000 Krankenversicherten, die im Umfeld eines deutschen Flughafens leben, zeigte: Wer nächtlichem Fluglärm ausgesetzt ist, vor allem in den sensiblen Stunden zwischen drei und fünf Uhr morgens, geht häufiger zum Arzt und lässt sich mehr Medikamente verschreiben, vor allem gegen Herz-Kreislauf-

---

93 „Nicht so laut, bitte!", Psychologie heute 11/2006, S. 38ff.
94 „Bett mit Bindung", Psychologie heute 1/2011, S. 56.

Probleme, aber auch zur Beruhigung und zur Behandlung von Depressionen.[95] Dabei ist weniger die Lautstärke der Flugzeuge entscheidend, sondern vielmehr die Anzahl der nächtlichen Schlafbeeinträchtigungen. Offensichtlich führen mehr als vier Störungen pro Nacht zu einer Verminderung des erholsamen Tiefschlafs, wohingegen der leichte Schlaf zunimmt.[96]

● Grundsätzlich gilt: Menschen, die im Schlaf- oder Wachzustand mit ständigem oder häufig wiederkehrendem Lärm konfrontiert sind, müssen auf Dauer mit negativen gesundheitlichen Auswirkungen rechnen, die eine Folge der Stressreaktion sind.[97]

● Auch im Wachzustand ist der Mensch, wenn er sich geistig konzentrieren muss, auf eine möglichst stille oder geräuscharme Umgebung angewiesen. Lärm lenkt ab, auch wenn er, beispielsweise in Form von Begleitmusik beim Lernen, als angenehm empfunden wird. Bei Sportlern, die sich hoch konzentrieren müssen, kann man die Bedeutung der Stille gut beobachten. Wer hat nicht schon bei der Übertragung eines Tennisspiels erlebt, dass die Spieler erst dann ihren Aufschlag machen, wenn es im Stadion mucksmäuschenstill ist!

● Menschen, die von einem Hörsturz – einer extremen, plötzlichen Hörminderung – betroffen sind, litten in der Zeit davor häufig unter zu großem Stress, sie hatten im wahrsten Sinn des Wortes „zu viel um die Ohren". Häufig folgt auf den Hörsturz ein Tinnitus, der allerdings auch andere Ursachen haben kann. Derzeit leiden schon 10 bis 20 Prozent der Bevölkerung in Deutschland an chronischen Ohrgeräuschen, und die Erkrankungsrate steigt weiter an.

● Anscheinend besteht hier auch ein Zusammenhang mit der Benutzung von Mobiltelefonen. Wie eine österreichische Studie zeigte, haben häufige Handynutzer, die täglich mehr als zehn Minuten telefonieren, ein um ca. 70 Prozent erhöhtes Risiko, an Tinnitus zu erkranken. Vor allem Menschen, die schon länger als vier Jahre das Handy intensiv gebraucht, hatten laut dieser Studie ein hohes Risiko, eines Tages an Tinnitus zu

---

95 „Nachtfluglärm stresst", Psychologie heute 7/2007, S. 67.
96 „Fluglärm zerstückelt den Schlaf", Psychologie heute 2/2006, S. 56.
97 Ab 60 Dezibel reagiert das Gehirn auch im Schlaf mit der Stressreaktion.

leiden. Leider ist diese Gefahr vielen eifrigen Benutzern von Mobiltelefonen nicht bekannt.[98]

- Arbeitnehmer, die auch zu Hause per Handy erreichbar sind, fühlen sich stärker unter Stress und empfinden sich als eher nervös und überfordert, wie eine Studie an knapp 700 amerikanischen Angestelltenpaaren zeigte. Außerdem nimmt bei ständiger Erreichbarkeit die Kommunikation und gegenseitige Unterstützung *innerhalb* der Familie ab, vermutlich, weil zu viel Aufmerksamkeit nach „außen" abwandert.[99]

---

98 „Wenn das Klingeln nicht mehr aufhört", Psychologie heute 5/2011, S. 62.
99 „Bitte Handy ausschalten!", Psychologie heute 7/2006, S. 16.

4.4. Riechen

„Den kann ich nicht riechen" – „Dein Verhalten stinkt mir!" – „Zwischen den beiden stimmt die Chemie nicht ..." – solche Redewendungen machen deutlich, dass der Geruchssinn nicht nur in der Tierwelt, sondern auch zwischen uns Menschen eine wichtige Rolle spielt. Gerüche werden über die Riechnerven direkt ins „Gefühlshirn" des Menschen (limbisches System) transportiert, wo sie nicht selten neben Erinnerungen auch starke Emotionen auslösen.

- Nicht nur Tiere riechen, ob ein Mensch Angst hat oder nicht. Auch der Mensch nimmt dies über Geruchssignale wahr – allerdings unbewusst. Angstschweiß setzt sich chemisch anders zusammen als beispielsweise Schweiß, der von sportlicher Anstrengung oder zu großer Hitze herrührt, und diese spezielle „Duftnote" wird von uns Menschen registriert und im Gehirn ausgewertet. Wie eine Untersuchung zeigte, reagieren wir auf Angstschweiß, den wir an anderen wahrnehmen, mit einer Aktivierung jener Hirnareale, in denen Mitgefühl stattfindet – mit anderen Worten: Wir reagieren auch emotional auf diesen Geruch. Vermutlich soll dadurch unsere Bereitschaft, dem Ängstlichen zu Hilfe zu kommen, mobilisiert werden.[100]

- Auch die Beziehungen zwischen Mann und Frau werden mehr, als wir ahnen, von Geruchssignalen bestimmt. Frauen ändern im Laufe ihres Menstruationszyklus auch ihren Körpergeruch, was von Männern unbewusst registriert wird. In einem Versuch wurden Männern T-Shirts präsentiert, die zuvor von Frauen nachts getragen worden waren. Lagen die Nächte einer Frau kurz nach dem Eisprung, und ein Mann „schnüffelte" an ihrem T-Shirt, so stieg anschließend sein Testosteronspiegel an. Man könnte sagen: Signalisierte die Frau Fruchtbarkeit, steigerte sich bei den Männern das Interesse an sexuellem Verkehr mit ihr.[101]

- Doch die Botschaft der Pheromone erreicht auch umgekehrt ihr Ziel, wie folgender raffinierte Versuch zeigt. In einer Frauenarztpraxis wurde ein Teil der Stühle im Wartezimmer mit männlichen Duftstoffen präpariert – so schwach, dass der Duft zwar registriert werden konnte, aber

---

100 „Der Geruch der Angst", Psychologie heute 1/2010, S. 16.
101 „Wenn Männer Witterung aufnehmen", Psychologie heute 5/2010, S. 58.

nicht ins Bewusstsein gelang. Frauen, die gerade ihre fruchtbaren Tage hatten und ins Wartezimmer kamen, setzten sich – natürlich unbewusst – eher auf die präparierten Stühle als jene, bei denen dies nicht der Fall war. Das zeigt, wie stark Gerüche über unser Unterbewusstsein auch unser Verhalten und unsere Entscheidungen steuern können. Wilhelm Busch dichtete hintersinnig: „Denn kurz gesagt: in Herzenssachen/Geht jeder seiner Nase nach." [102]

● Doch nicht nur menschliche Gerüche beeinflussen uns, sondern auch Nahrungsmittelgerüche. Bei wohlriechenden Speisen läuft uns das Wasser im Munde zusammen, mit anderen Worten: Der Speichelfluss wird angeregt, ebenso der Appetit. Menschen, die krankheitsbedingt nichts mehr riechen oder schmecken können, verlieren deshalb meist auch den Appetit.

● Über Gerüche lassen wir uns auf vielfältige Weise beeinflussen, ohne dass uns dies bewusst ist. So locken Bäckereien, die Backgerüche ausströmen, mehr Kundschaft in den Laden, und in Geschäften, in denen es angenehm riecht, halten sich Kunden länger auf und geben dementsprechend auch mehr Geld aus. Auch Bahnfahrer, deren Wagen mit einem angenehmen Aroma beduftet wird, gaben sowohl dem Reiseerlebnis als auch der Qualität und dem Preis-Leistungs-Verhältnis ihrer Bahnfahrt bessere Noten als jene Fahrgäste, die – im gleichen Zug – in einem unbedufteten Wagen saßen.[103]

● Experimente in den Räumen von Altersheimbewohnern, aber auch in den Wartezimmern von Arztpraxen zeigen, dass vor allem Orangenduft auf Menschen eine beruhigende Wirkung hat.

● Erstaunlich auch das Ergebnis einer Untersuchung in öffentlichen Kantinen: Roch es an den Tischen nach Reinigungsmitteln, bemühten sich die Esser dort um mehr Reinlichkeit beim Essen. Offenbar aktivierte der Geruch ihren Wunsch, einen möglichst „reinen" Ort zu hinterlassen.

Die feine Nase, die der Mensch sich bewahrt hat, verhilft ihm ständig zu

---

102 Schluss des Gedichts „Lass ihn".
103 „Duftmarken locken den Verbraucher an", Artikel im Schwäbischen Tagblatt vom 20. Juli 2013.

Geruchserlebnissen. Doch erst Gerüche, die dank ihrer Intensität eine gewisse Wahrnehmungsschwelle überschreiten, treten ins Bewusstsein, alle anderen werden unbewusst verarbeitet. Allerdings gewöhnt sich die Nase auch schnell an einen vorhandenen Geruch – wenn wir ihn längere Zeit „in der Nase haben", registrieren wir ihn immer weniger und zum Schluss gar nicht mehr, außer er ist zu penetrant oder ekelerregend.

4.5. Bewegung

Hat Turnvater Jahn[104] es gewusst? Körperliche Aktivität tut nicht nur dem Körper gut, sondern ebenso dem Geist und der Psyche. Wer sich mindestens einmal in der Woche zwanzig Minuten lang körperlich anstrengt – egal ob beim Hausputz oder beim Sport –, leidet seltener unter Stress oder Angstzuständen. Das ergab eine Umfrage an fast 20 000 Menschen in London.[105] Allerdings ist die Mehrheit der Menschen hierzulande körperlich immer passiver.

- Während im Jahr 1910 die Menschen täglich im Durchschnitt rund zwanzig Kilometer zurücklegen mussten, um zu ihrem Arbeitsplatz und wieder nach Hause zu kommen, hatte sich vierzig Jahre später diese Strecke schon halbiert. Heute bleiben gerade mal 700 m übrig – im Durchschnitt.

So wundert es nicht, dass zwei Drittel der deutschen Bevölkerung gegenwärtig auf weniger als eine Stunde Bewegung am Tag kommen – jeder Gang zum Kopierer am Arbeitsplatz mit eingerechnet. Auch treibt mehr als die Hälfte aller Deutschen keinen Sport, und eine Trendwende ist nicht in Sicht, ganz im Gegenteil. Dies wirkt sich mit Sicherheit langfristig auf Geist und Psyche aus.[106] Schließlich sind wir von unserem Bewegungsapparat her auf eine Tagesleistung von zehn bis dreißig Kilometer Wandern täglich angelegt.

- Auch der Geist profitiert enorm von Bewegung, wie vor allem Untersuchungen zum alternden Menschen gezeigt haben. Offenbar wird die Hirnstruktur, die für den Aufbau neuer Nervenzellen sowie für das Gedächtnis entscheidend ist (der Hippocampus), durch Bewegung zur Aktivität angeregt. So können lebenslang – auch in späteren Jahren – noch neue Nervenzellen gebildet und das Gedächtnis verbessert werden.[107] Wer sich in der Jugend bewegte, kann sich im Alter allerdings nicht auf diesen „Lorbeeren" ausruhen. Nur wer auch im Alter sportlich aktiv ist, profitiert in Bezug auf Gesundheit und Lebenserwartung davon, da die Gefahr für Herz-Kreislauf-Erkrankungen sinkt.[108]

---

104 Initiator der deutschen Turnbewegung, lebte von 1778 bis 1852.
105 „Putzen stärkt Psyche", Psychologie heute 8/2008, S. 60.
106 „Deutschland sitzt sich krank", Artikel im Tagblatt-Anzeiger Tübingen vom 14. August 2013.
107 „Dem Trübsinn davonlaufen", Psychologie heute 4/2009, S. 56f.
108 „Glückliche Lebenslangläufer", Psychologie heute 7/2002, S. 54f.

● Besonders stressreduzierend wirkt Tanzen, wie zahlreiche Untersuchungen nachweisen. Gestresste Frauen, die sich einer Tanztherapie unterzogen, fühlten sich anschließend körperlich und seelisch deutlich wohler, sie waren weniger ängstlich, gestresst und depressiv und erfreuten sich sogar besserer sozialer Beziehungen. Auch ihr Selbstbewusstsein war gestärkt – allerdings sollte das Tanzen nach Ende der Therapie beibehalten werden.[109]

● Ein wichtiger Nebeneffekt des Tanzens liegt darin, dass Tanzende lernen, ihre Körperspannung bewusster zu regulieren, anstatt gewohnheitsmäßig immer in der gleichen Spannung zu verharren. Bei gestressten Menschen ist diese Spannung in der Regel zu hoch, bei depressiven Menschen zu niedrig. Auch werden eigene Gefühle eher wahrgenommen, wenn man lernt, sie auch über den Körper auszudrücken. Auf diese Weise lernt man, Einfluss auf die eigenen Stimmungen zu nehmen, anstatt in einem Gefühl regelrecht zu erstarren – oder zu versinken.[110]

● Paartanz reduziert das Risiko, an Demenz zu erkranken, um 76 Prozent, wie eine große Studie zeigte. „Es wird oft unterschätzt, wie viel Hirnkapazität das gemeinsame Tanzen in Anspruch nimmt. Das Tanzen ist eine komplexe Angelegenheit, bei der Motorik, Aufmerksamkeit, Langzeit- und Kurzzeitgedächtnis beansprucht werden."[111]

● Wem Tanzen nicht liegt, der kann es mit Klettern versuchen. Hallenklettern erfreut sich immer größerer Beliebtheit, und das aus guten Gründen: Abgesehen von der Muskelaktivität ist die beim Klettern notwendige Konzentration hilfreich, um abzuschalten bzw. umzuschalten und dadurch Stress abzubauen. Der damit verbundene Nervenkitzel macht den Sport ebenfalls für immer mehr Menschen – darunter 40 Prozent Frauen – interessant. Wie eine Initiative der Uniklinik für Psychiatrie und Psychotherapie Tübingen zeigt, hat Klettern auch auf psychisch Kranke sehr positive Auswirkungen. Das Vertrauen in sich selbst und in andere Menschen wird deutlich gesteigert, zudem stärkt das Erfolgserlebnis das eigene Kompetenzgefühl, das vor allem depressiven Menschen meist

---

109 „Den Stress wegtanzen", Psychologie heute 6/2006, S. 56.
110 „Joggen, Walken, Tanzen: Wie Bewegung die Psyche stärkt", Psychologie heute 8/2007, S. 24ff.
111 Schwäbisches Tagblatt, 20. März 2014. Zum Vergleich: Kreuzworträtsel lösen reduziert das Demenzrisiko um 47 Prozent, Lesen um 35 Prozent.

fehlt. Darüber hinaus werden beim Klettern Beweglichkeit, Kraft, Konzentration, Körperwahrnehmung und Koordination trainiert.[112]

- Sogar die Bewegung der Hände hat messbare Konsequenzen. In einer englischen Schmerzklinik wird beispielsweise „therapeutisches Stricken" angeboten, weil diese Tätigkeit die Patienten von Schmerzen und Problemen ablenkt, beruhigend wirkt und Kompetenzerlebnisse vermittelt. Die Farben der Wolle wirken belebend auf das Gemüt, und es stärkt das Selbstwertgefühl, wenn ein Stück fertiggestellt ist.[113]

---

[112] „Immer an der Wand lang", Psychologie heute 7/2006, S. 14.
[113] „Therapeutische Maschen", Psychologie heute 1/2012, S. 13.

4.6. Musizieren, Singen, Musikhören

Der enorme Einfluss der Musik auf die Seele des Menschen wird schon in der Bibel erwähnt. Als König Saul unter außerordentlich negativen Stimmungsschwankungen litt und damit auch seine Umgebung in Angst und Schrecken versetzte, wurde nach einem Mann gesucht, der ihn mit seinem Harfenspiel beruhigen könnte. Dieser Mann war David, sein späterer Nachfolger.[114]

In der Tat haben die Menschen schon in der Frühzeit der menschlichen Zivilisation (vor über 35 000 Jahren) den Zauber der Klänge entdeckt, die sie einer Flöte entlocken konnten, welche aus einem Gänsegeierknochen gefertigt war.[115] Die Wirkungen der Musik betreffen Körper, Geist und Seele des Menschen in vielfältiger Form:

● „Wer aktiv musiziert, fördert sein Gehirn – und profitiert davon noch viele Jahre später", so das Ergebnis einer Untersuchung an 60- bis 83-Jährigen in den Vereinigten Staaten. Je länger die Senioren in ihrem Leben aktiv musiziert hatten, desto besser war ihre geistige Fitness im Alter.

● Vor allem der hochempfindliche präfrontale Cortex, der bei der Alzheimer-Krankheit früh in Mitleidenschaft gezogen wird, scheint bei Spitzenmusikern stark entwickelt zu sein.[116] In diesem Teil des Gehirns finden die geistigen Tätigkeiten statt, bei denen sich der Mensch als Teil einer Gemeinschaft sieht („Außenperspektive"), bei denen er aber auch längerfristig plant und komplexe Entscheidungen trifft. Auch die Kontrolle eigener Gefühle und die Steuerung des eigenen Verhaltens auch nach moralischen Gesichtspunkten sind hier verortet. Wird dieses Hirnareal optimal entwickelt, so sind Menschen – unter anderem – besonders „umgänglich" und „umsichtig" in ihrem Verhalten, was gerade im Alter viel zur Aufrechterhaltung sozialer Kontakte und damit zum aktiven Gehirntraining beiträgt.

● Sowohl gemeinsames Musizieren als auch Tanzen oder Singen macht Menschen glücklich. Auch wenn wir Musik hören, fängt unser Gehirn an,

---

114 1. Samuel 16,14-23.
115 „Forscher entdecken ältestes Musikinstrument der Welt", Spiegel online vom 24. Juni 2009.
116 „Musikunterricht lohnt sich", Psychologie heute 10/2011, S. 17.

sich aufs Mitsingen quasi vorzubereiten: Unsere Spiegelneuronen feuern kräftig, weshalb es uns manchmal geradezu schwerfällt, in einem Konzert *nicht* mitzusingen, zu tanzen, zu klatschen oder wenigstens zu summen.[117]

- Musik beeinflusst uns auch unbewusst – wenn in einem Speiserestaurant schnelle Musik im Hintergrund läuft, essen auch die Gäste schneller. Menschen hingegen, die irgendwo warten müssen, sind dabei geduldiger und entspannter, wenn im Hintergrund langsame Musik läuft – zumindest gilt dies bei Wartezeiten bis zu fünfzehn Minuten.[118]

- Singen ist äußerst gesund, doch leider leben wir in einer Zeit, in der allein und in Gesellschaft immer weniger gesungen wird. Man lässt andere singen, die es scheinbar viel besser können, und singt oder summt allenfalls gelegentlich noch mit. Dabei tut der singende Mensch seinem Körper und seiner Seele nur Gutes, denn Singen fördert die Gesundheit aufs Nachhaltigste. Früh geborene Kinder entwickeln sich geistig und körperlich deutlich besser, wenn die Mütter ihnen vorsingen, wie neue Forschungen zeigen.

- Kanadische Wohnsitzlose, die zum Mitsingen in einem Chor bewegt werden konnten, zeigten einen Rückgang ihres Alkohol- und Drogenkonsums, auch die Gewalt und Aggression zwischen ihnen nahm ab, wohingegen Empathie und soziale Verhaltensweisen zunahmen. Das Singen in Gemeinschaft wirkte wie eine Therapie, es stärkte ihre Seele und ihr Selbstwertgefühl und weckte neue, ungeahnte Kräfte in ihnen.

- Wer oft und gerne auch für sich allein singt, ist im Durchschnitt lebenszufriedener und ausgeglichener, kann mit Gefühlen besser umgehen und hat mehr Selbstbewusstsein. Die Wirkung geht hier sicher von beiden Richtungen aus: Fröhliche Menschen singen gerne, und Singen hebt umgekehrt auch die Stimmung.[119]

- Im Jahr 2009 wurde die Initiative „Singende Krankenhäuser" gegründet. Ihr Ziel ist ein gemeinsames Singen von Medizinern, Patienten,

---

117 „Musik, die uns berührt", Psychologie heute 5/2006, S. 32ff.
118 „Langsame Musik macht Wartende geduldig", Psycholgie heute 3/2009, S. 14.
119 „Singen heilt", Psychologie heute 1/2007, S. 48-53.

Mitarbeitern, Besuchern und Therapeuten. Der Grund liegt auch hier in der vielseitigen therapeutischen Wirkung des Singens. Zum einen erfahren Menschen, die zusammen singen, auf einer sehr elementaren Ebene Gemeinschaft, was stärkend und wohltuend auf die Psyche wirkt. Einsamkeit wird überwunden, Verbundenheit über alle sonstigen Schranken hinweg erlebt. Auch stärkt Singen, wie schon dargelegt, das Selbstbewusstsein, denn der Sänger/die Sängerin erlebt sich als kompetent und geachtet. Darüber hinaus erzeugt Singen im Menschen ein Gefühl der tiefen Entspannung, aber auch Freude, wohingegen Emotionen wie Angst und Hilflosigkeit während des Singens zurücktreten.

- Nicht zu unterschätzen ist die gesundheitsfördernde Wirkung des Singens: Es kräftigt das Immunsystem, und es werden verstärkt Botenstoffe im Gehirn ausgeschüttet, die stimmungsaufhellend wirken sowie Stresshormone reduzieren.[120] Singen aktiviert das Herz-Kreislauf-System, die Atmung vertieft sich. Das Bindungshormon Oxytocin wird vermehrt produziert, was wiederum das Gefühl der Verbundenheit stärkt. Besonders eindrücklich ist diese Wirkung in dem Dokumentarfilm über das amerikanische Chorprojekt „Young@Heart" zu beobachten: Hochbetagte Männer und Frauen fanden sich zu einem Chor zusammen, absolvierten gemeinsame Auftritte in der Öffentlichkeit und gingen sogar auf „Tournee". Zwei schwer kranke Männer, die aus medizinischer Sicht dem Tod geweiht waren, schafften es immer wieder, sich nach Krankheitsepisoden „aufzurappeln", weil ihnen das Chorprojekt eine enorme Motivation zum Leben gab.

- Häufiges Singen wirkt sich auch auf die Stimme aus: Sie klingt voller und wird schwingungsfähiger, sodass ihr Klang von anderen Menschen als „herzlich und offen" empfunden wird.[121]

- Besonders wichtig ist, dass Kinder im Schulalter miteinander singen. Kinder, die viel singen, „zeigen eine bessere Entwicklung von Sprache, Denken und Koordination. Auch die emotionale Intelligenz ist bei ihnen stärker ausgeprägt."[122] Sie können sich darüber hinaus im Unterricht besser konzentrieren und gehen einfühlsamer und sozialer mit anderen Kin-

---

120 „Singen heilt", Psychologie heute 1/2007, S. 52.
121 „Warum sollten Kranke öfter mal singen?", Psychologie heute 12/2010, S. 62f.
122 „Singen heilt", Psychologie heute 1/2007, S. 51.

dern um. Schließlich muss, wer mit anderen singt, auch lernen, sich selbst zurückzunehmen, um im Ursinn des Wortes „auf andere zu hören"!

● Ähnliches gilt für Kinder, die miteinander musizieren. Eine Studie des Hirnforschers Ernst Pöppel zeigt deutliche Unterschiede zwischen Schülern, die schon jahrelang in einem Orchester miteinander musizierten, und Schülern, die andere Interessen hatten. Die Musiker waren konzentrationsfähiger und bei Prüfungen gelassener, auch war die allgemeine Leistungsbereitschaft vor allem bei den Musikerinnen höher.[123]

● Schon lange ist darüber hinaus bekannt, dass gemeinsames Musizieren bei Kindern enorm vielseitige Wirkungen zeitigt. Ihre mathematischen Fähigkeiten steigern sich, ebenso die Lesefähigkeit, das Erfassen von Texten, die Motorik sowie Teamfähigkeit, soziale Kompetenz und Kreativität.[124]

● Passives Musikhören hingegen kann leicht in Stress ausarten, auch wenn uns diese Wirkung nicht bewusst ist. Darüber hinaus leidet das Hörvermögen: „Wenn keine Pausen mehr kommen (weil ständig Musik läuft, d.V.), ist auch ein nicht unmittelbar schädigender Lärm schlecht für das Gehör", weshalb musikfreie Zonen und Oasen der Stille im Lauf eines Tages zur seelischen und körperlichen Gesundheit offenbar notwendig sind.[125]

---

[123] „Mit Musik geht vieles besser", Psychologie heute 7/2009, S. 10.
[124] Artikel im Tagblatt-Anzeiger Tübingen vom 17. Oktober 2012.
[125] „Wenn Musik zu Stress wird", Psychologie heute 7/2002, S. 58.

4.7. Berühren und Berührtwerden

Das größte Organ des Menschen ist seine Haut, die ca. zwei Quadratmeter Fläche einnimmt. Einerseits bildet die Haut eine Grenze, andererseits ist sie unser „Kontaktorgan" zur Außenwelt, und zwar in doppelter Weise: Wir empfangen über sie Licht- und Berührungsreize, und wir senden über die Haut vielfältige Signale, indem wir beispielsweise erbleichen, erröten oder – bei Angst, aber beispielsweise auch bei besonders ergreifender Musik – eine Gänsehaut bekommen. Zahlreiche Redewendungen zeigen, dass unsere Haut auch viel mit unserer Seele zu tun hat: „Das ging mir unter die Haut." – „Das hat mich sehr berührt." – „Da könnte ich aus der Haut fahren!" Solche und ähnliche Äußerungen machen deutlich, wie sehr die Haut bei seelischen Belastungen in Mitleidenschaft gezogen wird. Nicht immer spielen psychische Faktoren bei Hauterkrankungen eine Rolle als *Auslöser*, doch wird ihr Verlauf sehr häufig von seelischen Faktoren *mitbestimmt* (vgl. Kap. 7.1).

- Über die Haut empfangen wir Berührungsreize – und sie tun uns gut: Berührung stärkt nachweislich das Immunsystem. Eine Studie zeigte: Menschen, die 45 Minuten lang massiert wurden, hatten anschließend weniger Stresshormone und weniger entzündungsfördernde Stoffe im Blut. Die Wirkung der Massage geht also weit über die Behandlung des betroffenen Körperteils hinaus, sie umfasst den ganzen Menschen.[126]

- Auch schon einfaches „Händchenhalten" wirkt stressreduzierend, wie in einer Untersuchung nachgewiesen wurde – vor allem, wenn die berührende Person einem sehr nahesteht, wie es z.b. beim Ehepartner der Fall ist. Die Möglichkeit, sich gegenseitig beruhigend zu berühren, dürfte auch einer von vielen Gründen sein, weshalb Verheiratete im Schnitt gesünder sind als Alleinlebende.[127]

- Angenehme Berührungen, Kuscheln und Umarmungen führen zu einer vermehrten Ausschüttung des Hormons Oxytocin. Es bewirkt, dass zwischenmenschliche Bindungen sich vertiefen und Angstgefühle vermindert werden. Auch fällt es Menschen dank Oxytocin leichter, ande-

---

126 „Massage fürs Immunsystem", Psychologie heute 1/2011, S. 60.
127 „Händchenhalten beruhigt", Psychologie heute 5/2006, S. 18, und „Das Wohlbehagen der Berührung", Psychologie heute 4/2009, S. 61.

ren zu vertrauen und Augenkontakt zu ihnen herzustellen, wodurch wiederum Einfühlung erleichtert wird.[128] Nicht zuletzt führt Oxytocin dazu, dass Menschen freundlicher miteinander umgehen, vermutlich weil es die Stressanfälligkeit senkt und so zur inneren Gelassenheit beiträgt.[129]

---

128 „Ein Hormon des Vertrauens", Psychologie heute 9/2008, S. 64.
129 „Streitschlichter Oxytocin", Psychologie heute 7/2009, S. 8f.

4.8. Schlafen

„Wir leben in einer Gesellschaft, in der Menschen nicht genug Schlaf bekommen", warnte der amerikanische Forscher William Killgore schon vor etlichen Jahren.[130] Wohlbefinden und Stimmung leiden unter fehlendem Schlaf, man wird gereizter, depressiver und humorloser. Inzwischen liegen zahlreiche Studien zu den Auswirkungen des Schlafs oder Schlafmangels vor.

● Wer meint, dass Schlafmangel von anderen Menschen nicht wahrgenommen wird, der irrt sich. Jeweils nach einer durchgeschlafenen und einer durchwachten Nacht wurden die Versuchsteilnehmer einer schwedischen Studie fotografiert, die Fotos anschließend unabhängigen Beurteilern vorgelegt. „Das Ergebnis: Hatten die Probanden die Nacht durchgemacht, wurden sie nicht nur als müder, sondern auch als unattraktiver und ungesünder eingeschätzt als in ausgeruhtem Zustand."[131]

● Schlafmangel hat jedoch auch auf geistigem Gebiet einschneidende Konsequenzen. Er führt dazu, dass das Gedächtnis sowie die Lern- und die Konzentrationsfähigkeit des Menschen leiden. Der Grund: Im Schlaf wird das am Tag Gelernte noch einmal sortiert und konsolidiert.

● Bei jungen Männern wurde festgestellt, dass Schlafmangel den Testosteronspiegel reduziert.

● Schlafforscher raten dazu, Smartphones und Computer aus dem Schlafzimmer zu verbannen, denn die LED-Technik in den Geräten beeinflusst den Schlaf-Wach-Rhythmus negativ, wie mehrere Studien nachweisen.[132]

● Wer am Computer arbeitet, sollte diesen 30 bis 60 Minuten vor dem Zubettgehen ausschalten. Der Grund: Das von den Geräten ausgestrahlte blaue Licht hat eine Wellenlänge, die dem Tageslicht entspricht. Über die Augen gelangt das Licht ins Gehirn und hemmt dort die Bildung des Schlafhormons Melatonin.

---

130 „Wenn die Moral ein Nickerchen hält", Psychologie heute 10/2007, S. 10.
131 „Schlaf macht schön und ängstlich", Psychologie heute 4/2011, S. 58.
132 So Hans-Günter Weeß, Leiter des Schlafzentrums am Pfalzklinikum in Klingenmünster. Quelle: Schwäbisches Tagblatt vom 21. August 2014.

- Eine Studie der Universität San Francisco mit 643 Teilnehmern zeigte: Wenn Menschen im Durchschnitt weniger als sieben Stunden pro Nacht schlafen, zeigen sich schon nach einigen Jahren Auffälligkeiten im Gehirn, die typisch sind, wenn dessen Leistungsfähigkeit abnimmt. Möglicherweise lässt wenig Schlaf das Gehirn schneller altern.

- Auch für Kinder ist Schlaf extrem wichtig. Amerikanische Forscher stellten fest, dass regelmäßige Zubettgehzeiten im Kindergarten- und Vorschulalter später zu verbesserten Lese-, Sprach und Rechenfähigkeiten bei Kindern führten. Doch nicht nur die Regelmäßigkeit, sondern auch die Schlafdauer ist wichtig: Vier Jahre alte Kinder sollten, so die Experten, mindestens elf Stunden pro Nacht schlafen – doch viele Kinder erreichen dieses Minimum nicht.[133]

- Auch jener schon beim Thema „Musik" erwähnte Bereich unseres Gehirns, der am spätesten in der Entwicklung des Menschen ausreift, jedoch für sein Zusammenleben mit anderen von enormer Bedeutung ist, leidet: der präfrontale Cortex. Bereits nach *einer* schlaflosen Nacht ist er in seiner Aktivität eingeschränkt und arbeitet nur noch auf Sparflamme. Gerade diese Region ist jedoch für komplexe und schwierige Entscheidungen, bei denen es darum geht, viele Gesichtspunkte zu berücksichtigen, von enormer Bedeutung. Außerdem blockiert Schlafmangel die rationale Kontrolle von Gefühlen (man wird unbeherrschter) und hemmt das logische Denken, was zu irrationalem Verhalten führt. Man sollte deshalb nur in ausgeschlafenem Zustand wirklich wichtige Entscheidungen treffen.[134]

- Eine Durchsicht von 16 Studien zur Wirkung von Schlaf, die knapp 1,4 Millionen Teilnehmer umfasste, zeigt: Die höchste Lebenserwartung haben Menschen, die in der Regel sieben bis acht Stunden schlafen. Wer kürzer schläft, lebt auch kürzer, interessanterweise gilt aber auch: Notorische Langschläfer (= über acht Stunden) leben ebenfalls etwas kürzer. Abgesehen von der Lebenserwartung sind auch, so die Auswertung der Studien, sämtliche geistigen Leistungen des Menschen bei Schlafmangel beeinträchtigt.[135]

---

[133] „Schlau durch Schlaf", Artikel im Schwäbischen Tagblatt vom 8. Juli 2010.
[134] Ebd., so auch Psychologie heute 6/2006, S. 10, und „Irrational durch Schlafmangel", Artikel im Schwäbischen Tagblatt vom 7. Dezember 2007.
[135] „Kurzschläfer werden selten alt", Psychologie heute 2/2012, S. 52f.

- Von chronischem Schlafdefizit sind vor allem Schichtarbeiter und -arbeiterinnen betroffen. Das daraus resultierende sogenannte „Schichtarbeiter-Syndrom" setzt sich zusammen aus depressiven Verstimmungen, einem gereizten Magen-Darm-Trakt, einem geschwächten Immunsystem und einer möglichen Steigerung des Blutdrucks, was schlussendlich zu einer Verkürzung der Lebenserwartung führt. Besonders gefährlich leben Schichtarbeiter, die zwischen Früh-, Spät- und Nachtschicht ständig hin- und herwechseln.[136]

Darüber hinaus sind bei ihnen aufgrund ihrer Arbeitszeiten auch die sozialen Kontakte oft eingeschränkt. Das wirkt zusätzlich beeinträchtigend auf den Schlaf, denn wer nur wenige Freunde hat, leidet häufiger an Schlafstörungen. Dies gilt vor allem für Frauen. Die fehlende soziale Unterstützung führt dazu, dass man mit niemandem über Belastendes reden kann und deshalb alles „mit ins Bett nimmt".[137]

- Von großer Bedeutung ist auch die Tatsache, dass im Schlaf unser Immunsystem intensiver arbeitet als im Wachzustand. Wer am Schlaf spart, behindert Reparatur- und Heilungsprozesse im Körper und betreibt langfristig Raubbau an seiner Gesundheit. „Zu wenig Schlaf auf Dauer ist Körperverletzung", stellt Prof. Jürgen Zulley, einer der bekanntesten deutschen Schlafforscher, deshalb unmissverständlich fest.[138]

---

[136] „Was Schichtdienst erträglicher macht", Psychologie heute 10/2011, S. 46.
[137] „Ruhen im sozialen Netz", Psychologie heute 3/2007, S. 59.
[138] Zitiert in Publik Forum Extra, Juli 2013, „Die große Erschöpfung", S. 16.

5. Was ist Stress und wie entsteht er?

Was ich anders machen würde? Ich würde mich weniger treiben, bedrängen lassen. Ich habe immer dann alles gründlich falsch gemacht, wenn ich unter Druck stand oder Angst hatte. Gewusst habe ich von dem Grundvertrauen, das aus dem Glauben erwächst. Gelebt habe ich es nur unvollkommen.

*Werner von Hoerschelmann,
geb. 1938, Propst a.D.*

Das Wort ist in aller Munde – Stress. „Ich bin im Stress" – „Du wirkst so gestresst" – „Das war stressig ohne Ende": Solche Redewendungen haben ihren festen Platz in unserem alltäglichen Sprachgebrauch. Ja, manchmal hat man den Eindruck, wer nicht „im Stress" ist, mit dem stimmt etwas nicht, der macht es sich zu bequem oder ist zu wenig gefragt! Wer hingegen fleißig ist und sich engagiert, für den gehört es einfach dazu, „im Stress" zu sein!

Doch wann immer ich in meinen Vorträgen frage, was dieses englische Wort eigentlich bedeutet, stoße ich auf Unwissenheit. „Stress" hat im Englischen die Bedeutungen „Druck, Spannung, Gewicht, Betonung, Kraft". Wenn man etwas unter „Stress" setzt, bringt man es unter Druck oder Spannung. Der Ausdruck stammt aus der Technik, genauer gesagt: aus der Werkstoffprüfung. Ein Material, beispielsweise Keramik oder Glas, wird unter Druck oder in Spannung versetzt. Dann wird beobachtet, wann dieser Druck bzw. diese Spannung zu Schädigungen führt.

Ohne Zweifel ist jeder lebendige Organismus dafür geschaffen, immer wieder unter Druck zu stehen und nicht ständig entspannt zu sein. Alle Lebewesen, ob Tier oder Mensch, sind folglich mit der Fähigkeit ausgestattet, auch Spannungs- und Belastungssituationen auszuhalten – schließlich gibt es kein Leben ohne Krisen und Gefahren. So gerät jedes Tier, das von einem anderen Tier angegriffen oder gejagt wird, unter „Stress" und muss seine gesamten Kräfte mobilisieren, um diese Situationen zu meistern. Gleiches gilt für uns Menschen, wenn wir uns angegriffen, bedroht oder schlichtweg unter Druck gesetzt fühlen.

5.1. Eustress und Distress

Wahrscheinlich ist es unter allen Lebewesen nur dem Menschen eigen, aktiv und ohne äußeren Zwang Stresssituationen *aufzusuchen*, z.B. indem er riskante Sportarten ausübt oder sich gezielt hochanstrengenden, häufig auch gefährlichen Situationen aussetzt. Auch wenn wir vor einem Publikum stehen oder uns bewusst private oder berufliche Herausforderungen suchen, in denen wir an unsere Grenzen stoßen, kommen wir in Stress. Stress, den wir oft freiwillig gewählt haben – allerdings war uns möglicherweise vorher nicht klar, was auf uns zukommt. Man denke nur an Bergsteiger, die bewusst das Risiko suchen und bei einem Lawinenabgang oder Wetterumschwung im Handumdrehen in eine viel stressreichere Situation geraten, als sie es sich je vorstellen konnten oder ausgemalt hatten.

Mit gutem Grund werden zwei Stressarten klar unterschieden: Es gibt den freiwilligen und durchaus lustvoll erlebten Stress auf der einen Seite und den unfreiwilligen und vorwiegend unangenehm erlebten Stress auf der anderen. Guter Stress wird als „Eustress", belastender Stress hingegen als „Distress" bezeichnet. Im Englischen bedeutet „distress" Not, Bedrängnis, Elend, Qual – lauter Zustände, die vom Menschen als äußerst unangenehm empfunden werden. Was aber ist der entscheidende Unterschied zwischen den beiden Stressarten?

Beim selbst gewählten, freiwilligen Stress hat der Mensch in irgendeiner Form *Kontrolle* über das, was mit ihm geschieht – zumindest glaubt er, sie zu haben. Beim nicht selbst gewählten Stress hingegen dominiert das Erlebnis des Ausgeliefertseins und der mangelnden Kontrolle bis hin zum Gefühl quälender Hilflosigkeit. Dieser Stress wird bei schweren körperlichen Wunden, Schmerzen oder Mangelzuständen erlebt, aber auch bei allen seelischen Erfahrungen von Schmerz, Kränkung, Demütigung, Beschämung, Angst, Hilflosigkeit und Überforderung.

An dieser Stelle kommt ein entscheidender Einflussfaktor ins Spiel, der von Mensch zu Mensch und von Situation zu Situation erheblich variieren kann: Es ist die sogenannte „Kontrollüberzeugung".
Gemeint ist: Selbst hohe Belastungen können erstaunlich schadlos an Körper und Seele überstanden werden, solange sich der Betreffende nicht *zu* hilflos *und ohnmächtig* fühlt, sondern die Überzeugung hat, immer noch einen Rest von Selbsthilfe und Kontrolle

praktizieren zu können. Oder solange er davon überzeugt ist, Unterstützung zu erfahren. Auf der anderen Seite können Menschen schon durch leichte, aber lang andauernde Belastungen, denen gegenüber sie sich wehr- und hilflos fühlen, seelisch zermürbt und dadurch langfristig auch körperlich geschädigt werden.

Dieser höchst relevante Unterschied in der Art und Weise, wie Belastungen erlebt und geistig verarbeitet werden, trat in Experimenten deutlich zutage. Man führte diese Experimente sowohl mit Affen als auch mit Hunden durch, da es sich um sehr intelligente Lebewesen handelt, die zu anspruchsvollen geistigen Operationen in der Lage sind. Der Experimentaufbau war bei beiden Tierarten identisch: Einer Hälfte der Tiere wurden jeweils in regelmäßigen Abständen schmerzhafte Stromschläge verabreicht, der anderen Hälfte in unregelmäßigen Abständen. Die objektive Belastung – das Ausmaß des Schmerzes – war immer die gleiche.

Worin lag der Unterschied? Die eine Hälfte der Tiere konnte eine Art minimale Kontrolle entwickeln, die andere nicht. Denn diejenigen Tiere, die regelmäßige Stromschläge erlitten, lernten, sich mithilfe ihrer „inneren Uhr" auf den nächsten Stromschlag einzustellen. Damit wich die Ungewissheit, wann der Schmerz erfolgt, einer zunehmenden inneren Sicherheit. Hingegen konnten diejenigen Tiere, die nie wussten, wann der nächste Stromschlag erfolgt, keine innere Erwartung, keinen „Puffer" gegen den Schmerz, ausbilden. Ihre Hilflosigkeit und Angst blieben unverändert bestehen. Die Ergebnisse sowohl bei den Hunden als auch bei den Affen waren eindeutig: Die Tiere der „regelmäßigen" Gruppe blieben gesund, die Tiere der „unregelmäßigen Gruppe" hingegen wurden nach einiger Zeit schwer krank, viele starben sogar. Sie hatten gelernt, dass sie hilflos waren – und das machte sie krank.

Bei dem gleichen Experiment mit Ratten konnte gezeigt werden, dass in der Gruppe, die dem Stress der Elektroschocks nicht hilflos ausgeliefert war, auch keine Schwächung des Immunsystems erfolgte, wie sie normalerweise bei langer Stressreaktion auftritt.[139] Das bestätigt, dass die individuelle Einschätzung der Situation entscheidend ist.[140]

Deutlich wird hier: Es ist weniger die Schwere der Belastung, die in

---

139 Johann Caspar Rüegg: Gehirn, Psyche und Körper, Stuttgart 2006, S. 98.
140 Ausführlich dazu H.C. Traue: Emotion und Gesundheit, Heidelberg/Berlin 1998, S. 50ff.

unserem Leben gefährlich werden kann, sondern vielmehr das Maß der persönlich erlebten Hilflosigkeit, Ohnmacht und Angst, das häufig zum Gefühl des Kontrollverlustes führt. Auch der Mensch praktiziert eine Art von Selbstschutz, indem er sich innerlich gegen etwas wappnet, ein erwartetes Ereignis sozusagen im Geist schon durchspielt. Denn wer sich mental und seelisch auf ein bevorstehendes Geschehen einstellen kann, bildet dadurch eine Art Stoßdämpfer oder Puffer für die erwartete Belastung!

Der entscheidende Punkt liegt im „Ort der Kontrolle" (locus of control). Liegt dieses Zentrum der Kontrolle über die Situation vorrangig oder wenigstens zu einem Teil auch im Individuum, so kann es seine Kräfte mobilisieren und auch größte Herausforderungen meistern. Sieht das Individuum diesen Ort jedoch überwiegend oder gar ausschließlich *außerhalb* seiner selbst, erlebt es sich als „Spielball", so schlägt seine anfängliche Kampfbereitschaft immer mehr in lähmende Hilflosigkeit bis hin zu Apathie und Resignation um. Diese Haltungen sind es, die langfristig extrem schädlich sind.

Dazu ein Beispiel: Wer sich am Arbeitsplatz vorwiegend als „Spielball der Vorgesetzten" erlebt, die ihm mal diese, mal jene „Umstrukturierung" zumuten, empfindet ein zunehmendes Gefühl der Hilflosigkeit und des Kontrollverlustes. Damit verbunden wächst die innere Anspannung, die oft mit Gefühlen der Kränkung und Wut verbunden ist. Der Arbeitnehmer fühlt sich menschlich gering geschätzt und verunsichert, weiß er doch nie, wann die nächste Veränderung kommt und wie sie aussehen wird. Dies führt schließlich zu einer Mischung aus Daueranspannung, Frustration und Resignation – einer höchst gefährlichen Kombination. Sie bietet den idealen Nährboden für stressbedingte Krankheiten.

Bestätigt wird dies beispielsweise durch eine Untersuchung an 8000 Angestellten der britischen Regierung in London. Ziel der Studie war, die entscheidenden Risikofaktoren für einen Herzinfarkt herauszufinden. Über elf Jahre hinweg wurden die Angestellten beobachtet und regelmäßig befragt, wie gerecht oder ungerecht sie sich von ihren Vorgesetzten behandelt fühlten. Auch andere Risikofaktoren wie Alter und Geschlecht wurden berücksichtigt. Das Ergebnis war überraschend: Je ausgeprägter das Gefühl war, ungerecht behandelt zu werden – was mit Gefühlen von Wut, aber auch Hilflosigkeit und Enttäuschung einhergeht –, desto höher lag auch das Risiko für einen Herzinfarkt. In konkreten Zahlen hieß das: Jene, die sich ungerecht behandelt fühlten, erlitten mit 55 Prozent höherer

Wahrscheinlichkeit einen Infarkt als jene Angestellten, die dieses Gefühl nicht hegten.[141]

Doch nicht nur im Beruf, sondern – um ein anderes Feld zu wählen, von dem zunehmend mehr Menschen betroffen sind – auch bei der Pflege oder Betreuung eines dementen Angehörigen kann unter Umständen sehr viel Kontrollverlust und Ohnmacht erlebt werden. Zum einen muss der Angehörige dem geistigen Abbau des Patienten relativ hilflos zusehen, zum anderen hat er unablässig mit auffälligem und irrationalem Verhalten des Kranken zu rechnen, mit dem er sich auseinandersetzen muss. Beides führt nicht selten beim Pflegenden zu seelischer Daueranspannung, verbunden mit Gefühlen von Angst, Trauer, aber auch Aggression. Besonders gefährlich sind Gedanken wie „Ich habe keine andere Wahl" oder „Ich bin auf Gedeih und Verderb an das Schicksal des Kranken gebunden". Aus ihnen spricht Hilflosigkeit, die wiederum ein ständiges Gefühl der Anspannung und Überforderung nach sich zieht.

Ein Beispiel: Ein Mann wurde kurz nach seiner Pensionierung mit einer Demenzerkrankung seiner Ehefrau konfrontiert. Alle Pläne für den Ruhestand waren Makulatur. Davon abgesehen sah sich der Mann (die Kinder wohnten weit weg) vollkommen allein verantwortlich für die Betreuung seiner Frau. Trauer über das Verlorene traf sich mit dem Gefühl der Hilflosigkeit angesichts der unheilbaren, aber auch unberechenbaren Erkrankung der Ehefrau. Gleichzeitig verbot ein hohes Ideal von Ehe es dem Mann, sich von Anfang an Entlastungsmöglichkeiten zu suchen.

Die Folge: Er bekam eine schwere Depression und musste mehrere Monate in eine psychiatrische Klinik. Dort entlassen, organisierte er eine Tagespflege und etliche andere Dienste, die ihn von der ständigen Sorge für seine Frau wenigstens teilweise befreiten.

Das Beispiel zeigt: Wenn ein pflegender Angehöriger nicht über Möglichkeiten verfügt, sich in möglichst regelmäßigen Abständen mithilfe externer Unterstützung dieser Belastung zu entziehen und einen gewissen Freiraum samt Erholungszeiten zu erhalten, so kann die Kombination von chronischer körperlicher und seelischer Belastung allmählich zermürbend wirken. Der oder die pflegende Angehörige läuft Gefahr, selbst krank zu werden, und sei es auch erst nach dem Tod des Patienten. Nicht selten fordert dann die jahrelange seelische oder/und körperliche Überbeanspruchung sehr rasch ihren Tribut.

---

141 „Wenn ohnmächtige Wut zu Herzen geht", Artikel im Schwäbischen Tagblatt vom 8. September 2007.

Aufschlussreich ist hier die Geschichte einer jungen Frau, die im Rahmen eines „freiwilligen sozialen Jahres" in einem Kinderheim in der ehemaligen Sowjetunion arbeitete.[142] Einerseits erlebte sie die Arbeit mit den Kindern als sehr befriedigend und sinnvoll – es handelte sich um Kinder, deren Eltern häufig alkoholabhängig und/oder krank waren und deshalb ihrer elterlichen Verantwortung nicht gerecht werden konnten. Andererseits empfand diese junge Frau ein quälendes Gefühl der Ohnmacht gegenüber dem abgrundtiefen seelischen Schmerz, dem diese Heimkinder – die in der Regel wussten, dass ihre Eltern noch lebten und die deshalb sehnlichst auf sie warteten – ausgesetzt waren. Der jungen Frau war klar, dass ihre Schützlinge trotz Betreuung tief verletzt und verstört waren und Schaden an ihrer Seele genommen hatten – und sie wusste, dass sie daran nicht viel zu ändern vermochte. Sie konnte, im Bild gesprochen, die Wunden der Kinder verbinden, aber nicht heilen. Aus diesem Grund, so bekannte sie offen, war sie erleichtert, als ihr Einsatz in dem Heim zu Ende ging. Die Arbeit selbst hatte sie nicht unter Stress gesetzt, wohl aber ihre Hilflosigkeit gegenüber der deprimierenden Situation der Kinder.

> Grundsätzlich kann man sagen: Solange der Mensch eine Belastung in seinem Leben als *Herausforderung* empfindet, die es zu meistern gilt, ist er höchst belastbar und ausdauernd. Ja, er kann an dieser Herausforderung psychisch und physisch wachsen, indem die Resilienz (= Fähigkeit, mit Krisen und schwierigen Lebenssituationen fertig zu werden) und die seelische Reife zunehmen.
> Sobald wir eine Situation oder Aufgabe, eine Belastung oder Herausforderung jedoch als persönliche *Überforderung* erleben, der wir uns nicht (mehr) gewachsen fühlen, handelt es sich um eine negative, gefährliche Form von Stress.[143] Nur schonungslose Aufrichtigkeit uns selbst und anderen gegenüber kann uns in diesem Punkt vor den Folgen zu lang anhaltender Selbstüberforderung bewahren.

---

142 Erzählt in einer Ausgabe der Zeitschrift „Chrismon" im Jahr 2013.
143 Erschütternd hat diesen Unterschied der österreichische Arzt Viktor E. Frankl anhand der Insassen eines Konzentrationslagers, in dem er selbst kurze Zeit inhaftiert war, geschildert: Jene, die sich als vollkommen ohnmächtig erlebten und sich selbst aufgaben, starben recht schnell. Lagerhäftlinge allerdings, die – wie er – versuchten, noch einen gewissen Rest an persönlicher Würde zu bewahren und sich ein geistiges Ziel zu setzen, hatten angesichts dieser barbarischen Lebensumstände eher eine Überlebenschance – die allerdings auch von anderen, nicht beeinflussbaren Faktoren abhängig war. Vgl. sein Buch „… trotzdem Ja zum Leben sagen", München 1982.

5.2. Die Stressreaktion des Körpers

Was geschieht in unserem Körper, wenn wir „in Stress" kommen? Wie die Säugetiere ist auch der Mensch mit einem Alarmprogramm ausgestattet, das ihn in Not- und Gefahrensituationen befähigt, den Belastungen standzuhalten und die Situation zu meistern. Die sogenannte „Alarm- oder Stressreaktion" besteht in einer kurzfristigen, intensiven Steigerung der körperlichen Kraft und Ausdauer, um damit das physische Überleben zu sichern.

Doch an dieser Stelle kommt ein Problem des modernen Menschen in den Blick: Ausgegangen wird bei der Stressreaktion von Mensch und Tier von einer körperlichen Bedrohung, einem körperlichen Angriff, einer körperlichen Höchstbelastung. Es wird jedoch nicht ausgegangen von rein geistigen oder emotionalen Bedrohungen und Belastungen. Auch auf solche Belastungen reagiert der Mensch genau wie auf körperliche Bedrohungen – es gibt für sie kein gesondertes Stressprogramm!

Worin aber besteht die Reaktion auf eine körperliche Bedrohung? Ebenso wie das Tier kann der Mensch mit lediglich zwei Verhaltensweisen reagieren: entweder mit Kampf, das heißt mit dem Versuch, die Bedrohung abzuwenden oder auszuschalten. Oder mit Flucht, das heißt mit dem Versuch, sich der gefährlichen Situation zu entziehen und so die Belastungssituation zu beenden. (Auch das Gefühl, vor Angst oder Schreck wie gelähmt oder erstarrt zu sein, ist eine indirekte Form der Flucht, ähnelt sie doch dem in der Tierwelt bekannten „Totstellreflex", der den Angreifer dazu bewegen soll, vom Opfer abzulassen.)

Ein Beispiel: Eine Frau ist allein unterwegs und stellt fest, dass eine fremde männliche Person hinter ihr hergeht. Sie beschleunigt ihren Schritt, die Person hinter ihr beschleunigt ebenfalls. Sie ist beunruhigt. Entweder dreht sie sich um, fragt den „Verfolger", was er will, und versucht gegebenenfalls, ihn in die Flucht zu schlagen. Dies wäre die Kampfreaktion. Oder sie nimmt all ihre Energie zusammen und rennt, so schnell sie kann, ihrem Verfolger davon – in der Hoffnung, schneller zu sein als er. Das wäre die Fluchtreaktion.

Häufig gehen Tiere oder Menschen zunächst in den Kampf und wählen erst, wenn sie dessen Aussichtslosigkeit für sich erkannt haben, die Flucht – möglicherweise auch die Flucht in die demonstrative Unterwerfung, wie es teilweise im Tierreich üblich ist.[144]

---

144 Dies hängt allerdings auch von der Selbsteinschätzung sowie der Einschätzung des Gegenübers ab. Beispiele aus dem Tierreich: Hirsche kämpfen in der Brunftzeit so lange

Wichtig ist, dass wir uns klarmachen: Die Stressreaktion soll in lebensbedrohenden Notsituationen unser physisches Überleben sichern. Es ist eine akute Notfallreaktion des Organismus, die uns kurzfristig durchaus zu körperlichen Höchstleistungen befähigt. Doch sollte diese Notfallreaktion nicht zum „Dauerbetrieb" werden, da sonst die Veränderungen im Organismus zu langfristigen Schäden führen, die unter Umständen nicht mehr umkehrbar sind.[145]

Betrachten wir beispielsweise die Teilnehmer eines Marathonlaufs, die etwas mehr als 42 km in ununterbrochenem Laufschritt zurücklegen. Eine enorme Ausdauerleistung, ohne Zweifel! Doch angesichts der extremen Belastung des Organismus gehen die für die Auslösung der Stressreaktion verantwortlichen Gehirnzentren davon aus, dass eine Gefahr für Leib und Leben des Läufers vorhanden sein muss, sonst würde sich der Mensch schließlich einer solchen Belastung nicht unterziehen.[146] Ist dieses Signal – „Achtung, Notfall!" – erst einmal ausgelöst, wird automatisch die Stressreaktion in Gang gesetzt. Ihre einzelnen Komponenten bewirken, dass das Durchhaltevermögen des Marathonläufers beträchtlich steigt, andernfalls würde er vermutlich immer langsamer werden und auf der Strecke irgendwann völlig entkräftet oder von Schmerzen gepeinigt zusammenbrechen (was ja trotz Stressreaktion durchaus gelegentlich vorkommt).

Andererseits wird im Zuge der Stressreaktion das Immunsystem des Läufers geschwächt, was langfristig seine Gesundheit schädigen kann. Außerdem wird das Schmerzempfinden unterdrückt, wodurch die wichtige Signalfunktion des Schmerzes, die ja auch eine Schutzfunktion ist, außer Kraft tritt.

---

miteinander, bis einer der beiden Kämpfer das Weite sucht und dem anderen „das Revier überlässt". Wenn hingegen die Wölfe eines Rudels miteinander kämpfen, und einer erkennt seine Unterlegenheit, so bietet er dem anderen seine Kehle dar und signalisiert damit Unterwerfung.

145 „Inzwischen gibt es eine Fülle von Beweisen dafür, dass stressbedingte Krankheiten vorwiegend dadurch entstehen, dass wir ein körperliches System aktivieren, das sich zur Reaktion auf akute körperliche Krisen entwickelt hat, das aber monatelang eingeschaltet bleibt, wenn wir uns laufend Sorgen über Hypotheken, Beziehungen und Beförderungen machen" (Robert M. Sapolsky: Warum Zebras keine Migräne kriegen, München 1996, S. 24).

146 Kein Tier ist ohne Not bereit, seine Kräfte unnötig durch übermäßige Strapazen zu erschöpfen. Dass der Mensch dies aus reiner Freude an der Herausforderung bzw. an der Leistung macht, war offensichtlich im Plan der Natur so nicht vorgesehen, deswegen wird auch beim Menschen in solchen Fällen weiterhin das quasi steinzeitliche Notfallprogramm mobilisiert.

Die Stressreaktion als solche hat eine sehr einfache „Logik":

- Alle Funktionen, die den „Normalbetrieb" inklusive die Verdauungsaktivität unseres Körpers aufrechterhalten, werden bei Stress eingeschränkt oder gar „auf Eis gelegt".
- Die gesamte verfügbare Energie wird sodann auf jene Bereiche des Organismus konzentriert, die für das unmittelbare Überleben des Menschen von Bedeutung sind.

Dieser Ausnahmezustand kann, wie leicht nachzuvollziehen ist, nicht lange anhalten, ohne dass es zu körperlichen Schädigungen kommt. Denn sämtliche Körperfunktionen, die eingeschränkt oder gestört sind, haben nur eine begrenzte Kapazität, stressbedingte Durststrecken auszuhalten. Andererseits leiden jene Funktionen, die aufgrund der Stressreaktion zu Höchstleistungen animiert werden, im Lauf der Zeit an Überbeanspruchung – mit all ihren Konsequenzen.

Halten wir fest: Alle Lebewesen, ob Mensch, Tier oder Pflanze, verfügen über ein beeindruckendes Repertoire an Notfallmaßnahmen, um außergewöhnliche Umweltbedingungen und Einwirkungen auf den Organismus zu verkraften. Doch alles Lebendige hat auch Grenzen der Belastbarkeit. Dauert die Notsituation mit entsprechender Überlastung des Systems zu lange an oder ist sie zu intensiv, so kommt es nach einiger Zeit zu Alarm- sowie ersten Erschöpfungssignalen dieses Systems: Es „stottert", streikt und kollabiert schließlich, d.h., es bricht zusammen.

Sehr deutlich wird dieses Grundgesetz alles Lebendigen in dem beeindruckend schlichten alten Sprichwort: „Der Krug geht so lange zum Brunnen, bis er bricht." Hier kommt zum Ausdruck: Nichts ist unendlich belastbar, alles hat seine Zeit, auch seine Lebenszeit. Doch auch das andere klingt an: Wenn etwas zu sehr und zu übermäßig oder auf falsche Weise beansprucht wird, kann es auch zur Unzeit oder weit vor der Zeit zerbrechen oder zugrunde gehen.

Und genau dies geschieht, wenn uns der Druck oder die Spannungen, denen wir naturgemäß im Lauf eines Lebens immer wieder ausgesetzt sind, zu oft, zu intensiv oder zu lange heimsuchen. Denn alles Gesunde in der Natur und im Menschen lebt vom Rhythmus. Nicht nur vom Rhythmus des Ein- und Ausatmens oder des Schlafens und Wachens. Ebenso benötigt alles Lebendige, um gesund zu bleiben, einen Rhythmus von Aktivität, Druck und Anspannung auf der einen Seite sowie Ruhe, Entlastung und Entspannung auf der anderen Seite. Anspannung darf und muss sein – aber nur, wenn die Entspannung als Gegengewicht in ausreichendem Maß vorhanden ist!

Doch lautet ein anderes bekanntes Sprichwort nicht: „Wer rastet, der rostet"? Das ist einesteils durchaus richtig, denn wir sind nicht für dauerhafte Untätigkeit und Ruhe konstruiert, weder in körperlicher noch in geistiger und emotionaler Hinsicht. Genauso notwendig sind uns Betätigung, Bewegung und die Bewältigung von Problemen und Aufgaben.

Wer aber andererseits *niemals* rastet – körperlich, aber auch geistig und seelisch –, sondern unablässig in Bewegung ist, bricht eines Tages zusammen. Denn wir sind nicht auf ununterbrochene Aktivität und Anspannung hin angelegt. In der Ausgewogenheit liegt das Geheimnis der Lebenskunst. Allerdings nicht in der Ausgewogenheit zwischen „work" (Arbeit) und „life" (Leben), denn unsere Arbeit *ist* ein fundamentaler Bestandteil unseres Lebens.[147] Die Ausgewogenheit sollte hingegen in der Balance von Anspannung und Entspannung bestehen, von kraftverbrauchender und kraftspendender Aktivität.

Man könnte ebenso gut sagen: „Wer immer nur gibt ... gibt irgendwann auf!"[148] Denn dazu, dass wir ständig geben und uns dabei allmählich veraus-gaben, sind wir ebenfalls nicht angelegt, auch wenn der Apostel Paulus einmal behauptet: „Geben ist beglückender als Nehmen."[149] Hier wird eine m.E. irreführende Alternative aufgestellt, schließlich muss allem Geben ein Nehmen vorausgehen. Betont nicht derselbe Verfasser an anderer Stelle: „Was hast du, was du nicht empfangen hast?"[150] Wohl wahr! Und wer nie (an)nimmt, der hat auch irgendwann nichts mehr zu geben. Gerade der seelisch gesunde Mensch kann mit Freuden anderen Menschen etwas geben – aber auch mit Freuden von anderen Menschen etwas empfangen. Dies gilt für tätige Liebe und erwiesene Unterstützung oder Fürsorge ebenso wie beispielsweise für Geschenke oder materielle Ga-

---

147 Ich spiele hier auf die m.E. sehr unglücklich gewählte Formel „Work-Life-Balance" an, die suggeriert, dass das Leben erst nach oder außerhalb der Arbeit beginnt. Vgl. dazu das Buch von Thomas Vasek: Work-Life-Bullshit. Warum die Trennung von Arbeit und Leben in die Irre führt, München 2013.
148 So der Titel eines Büchleins von mir, Brunnen Verlag, Gießen ⁶2012.
149 Apostelgeschichte 20,34. Paulus behauptet, dies sei ein Ausspruch Jesu. Das lässt sich in den Evangelien nicht belegen, überdies würde der Ausspruch zu Jesus auch nicht passen. Denn Jesus konnte zum einen sehr gut Wohltaten, Fürsorge, Geschenke und Gastfreundschaft anderer Menschen annehmen. Zum anderen zog er sich immer wieder in die Einsamkeit zurück, um Kraft bei seinem Vater in der Stille zu schöpfen. Er nahm sich, modern gesprochen, (un)regelmäßige „Auszeiten".
150 Paulus in 1. Korinther 4,7.

ben, sofern natürlich die Großzügigkeit des Schenkenden frei von Hintergedanken ist.

Könnte es nicht sein, dass viele Menschen auch deswegen heute in ständiger Überlastung und dadurch im „Stress" sind, weil sie der *bedürftigen Seite* ihres Wesens zu wenig Raum geben? Damit meine ich sowohl manche körperlichen Notwendigkeiten (wie z.b. ausreichend Schlaf) als auch geistige und seelische Bedürfnisse. Könnte es ferner sein, dass viele Menschen heute einfach zu wenig wissen, was wirklich nachhaltige und nahrhafte „Energiequellen" für sie sind, an denen und durch die sie Kraft schöpfen?

Wenn wir uns die im vorhergehenden Kapitel aufgelisteten, äußerst wohltätigen Wirkungen von Bewegung, Natur, Singen, Stille usw. ins Gedächtnis rufen, so scheint mir ein eklatanter Mangel an Einsicht in unsere wahren Kraftquellen weit verbreitet zu sein (dazu mehr in Kap. 6). Auch beobachte ich, dass viele Menschen in heutiger Zeit ihre eigenen körperlichen oder seelischen Grenzen nicht respektieren wollen. Vielleicht, weil es als Zeichen von Schwäche oder mangelnder Leistungsfähigkeit gilt?

Um nicht missverstanden zu werden: Natürlich ist ein gewisses Maß an Grenzerweiterung durch dosierte Belastung im körperlichen ebenso wie im seelischen Bereich zweifelsohne zu erreichen und auch wünschenswert. Doch selbst wenn Grenzen durch Training und Disziplin hinausgeschoben werden können, so bleiben sie doch bestehen (vgl. Kapitel 3). Ja, mit zunehmendem Alter wird die Belastbarkeit wieder eingeschränkter. Auch dies will gesehen und ernst genommen werden, damit wir uns nicht unmerklich überfordern.

Doch zurück zur Stressreaktion unseres Körpers. Um sie besser zu verstehen, müssen wir uns Folgendes klarmachen: Jedes geistige oder seelische Problem, das in uns starke Gefühle wie Angst, Sorge, Verunsicherung, Hilflosigkeit, Wut, Trauer oder tiefe Kränkung auslöst (um nur einige intensive Emotionen zu nennen), wird vom Gehirn wie eine reale körperliche Bedrohung aufgefasst. Denn es unterscheidet nicht zwischen *gedachten oder gefühlten* Spannungssituationen einerseits und *realen* Stresssituationen andererseits, sondern reagiert auf beide mit ein und demselben Notfallprogramm! Das bedeutet: Wir Menschen können durch unsere Gedanken starke Gefühle erleben, „die in unserem Körper heftigste Erschütterungen auslösen"[151].

Deshalb ist es im Prinzip kein Unterschied, ob wir intensiv darüber

---

151 Sapolsky, a.a.O., S. 22.

nachdenken, was der Nachbar wohl täte, wenn wir ihm einmal die Meinung über seinen verwilderten Garten sagen würden, und dabei entsprechende Gefühle entwickeln oder ob wir ihm wirklich die Meinung *sagen*. Sofern wir dabei in Spannung geraten, wird die Stressreaktion ausgelöst.

Und ob wir ständig in der Sorge leben, unseren Arbeitsplatz zu verlieren, oder ob wir ihn eines Tages tatsächlich verlieren – beides kann uns so massiv unter seelischen Druck setzen, dass die Stressreaktion in Gang kommt – und nicht mehr abklingt. Erwartungen und Vorstellungen können ebenso die Stressreaktion auslösen wie reale Geschehnisse!

Gedanken können also, wenn sie mit Gefühlen verbunden sind, eine ebenso heftige Alarmreaktion in uns auslösen wie „echte" Gefahren.

Wie oft bricht mir beispielsweise, wenn ich Schlüssel, Geldbeutel oder Handy suche, der Schweiß aus (als Teil der Stressreaktion), weil ich während meiner Suche daran denke, was die vielfältigen Folgen eines Verlustes sein könnten. Der Körper reagiert auf meine Gedanken, verbunden mit Angstgefühlen, auf eine Weise, als ob die echte Notsituation schon eingetreten wäre!

Verhindern können wir die Auslösung der Stressreaktion nur, indem wir uns vor genau jenen Gedanken oder Gefühlen hüten, die sie auslösen könnten – doch das ist wesentlich leichter gesagt als getan. Schließlich sind Gefühle meist viel schneller als Gedanken. Vor allem: Sie haben ihr Eigenleben, das sich von den Gedanken keineswegs so leicht beeinflussen lässt! Gelassene oder sehr besonnene bzw. erfahrene Menschen haben in aller Regel gelernt, rechtzeitig auch in Gefahren- und Drucksituationen ihre Gedanken so zu steuern, dass es nicht zum Ausbruch der Stressreaktion kommt. Doch Gelassenheit, Besonnenheit oder Erfahrung fallen dem Menschen selten in den Schoß, sondern müssen meist mühsam errungen werden.

5.3. Was beinhaltet die Stressreaktion?

Die Stressreaktion, auch „Kampf- oder Fluchtreaktion", „Notfallreaktion" oder „Abwehrreaktion" genannt, ist hochkomplex, denn sie umfasst den gesamten Körper einschließlich des Gehirns. Sie wird sowohl bei hoher körperlicher (beispielsweise Anstrengung, Hitze, Lärm oder Schmerz) als auch bei seelischer Spannung ausgelöst. Dazu der Mediziner Joachim Bauer: „Alles, was Menschen in ihrer Lebensumwelt, insbesondere in ihren zwischenmenschlichen Beziehungen, erleben, wird vom Gehirn nicht nur registriert, sondern auch in körperliche Signale übersetzt. (...) Psychische Belastungen können sich daher in körperlichen Veränderungen und auffälligen organischen Befunden äußern."[152] Zu den psychischen Belastungen gehören vor allem Angst und Wut oder Groll, Überforderung und Unterforderung, Einengung des persönlichen Gestaltungsspielraums und Ohnmachtserfahrung sowie Beziehungsverluste, soziale Spannungen und Einsamkeit. Auch hilflos erleben zu müssen, wie ein Mensch, der uns etwas bedeutet oder mit dem wir mitfühlen, aus irgendeinem Grund leidet, aktiviert unsere Stressreaktion, denn wir empfinden den Schmerz des anderen, „... als wär's ein Stück von mir".[153]

Gehirn und autonomes Nervensystem

Wenn wir uns bewusst oder unbewusst angegriffen oder bedroht fühlen, wenn uns etwas beunruhigt oder erschüttert, erst recht, wenn uns jemand verletzt, so wird zunächst unser Gefühlszentrum alarmiert, das sogenannte „limbische System"[154].

- Das „limbische System" gibt seine Signale an den Hypothalamus im Zwischenhirn sowie an die Großhirnrinde weiter.
- Der Hypothalamus sorgt dafür, dass die Stressreaktion in Gang kommt. Sie wird über das autonome bzw. vegetative Nervensystem gesteuert, das drei Bestandteile hat: den für die Erregung zuständigen Nervenstrang Sympathikus, den für die Entspannung zuständigen Gegen-

---

[152] Bauer, a.a.O., S. 216.
[153] Letzte Zeile des Gedichts „Ich hatt' einen Kameraden" von Ludwig Uhland. Für diese intensive Empathie sorgen die sog. Spiegelneuronen in unserem Gehirn.
[154] Zum limbischen System gehört auch der Mandelkern (Amygdala), der bei Angst immer aktiviert ist.

spieler Parasympathikus sowie das Nervensystem des Darmes, das aus über 100 Millionen Nervenzellen besteht.[155]
- Über den Hypothalamus wird die sogenannte Hypophyse aktiviert, eine Drüse im Gehirn, die für die Ausschüttung des Stresshormons Cortisol, aber auch anderer Hormone oder ihrer Vorstufen entscheidend ist.
- Parallel dazu wird die Durchblutung der Großhirnrinde reduziert. Dadurch sind höhere und anspruchsvollere Denkvorgänge erschwert; das Denken kreist ständig in den gleichen, meist altgewohnten Bahnen. Wir *agieren* nicht mehr, wir planen und überlegen nicht, sondern *reagieren* nur noch, denn kreatives oder besonnenes Denken ist unter starkem Stress fast unmöglich.

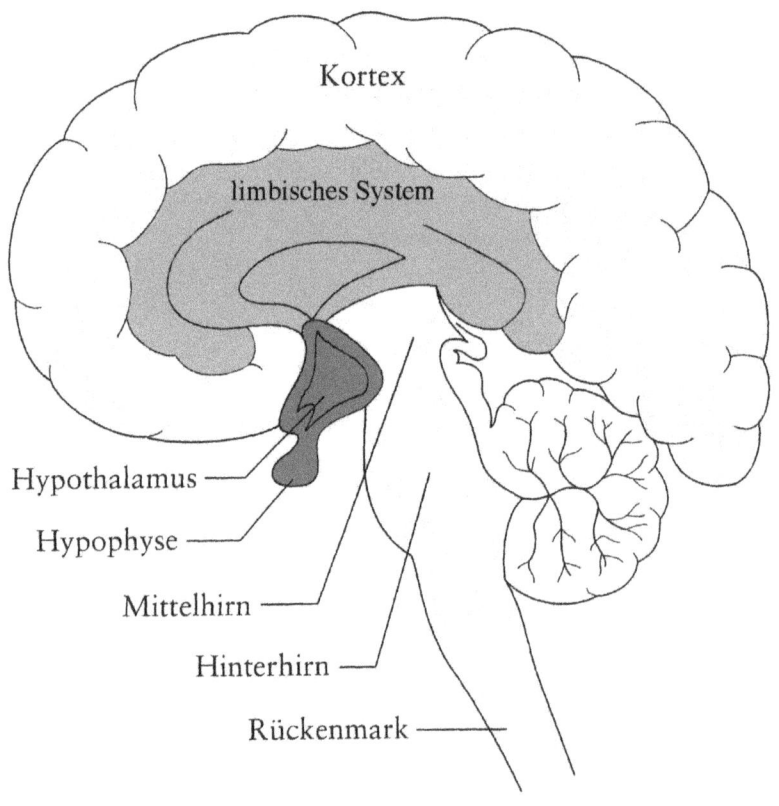

---

155 Zum Vergleich: Das Rückenmark enthält weniger Nervenzellen!

Viele Menschen kennen diese Hemmung der kortikalen Aktivitäten aus Prüfungssituationen, wo ihnen Dinge nicht mehr einfielen, die sie kurz zuvor noch gewusst hatten, oder wo sie – beispielsweise in der Führerscheinprüfung – vor lauter Aufregung Fehler machten, die ihnen in entspanntem Zustand nie passiert waren oder wären. Unsere Sprache hält für diesen seelisch-geistigen Ausnahmezustand auffallend viele Redewendungen und Ausdrücke bereit. Sie sind ein Hinweis darauf, wie häufig dieser Zustand vorkommt und wie gravierend er sich auswirken kann. So spricht man davon, dass jemand „einen Blackout" oder „Aussetzer" hatte, „wie vernagelt war", „ein Brett vor dem Kopf hatte" oder „kopflos handelte", „die Nerven verlor" oder „neben sich stand". Immer wird damit ein Versagen des Denkens, der Vernunft, der Logik oder der Besonnenheit und Selbstbeherrschung, manchmal auch des Erinnerungsvermögens bezeichnet. Anschauliche Ausdrücke wie „ausrasten", „durchdrehen", „übergeschnappt" oder „außer sich sein" verdeutlichen ebenfalls, dass das Gehirn nicht mehr im Normalbetrieb läuft – und sie deuten an, wie schwerwiegend und gefährlich die Konsequenzen dieses Ausnahmezustandes sein können.

> Eine Stressreaktion wird vor allem dann ausgelöst, wenn ein Mensch das *Gefühl hat, unter Druck zu stehen und bedroht zu sein.* Dadurch wird das vernünftige, besonnene und abwägende Denken vorübergehend außer Kraft gesetzt. Dies hat, wie wir täglich aus den Medien erfahren, nicht selten schlimme Folgen, weil Menschen in diesem Zustand zu extremen Fehlern, aber auch zu extremen Taten in der Lage sind.[156]

- Besser durchblutet wird unter Stress im Gehirn die Region, die für Bewegungsabläufe und schnelles körperliches Reagieren zuständig ist.

---

156 Zwei Beispiele aus der Presse vom August 2013: In Dossenheim erschoss ein Mann bei einer Eigentümerversammlung zwei weitere Wohnungseigentümer, weil die Versammlung seine Kritik an der Nebenkostenabrechnung zurückgewiesen hatte. Er fühlte sich dadurch offenbar nicht ernst genommen und in höchstem Maße persönlich infrage gestellt, was vermutlich zu der brutalen Kurzschlusshandlung führte. In Sankt Gallen nahm ein Mann, dessen Frau sich von ihm getrennt hatte, seine beiden Kinder und brachte zuerst sie und dann sich selbst um. Die Tatsache, von der Partnerin oder Ehefrau verlassen zu werden, empfinden viele Männer auch in unserer Gesellschaft als extremen Angriff auf ihren Stolz und ihr Selbstwertgefühl. Dies kommt ebenfalls einer seelischen Bedrohung gleich, auf die sie mit einer Tat reagieren, die im Grunde „Kampf" signalisiert: „Verletzt du mich, verletze ich dich – für immer!" Gleichzeitig enthält Suizid häufig auch ein Moment der Flucht.

Das zeigt, dass wir auf eine *körperliche Reaktion* – Kampf oder Flucht – vorbereitet werden.
- Wachheit und Konzentration werden im Interesse der optimalen Wehrfähigkeit erhöht.

Merkmal, aber auch Nachteil dieser Konzentration ist, dass wir eine Art „Tunnelwahrnehmung" bekommen, sodass wir nur noch auf den Stressauslöser fixiert sind und alles andere ausblenden[157].

Angesichts dieser einschneidenden Veränderungen nutzt es meist wenig oder gar nichts, einem Menschen, der in einer solchen Ausnahmeverfassung ist, besänftigend zuzureden oder ihn aufzufordern: „Jetzt sei doch vernünftig!" Genau dazu ist er unter Stress – leider – kaum mehr in der Lage.

Auch der in Streitgesprächen häufig geäußerte Vorwurf „Du hörst mir ja gar nicht zu!" enthält viel Wahres. Denn ein Mensch, der massiv unter Druck steht – und das ist bei ernstem Streit der Fall –, hört zwar möglicherweise noch, was der andere sagt, ist aber nicht mehr in der Lage, das Gehörte in der Großhirnrinde rational zu bearbeiten. Dazu gehört auch, dass man sich fragt, was der andere mit seinen Worten eigentlich sagen *möchte*. In einer solchen Ausnahmesituation ist der Appell an die Vernunft oder die Aufforderung „Beruhige dich doch!" eher vergeblich, weil die Stressreaktion so lange aufrechterhalten wird, wie die Person sich überfordert, angegriffen, provoziert, infrage gestellt, bedroht oder seelisch verletzt fühlt.

Am wirkungsvollsten ist es deshalb, dem anderen dieses Gefühl der Bedrohung zu nehmen, beispielsweise indem man ihm mitteilt, dass man ihn nicht verletzen oder angreifen wollte. Oder indem man einräumt, sich vielleicht missverständlich, unüberlegt oder falsch ausgedrückt zu haben (was ja immer möglich ist). Auch die Frage „Kann ich etwas dazu beitragen, damit du dich wieder wohl/entspannt/weniger gestresst fühlst?" kann, wenn sie nicht ironisch und aggressiv, sondern ernst gemeint ist, eine Stress dämpfende Wirkung haben, weil unser Gegenüber sich von uns nicht mehr bedroht oder angegriffen fühlen muss.

---

[157] „Wie das Kaninchen auf die Schlange starren" nennt der Volksmund diese Fixierung der Wahrnehmung.

Körperliche Veränderungen während der Stressreaktion

Die folgende Übersicht konzentriert sich auf die wichtigsten Komponenten.

- **Augen**

Bei Stress weiten sich die Pupillen, außerdem wird die Befeuchtung des Auges mit Tränenflüssigkeit reduziert. Das Auge wird trocken.[158]

- **Speicheldrüse**

Die Speichelproduktion wird unter Stress gedrosselt. Vielen Menschen fällt das an sich selbst auf: „Da bleibt mir glatt die Spucke weg!" ist nicht selten in einer solchen Verfassung zu hören. Auch die Redewendungen „Mir sitzt ein Kloß im Hals" oder „Da hab ich schwer dran zu schlucken" nehmen auf die Verminderung des Speichelflusses Bezug.

- **Lunge**

Die Atmung beschleunigt sich („Hechelatmung"), damit mehr Sauerstoff ins Blut gelangt. Gleichzeitig wird der Atem flacher, wodurch sich die feinen Verästelungen der Lungenbläschen nicht mehr ausreichend mit Sauerstoff füllen.

- **Herz und Blutkreislauf**

Puls und Blutdruck erhöhen sich, wodurch das Herz sofort stärker beansprucht wird. Es schlägt schneller und kräftiger und kann bei extremem Stress seine Leistung im Vergleich zum Ruhezustand auf das Fünffache steigern. Gleichzeitig werden einige Hauptarterien verengt, ebenso die Blutgefäße, die den Dünndarm, die Nieren und die Haut mit Blut versorgen.

Es findet eine Umverteilung des Blutes im Körper statt: Große Blutmengen werden aus dem Magen-Darm-Trakt abgezogen. Das Blut wird mit Zuckerreserven angereichert, außerdem nimmt die Konzentration an Blutfetten (Cholesterin) zu. Das angereicherte Blut wird in die Muskulatur gepumpt. „Mir klopfte das Herz bis zum Hals" oder „Das geht mir sehr zu Herzen", „Es war herzzerreißend", „Mir brach fast das Herz" – das alles sind Redewendungen, die deutlich machen, wie unmittelbar das Herz bei Stress betroffen ist.

---

158 Der gegenteilige Effekt tritt bei Lachen – das als Stressbremse dient – ein: Sätze wie „Da bleibt kein Auge trocken" oder „Wir haben Tränen gelacht" belegen diese Wirkung.

● **Haut**
Die Schweißdrüsen der Haut werden aktiv, wodurch sich der elektrische Widerstand der Haut verringert. Der „kalte Schweiß" soll bei körperlicher Anstrengung die Überhitzung des Körpers verhindern, indem er sich wie ein kühlender Feuchtigkeitsfilm auf die Haut legt. Gleichzeitig wird die Durchblutung der Hautgefäße reduziert, weshalb viele Menschen, wenn sie sehr betroffen sind, die Redewendung „Da friert's einen ja" benutzen. Auch der Ausdruck „Da bekam ich kalte Füße", durch den eine aufkommende Angst beschrieben wird, beruht auf der verminderten Hautdurchblutung der Extremitäten. Ja, bei starker Erregung können einem Menschen „die Haare zu Berge stehen", was eine aus der Bibel stammende Bezeichnung für eine Gänsehaut ist.[159] Die „wohlige Gänsehaut" entsteht allerdings auch bei Eustress, z.b. wenn wir besonders anrührende Musikpassagen oder Gesänge hören.

● **Muskulatur**
Die gesamte Muskulatur spannt sich an – in Erwartung von Aktivität – und wird intensiv mit Blut versorgt. Diese Anspannung fängt am Kopf an – die Gesichts- und Kiefermuskulatur gerät unter Spannung – und greift dann über Hals, Schulter und Nacken auf den gesamten Rücken über. Auch Arm- und Beinmuskulatur spannen sich in Erwartung von Arbeit an. Dank erhöhtem Blutzucker und erhöhten Blutfetten sowie vermehrter Sauerstoffzufuhr werden die Muskeln optimal mit Energie versorgt. Je weniger jedoch der gestresste Mensch die Möglichkeit hat, seine Gefühle durch körperliche Aktivität oder Sprechen, Musizieren u.a. auszudrücken, sondern seine Gefühle stattdessen unterdrücken muss, desto höher ist die Aktivität des Sympathikus und damit die Intensität der Stressgefühle.[160] Die Redewendungen „Ich könnte platzen vor Wut" oder „Es zerreißt mich fast" könnten als Hinweis auf die hohe muskuläre Anspannung gelten.

● **Verdauungssystem**
Hundert Millionen Nervenzellen durchziehen die Darmwand, das sogenannte „enterische Nervensystem", auch „Darmgehirn" genannt. Seine

---
159 Die Redewendung „Mir standen die Haare zu Berge" ist die Übersetzung Martin Luthers von Hiob 4,14f. Dort heißt es wörtlich: „Ein Entsetzen ergriff mich und ein Zittern, all meine Knochen durchzuckte der Schreck (...) Es sträubten sich die Haare meines Körpers." Gemeint ist nicht das Kopfhaar, sondern die Körperbehaarung.
160 Traue, a.a.O., S. 97ff.

Nervenzellen produzieren wie das Gehirn lebenswichtige Botenstoffe, z.B. Serotonin. Wird von diesem sogenannten „Wohlfühlhormon" zu wenig hergestellt, so ist auch die Darmfunktion gestört – uns liegt buchstäblich etwas „schwer im Magen" und wir können es „schlecht verdauen". Es überrascht nicht, dass der Magen-Darm-Trakt hochsensibel auf Stress reagiert. Die Bauchspeicheldrüse arbeitet auf Hochtouren, um Insulin bereitzustellen.

Bei der Stressreaktion werden dem Verdauungssystem auch große Blutmengen entzogen, wodurch es in seinen Funktionen beeinträchtigt ist. Adrenalin sorgt dafür, dass mehr Magensäure produziert wird, was in der Feststellung „Ich bin stinksauer!" anklingt. Ebenso weisen die umgangssprachlichen Redewendungen „Ich hab Schiss/die Hosen voll", „Das ging in die Hose" oder „Das ist doch zum Kotzen!" darauf hin, dass sich Angst, Ärger, Wut und Enttäuschung massiv auf die Verdauung auswirken können. So nimmt die Zahl der für die Verdauung wichtigen Milchsäurebakterien bei erhöhtem Stress ab. Doch genau diese Bakterien drängen schädliche Keime zurück und sorgen für eine gesunde Magen-Darm-Flora.

Auch der Appetit ist häufig betroffen. Manchen Menschen „verschlägt" es den Appetit, manche entwickeln unter Stress ganz besonderen Appetit, wofür das Stresshormon Cortisol verantwortlich ist. Davon abgesehen dient Essen manchen Menschen auch als Stressventil. Gallen- und Nierenfunktionen sind von Stress mitbetroffen: Die Ausdrücke „Mir läuft die Galle über" oder „Das geht mir an die Nieren" machen dies deutlich.

- **Hormonhaushalt**

Unter Stress finden einschneidende Veränderungen im Hormonhaushalt statt, die manche der oben genannten Aktivitäten auslösen. Sie werden teils vom autonomen Nervensystem, teils direkt vom Gehirn gesteuert.

Entscheidend sind vor allem die drei Stresshormone Adrenalin, Noradrenalin und Cortisol. Sie werden im Nebennierenmark (Adrenalin und Noradrenalin) bzw. in der Nebennierenrinde (Cortisol) gebildet. Kommt es zu einer Auslösung der Stressreaktion, so wird der Sympathikus aktiviert. Er regt das Nebennierenmark an, Adrenalin und Noradrenalin auszuschütten (wobei von Adrenalin die vier- bis fünffache Menge produziert wird wie von Noradrenalin).

In einem zweiten Schritt bewirkt die Hypophyse, dass die Nebennierenrinde mehr Cortisol produziert.[161] Solange die Stressreaktion aufrechterhalten wird, bleibt auch die Cortisolkonzentration im Blut auf hohem Niveau stabil und ist bis zu zehnmal höher als in entspanntem Zustand.

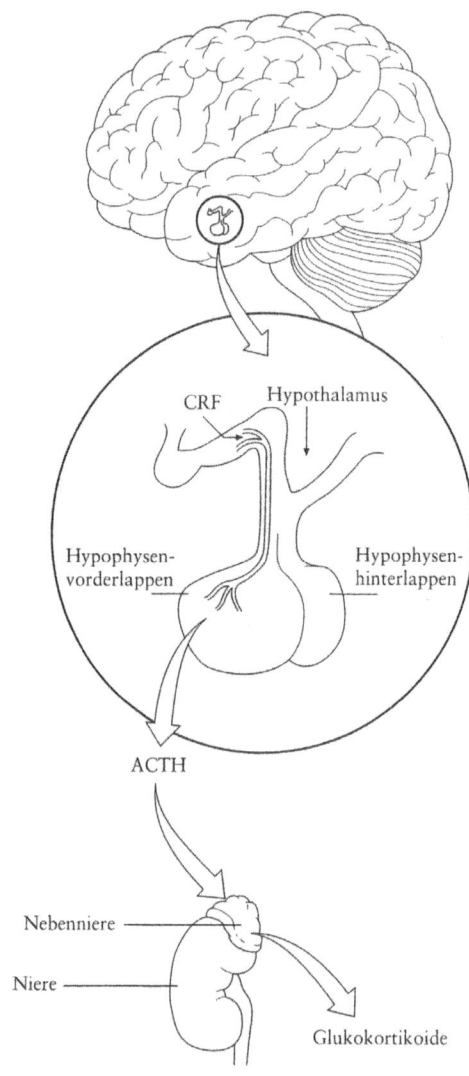

---

161 Auch bei Fieber, Infektionskrankheiten, chirurgischen Eingriffen und Schmerzen sowie in der Spätschwangerschaft ist die Cortisolproduktion erhöht, denn Cortisol wirkt unter anderem entzündungshemmend. Deshalb kann daraus das Medikament Cortison gewonnen werden. Andererseits bewirkt Cortisol einen Abbau der Energiereserven des Organismus, was langfristig sehr gefährlich ist.

● **Immunsystem**

Sowohl kurzfristiger Stress wie z.B. eine anstehende Prüfung als auch lang andauernder oder chronischer Stress bewirken eine deutliche Schwächung des Immunsystems. (Der Grund könnte sein, dass das Immunsystem eine Menge Energie verbraucht, die bei akuter Lebensgefahr für die Kampf- und Fluchtreaktion zur Verfügung stehen soll.) Diese für die Entstehung von Krankheiten fatale Konsequenz wurde erst vor einigen Jahrzehnten wissenschaftlich eindeutig nachgewiesen. Unbestritten ist, dass die Anzahl der für die Immunabwehr besonders wichtigen T-Lymphozyten und der sogenannten natürlichen Killerzellen, die für die Sofortbekämpfung von Infekten bedeutsam sind, durch die Stressreaktion zunächst gesteigert wird.

Klingt die Alarmreaktion jedoch nicht nach kurzer Zeit wieder ab, so wird die körpereigene Abwehr geschwächt. Ein Grund: Das Stresshormon Cortisol hemmt die Produktion jener Botenstoffe, welche die Immunabwehr des Körpers anregen. Auch die unter erlebter Ohnmacht und Hilflosigkeit ausgeschütteten körpereigenen Schmerzdämpfer (sogenannte Opioide, d.h. opiumähnlich wirkende Stoffe, zu denen auch das bekannte Endorphin gehört) schwächen das Immunsystem.

Auswirkungen einer zu lange anhaltenden Stressreaktion

Die für unser Thema wichtigsten Konsequenzen sind folgende:

● Die Merk- und Erinnerungsfähigkeit des Gehirns wird beeinträchtigt, da in der dafür zuständigen Gehirnregion, dem Hippocampus, langfristig Nervenzellen geschädigt werden.

● Die Ausschüttung von Adrenalin bewirkt eine erhöhte Wachheit. Der „bedrohte" Mensch soll nicht von Schläfrigkeit übermannt werden, sondern für sein Überleben kämpfen! Deshalb leiden stressgeplagte Menschen auch häufig unter Einschlaf- und Durchschlafproblemen.

● Die Schmerzempfindlichkeit wird aufgrund der Ausschüttung von Endorphinen und Enkephalinen geringer (es handelt sich um morphinähnliche Substanzen), vermutlich um das Durchhaltevermögen zu erhöhen.

- Die Blutgerinnung tritt schneller ein, damit der um sein Überleben kämpfende Mensch bei Verletzungen nicht so leicht Gefahr läuft, zu verbluten.
- Die Leistungsfähigkeit des gesamten Organismus wird durch Adrenalin zunächst gesteigert. Nach einiger Zeit jedoch beginnt die Phase der Überbelastung, in der unser Körper meist an seinem schwächsten Punkt, dem „weak link", dem Druck nachgibt und zunehmend instabil oder geschädigt wird, also krank.

Die Stressreaktion unseres Körpers ist unter bestimmten Voraussetzungen eine hilfreiche, unter Umständen sogar lebensrettende Maßnahme unseres Körpers, um mit hoch belastenden Situationen des Lebens fertig zu werden.

Zu hoch belastenden Situationen zählen:
- alle Reize der Umgebung, die die körperliche Unversehrtheit bedrohen (z.b. starker, zu lang anhaltender oder zu häufiger Lärm);
- alle Herausforderungen, die den Körper extrem beanspruchen, beispielsweise sportliche Ausdauerleistungen oder der Zwang, starke Schmerzen ertragen zu müssen; solche Belastungen provozieren eine anhaltende „Hochleistungsphase" des Organismus;
- akute Gefahrensituationen, die als Bedrohung erlebt werden. Sie machen eine schnelle Reaktion des Organismus notwendig, bei der das gründliche Nachdenken zunächst nicht gefragt ist. Stattdessen steht die Rettung aus der Gefahrensituation – auch wenn es sich um eine geistige oder emotionale Bedrohung handelt – im Vordergrund.

Die Vorteile der Stressreaktion schlagen in Nachteile um, wenn nach der Aktivierung des Sympathikus nicht relativ zügig die „Gegenmaßnahme" erfolgt, in welcher der Parasympathikus wieder dominiert.

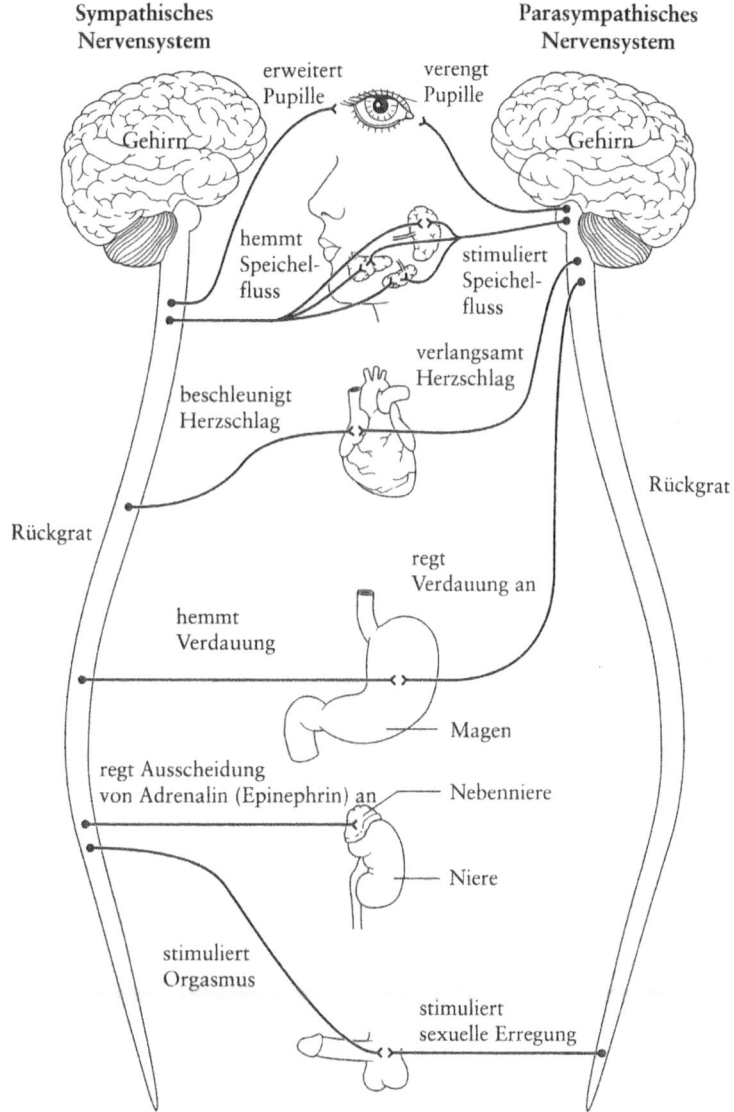

Schematische Darstellung einiger Auswirkungen des sympathischen und parasympathischen Nervensystems auf verschiedene Organe und Drüsen

Wann und wodurch wird das gesundheitsverträgliche Maß einer Stressreaktion überschritten?

Folgende Gründe sind möglich:
- Es ist kein Ende der belastenden Situation abzusehen.
- Die Situation dauert schon zu lange an.
- Der belastete Mensch ist zu keiner neuen Einschätzung oder Bewertung der belastenden Situation in der Lage.
- Die Hilflosigkeit, Ohnmacht und Angst bleiben bestehen oder nehmen zu, wodurch das Gefühl des Kontrollverlusts ebenfalls zunimmt.
- Die Situation wird als zermürbend oder aussichtslos empfunden.
- Es besteht keine Möglichkeit, die durch Stress ausgelösten Gefühle angemessen auszudrücken bzw. jemandem im Gespräch mitzuteilen.[162]
- Die durch Stress ausgelösten Gefühle und Gedanken werden verdrängt, sodass eine Bearbeitung und Weiterentwicklung dieser Gefühle und Gedanken nicht stattfinden können.

---

[162] Vgl. die Redewendung „jemandem sein Herz ausschütten", die deutlich macht, dass dadurch eine Entlastung stattfindet.

5.4. Langzeitfolgen der Stressreaktion

Deutlich dürfte geworden sein: Was kurzfristig ungefährlich, ja durchaus hilfreich sein mag, kann langfristig zum Schaden gereichen. Dies gilt speziell für die Stressreaktion. Die raschen körperlichen Veränderungen, die uns zu optimaler Bewältigung einer Gefahren- oder Notsituation befähigen, dürfen nicht zu lange aufrechterhalten werden. Sie sind als Notprogramm des Körpers gedacht, nicht als „Normalbetrieb". Um wieder ins Gleichgewicht zu kommen, ist allerdings ein Entwarnungssignal des Gehirns an das autonome Nervensystem erforderlich, das daraufhin den Parasympathikus aktiviert. Er sorgt für die Entspannung des Organismus. Unterbleibt dieses Entwarnungssignal, so dominiert weiterhin die Sympathikus-Aktivität, wodurch der Körper mehr und mehr aus seinem natürlichen – und gesunden – Wechsel von Anspannung und Entspannung herausfällt.

> Bei der folgenden Aufzählung möglicher Langzeitfolgen sind drei wichtige Grundsätze zu beachten:
> - Alle angeführten Funktionsstörungen oder Erkrankungen können auch auf Ursachen beruhen, die nicht unmittelbar mit Stress im Zusammenhang stehen.
> - Vielen Krankheiten liegt nicht nur eine Ursache oder ein Auslöser zugrunde; es müssen mehrere begünstigende Faktoren zusammenkommen.
> - Chronischer Stress kann das *Risiko* erhöhen, bestimmte Krankheiten zu bekommen, die vom körpereigenen Immunsystem nicht mehr ausreichend abgewehrt werden können.[163]

Im Folgenden sind nicht alle, aber einige wichtige Langzeitfolgen von chronischem Stress aufgeführt:

Gehirn und Psyche

- Stress bewirkt eine Reduktion des sogenannten „Wohlfühlhormons" Serotonin im Gehirn, wodurch negative Stimmungen zunehmen.
- Einschlafen und Durchschlafen sind erschwert, sodass im Wachzustand Konzentrationsprobleme sowie Gedächtnisschwierigkeiten auftreten.

---

[163] Viele Forschungsergebnisse „deuten darauf hin, dass Stress tatsächlich unser Immunsystem schädigen und das Erkrankungsrisiko erhöhen kann", vgl. Sapolsky, a.a.O., S. 187.

- Das Risiko für Angsterkrankungen sowie Depressionen ist erhöht.
- Es gibt Anzeichen dafür, dass chronisch gestresste Gehirne früher altern.

Lunge

Die durch Stress ausgelöste schnelle, aber auch oberflächlichere „Hechelatmung" begünstigt langfristig Asthma und Bronchitis.

Herz-Kreislauf-System

- Ein auf Dauer erhöhter Blutdruck steigert das Risiko von Schlaganfällen sowie Thrombosen. Die Gefäßwände werden durch den hohen Druck stark angegriffen und rissig, sodass Fettsäure- und Glukosepartikelchen im Blutstrom eher an den Gefäßwänden haften bleiben, es bilden sich Plaques. Die Gefahr einer Verengung (Arteriosklerose) oder Verstopfung der Gefäße steigt. Besonders gefährdet sind die Gabelungsstellen der Gefäße.
- Die anhaltend zu hohe Herzleistung begünstigt Durchblutungsstörungen in den Herzkranzgefäßen.
- Das Risiko für Herzrhythmusstörungen und Herzinfarkt steigt.

Haut

- Ein geschwächtes Immunsystem schwächt den Schutzmantel der Haut. Sie wird anfälliger für Ekzeme, Allergien, Ausschläge und Entzündungen.
- Das Risiko einer Herpesinfektion steigt.
- Der Verlauf von Hautkrankheiten wie beispielsweise Neurodermitis wird durch Stress ungünstig beeinflusst.

Muskulatur

- Aufgrund der Stressreaktion ist die Muskulatur angespannt. Ein zu lange angespannter Muskel gerät in einen verspannten Zustand und beginnt zu schmerzen.
- Die Anspannung beginnt im Kopfbereich: Migräne oder Spannungskopfschmerz sind beispielsweise schon bei Kindern eine häufige Folge von anhaltendem Stress.

- Kieferverspannungen sowie nächtliches Zähneknirschen (Bruxismus) werden wahrscheinlicher.
- Angespannt sind auch Hals-, Schulter- und Nackenmuskeln sowie die gesamte Rückenmuskulatur.
- Das Risiko für Rückenschmerzen und Bandscheibenvorfälle steigt.
- Auch Fibromyalgie (chronische Schmerzerkrankung) wird mit chronischem Stress in Verbindung gebracht.

Verdauungssystem

- Nieren, Galle und Leber sind in ihrer normalen Funktion beeinträchtigt, was langfristig die Gefahr von Schädigungen durch Überlastung oder Fehlfunktion begünstigt.
- Auch die Bauchspeicheldrüse kann betroffen sein. Die Produktion von Insulin wird gehemmt. So nimmt bei Frauen, die unter geringen Entscheidungsspielräumen und hoher Arbeitsbelastung leiden, das Risiko, an Typ-2-Diabetes zu erkranken, um das Vierfache zu.[164]
- Magen- und Darmprobleme aller Art bis hin zu chronischen Krankheiten wie Morbus Crohn oder Colitis ulcerosa können mit Langzeitstress in Verbindung stehen.

Fortpflanzung

Die Fruchtbarkeit ist unter Umständen beeinträchtigt, weil die Produktion von Geschlechtshormonen (Östrogen, Progesteron, Testosteron) gehemmt wird. Bei Frauen können die Zyklen unregelmäßig werden oder aufhören, bei Männern können Spermienzahl und Testosteronspiegel absinken. Bei beiden Geschlechtern nimmt in der Regel das Interesse an sexueller Aktivität ab.[165]

---

164 Ergebnis einer schwedischen Studie an 3205 Frauen im Alter zwischen 36-56 Jahren. Notiz im Schwäbischen Tagblatt vom 12. September 2013.
165 Vgl. Sapolsky, a.a.O., S. 32f. Im Tierversuch (Affen) sank bei männlichen Tieren unter Stress (erlebte Hilflosigkeit) der Testosteronspiegel im Blut. Vgl. Rüegg, a.a.O., S. 90. Der Rückgang der Sexualhormone hat auch etwas mit der erhöhten Endorphinausschüttung bei Stress zu tun, vgl. Sapolsky, a.a.O., S. 144.

Immunsystem

- Ein durch Langzeitstress gestörtes oder geschwächtes Immunsystem beeinträchtigt die Abwehrkraft des Körpers gegen Viren, Bakterien, Infektionskrankheiten usw. Die Gefahr von Autoimmunkrankheiten wie multiple Sklerose ist erhöht.[166]
- Die Genesung bei Krankheiten ist verzögert, ebenso die Wundheilung.
- Die Konzentration des Alterungsbotenstoffs Interleukin-6 ist erhöht.[167]
- Auch jener Teil des Immunsystems, der für die Bekämpfung von Tumorzellen zuständig ist, wird bei Stress in Mitleidenschaft gezogen. Ein *direkter* Zusammenhang zwischen Krebserkrankungen und Stress kann damit allerdings nicht konstruiert werden, da es für Tumore sehr viele Auslöser gibt (Chemikalien, Strahlenbelastung usw.).

Bei Kindern: Hemmung des Wachstumshormons

Kinder, die unter chronischem Stress stehen oder zu wenig liebevolle Berührung erfahren, können an stressbedingtem Minderwuchs leiden. Aufgrund der chronischen Spannung ist ihr Tiefschlaf beeinträchtigt, in dem verstärkt das Wachstumshormon ausgeschüttet wird.[168]

Es ist kein überflüssiger Luxus, sondern ein Gebot gründlicher medizinischer Untersuchung, psychosomatischen Aspekten bei der Diagnose und Therapie von Krankheiten mehr Aufmerksamkeit zu widmen. Der Mediziner Joachim Bauer ist davon überzeugt, dass unsere Medizin dadurch „besser, effektiver (und menschlicher)" werden könnte, und belegt dies mit einer Menge an Beispielen. Doch er betont auch, dass ein Arzt nur dann in der Lage ist, die Krankheiten eines Patienten möglicherweise (auch) aus dessen Lebenslage heraus zu verstehen, wenn er die Lebenssituation des Patienten genügend kennt.[169]

---

166 Vgl. Sapolsky, a.a.O., S. 187.
167 Bauer, a.a.O., S. 50f.
168 Sapolksy, a.a.O., S. 117ff.
169 Ebd., S. 218ff.

6. Stressauslöser im Alltag

Ich würde, wenn ich noch einmal leben könnte, selbstkritischer sowie ziel- und verantwortungsbewusster als bisher leben und mich noch mehr den Mitmenschen zuwenden. Ich würde mich öfter als bisher fragen: Wer bin ich, wo stehe ich, und wohin geht die Reise?

*Hans Rudolf Striebel,
geb. 1930, Physikprofessor*

Es gilt, aufmerksamer auf die möglichen Auslöser von Stress im Alltag zu achten. Wer hier bewusster lebt und beobachtet, kann in einem zweiten Schritt versuchen, diese Stressauslöser zu verändern. Hier gibt es mehrere Möglichkeiten:

● Man lernt, darauf zu achten, einem Stressauslöser seltener ausgesetzt zu sein, sprich: seine Häufigkeit zu reduzieren.
Beispiel: Man gewöhnt sich daran, Dinge, die getan werden müssen, nicht erst in allerletzter Minute zu erledigen.
Oder: Man reduziert bewusst Begegnungen mit jenen Menschen, mit denen man sich erfahrungsgemäß nicht besonders gut versteht.

● Man lernt, auf den Stressauslöser gelassener, das heißt mit weniger innerer Anspannung zu reagieren.
Beispiel: Bei einem Chef, der zu impulsiver Kritik neigt, wappnet man sich innerlich, indem man sich eine besonnene Reaktion zurechtlegt. Man lernt, sich von einem Stressauslöser weniger unter Druck setzen zu lassen oder gesetzt zu fühlen.
Beispiel: In dem Wissen, dass an Weihnachten wieder viele Besucher kommen, überlegt man sich schon im Voraus gründlich, welchen Aufwand an Vorbereitungen man für diese Besucher investieren möchte.

● Man lernt, einen Stressauslöser neu zu bewerten, sodass es kein Stressauslöser mehr ist.
Beispiel: Man meint, ein schlechtes Gewissen haben zu müssen, wenn man die Wohnung oder den Garten nicht so pedantisch sauber und ordentlich hält, wie andere dies tun. Doch sollte man sich klarmachen, dass es in erster Linie entscheidend ist, *sich selbst* in der Wohnung oder im

Garten wohlzufühlen – und nicht, anderer Leute Reinlichkeits- oder Ordnungsvorstellungen zu entsprechen.

- Man lernt, einen Stressauslöser zu eliminieren oder zu meiden.

Beispiel: Da man immer wieder feststellt, zu wenig Schlaf zu bekommen, weil man abends zu lange fernsieht, entscheidet man sich, „fernsehfreie" Abende einzuführen, egal, was das Programm bereithält. Oder man verzichtet auf einen Fernseher!

Diese Beispiele sind willkürlich ausgewählt. Im Folgenden sollen einige der gravierendsten und häufigsten Stressauslöser skizziert werden.

6.1. Stress durch Streit und Disharmonie

Einer der zentralen Begriffe der Bibel ist das Wort „Schalom". Es wird in der Regel mit „Frieden" übersetzt, doch seine Bedeutung umfasst viel mehr, wie einige Beispiele zeigen.

- Ist jemand oder etwas „im Frieden", so wird damit gesagt, dass jemand oder etwas „unversehrt und wohlbehalten" ist.
- „Keinen Frieden in den Knochen" zu haben (Psalm 38,4) beschreibt einen Zustand, in dem der Mensch sich krank fühlt.
- Wenn es von Gott heißt, er habe „Gedanken des Friedens und nicht des Leides" (Jeremia 29,11), dann wird Frieden als „Wohlergehen" und als das Gegenteil von seelischem Schmerz angesehen.
- „Schalom" kann auch mit „in Ordnung sein" übersetzt werden. Die Frage „Ist Friede mit dir?" bedeutet dann: „Ist alles in Ordnung?"
- Schließlich ist ein Leben nach hebräischem Denken dann gelungen, wenn ein Mensch „in Frieden" sterben kann.

Der gemeinsame Nenner in all diesen Bedeutungsfeldern ist, dass „Schalom" immer etwas Unversehrtes und Heiles – oder Geheiltes – bedeutet. Etwas, das *in Ordnung* ist – und das bedeutet, dass es so ist, wie es von Gott ursprünglich geschaffen und gedacht war. Darauf spielte auch Jesus an, wenn er Menschen, die zu ihm kamen, mit dem Segenswort entließ: „Geh hin in Frieden!" Dieser Wunsch macht deutlich, dass Frieden *das Wesentliche* in unserem Leben ist.

In der deutschen Sprache zeigt die Vielfalt der männlichen und weiblichen Vornamen, die mit Frieden zusammenhängen (Friedrich, Friederike, Gottfried, Friedhelm, Friedemann, Friedegund, Friedgard, Friedbert, Engelfried, Wilfried/e, Elfriede), dass diesem Frieden eine hohe Bedeutung beigemessen wurde. Besonders aufschlussreich ist das Wort „Zufriedenheit". Ein Mensch, der zu-frieden ist, ist im Einklang und Einverständnis, in Harmonie und Frieden mit den wesentlichen Dimensionen des Lebens. Wer aber im Einklang und Frieden ist, lebt nicht in Spannung oder unter Druck, nicht in Abwehr oder Groll, sondern kann die Dinge – und Menschen – annehmen, wie sie sind. Das kostet Energie, aber es gibt auch Kraft.

Doch welche wesentlichen Dimensionen des Lebens sind es, mit denen es in Frieden zu sein gilt? Es ist zum einen der Frieden mit sich selbst, zum Zweiten der Frieden mit den für uns bedeutsamen oder uns umgebenden Mitmenschen, zum Dritten der Frieden mit den persönlichen Lebensumständen. Und zum Vierten – so meine ich – der Frieden mit Gott.

Es überrascht nicht, dass Jesus in den sogenannten „Glückseligpreisungen" der Bergpredigt all jene Menschen, die sich *aktiv* für Frieden einsetzen – wörtlich ist von den „Friedensmachern" die Rede –, ausdrücklich als „Söhne Gottes" bezeichnet.[170] Man bedenke: Dies war der höchste Ehrentitel, den Israel zu vergeben hatte.[171]

Dieser Ehrentitel verdeutlicht, wie ungeheuer wichtig Jesus der Friede zwischen Menschen war – und wie hoch er es bewertete, wenn Menschen sich mit aller Kraft für den Frieden einsetzten. Diese Menschen verwirklichen offenbar in ganz direkter Weise Gottes Willen.[172]

Gewiss hatte Jesus gute Gründe dafür, dem Frieden eine solch überragende Bedeutung beizumessen. Er wusste zweifellos:
● Frieden ist kein Zustand, den man einmal erreicht hat und dann nie mehr verliert. Frieden ist eine Form des Einklangs und der Harmonie, um die der Mensch immer wieder kämpfen muss – denn wir selbst ändern uns, unsere Mitmenschen bleiben nicht dieselben, und unser Leben ist immer neuen Wandlungen unterworfen. Auch unsere Gotteserfahrungen und Gottesbilder ändern sich im Lauf der Zeit. Damit immer wieder „in Frieden" zu kommen, ist eine lebenslange Herausforderung.
● Der aktive Einsatz für den Frieden, sei es in uns selbst, zwischen uns und anderen oder als Vermittler zwischen Konfliktparteien, ist eine Aufgabe, die uns Menschen nicht leichtfällt. Sie bedarf vielmehr mutiger Anstrengung, eines klaren Ziels und fester Entschlossenheit.[173]
● Vom Frieden, vor allem vom Frieden zwischen Mensch und Mitmensch, hängt nicht nur das seelische, sondern durchaus auch das körperliche Wohlbefinden und „Heilsein" entscheidend ab.

Ich glaube, dass es Jesu eigentliches Lebensziel, seine persönliche und gleichzeitig gottgewollte „Mission", war, Menschen zu zeigen, wie Frieden in seiner dreifachen Entfaltung – mit sich selbst, mit dem Nächsten, mit Gott – zu verwirklichen und zu finden ist.

---

170 Matthäus 5,9.
171 „Tochter Gottes" gab es hingegen nicht als Ehrentitel. Die Bezeichnung „Sohn Gottes" wurde nicht biologisch verstanden, weshalb auch ein unbekannter König – evtl. David – sagen konnte, Gott hätte ihn als seinen „lieben Sohn" angesprochen (Psalm 2,7).
172 Vgl. die deutsche Redewendung „Ganz der Vater/die Mutter!", wenn man im Aussehen oder Verhalten eine enorme Ähnlichkeit zwischen Kindern und ihren Eltern beobachtet.
173 Vgl. dazu Markus A. Weingardt, Was Frieden schafft. Religiöse Friedensarbeit, Gütersloh 2014.

Wie eng Frieden und körperliches Wohlbefinden miteinander verbunden sind, bestätigen die eindrucksvollen Ausführungen des bereits mehrfach angeführten Mediziners und Psychotherapeuten Joachim Bauer. Anhand zahlreicher Studien weist er nach, dass der Mensch fundamental auf Gemeinschaft hin angelegt ist. Sein Wohlergehen hängt entscheidend davon ab, wie er mit seinen Mitmenschen kommuniziert und kooperiert. Es gibt deshalb niemanden, der vollkommen „autonom", das heißt losgelöst und unabhängig von anderen Menschen existieren und dabei seelisch dauerhaft stabil und gesund bleiben könnte.[174] Das Gegenteil ist der Fall: Gute soziale Beziehungen erhöhen nachweislich die Lebenserwartung![175] Man kann sagen: Der Mensch bedarf des Mitmenschen – nicht nur in der Kindheit, nicht erst im Alter, sondern sein Leben lang. Konkret bedeutet dies unter anderem:

- Für die Entfaltung und das „Aufblühen"[176] des Menschen, ja für seine gesamte Entwicklung ist die Erfahrung von Verbundenheit unentbehrlich. Der jüdische Religionsphilosoph Martin Buber brachte diese Tatsache schon vor über hundert Jahren auf eine schlichte Formel: „Der Mensch wird am Du zum Ich."[177]

- Eine Gemeinschaft ist wohltuend, wenn ihre Mitglieder grundsätzlich im guten Einvernehmen miteinander sind. Das schließt Konflikte und Meinungsverschiedenheiten im Einzelfall nicht aus. Doch es bedeutet, dass sich weder Groll noch Ressentiments, weder Misstrauen noch Missgunst oder Eifersucht, weder Rivalität oder Ablehnung noch andere trennende Gefühle *langfristig* zwischen die Mitglieder dieser Gemeinschaft schieben dürfen.

- Das Empfinden, einsam zu sein oder aus einer persönlich bedeutsamen Gemeinschaft ausgeschlossen zu werden, ist für jedes Individuum

---

174 Das Ideal mancher früher Christen, als Einsiedler zu leben, entspricht keineswegs den biblischen Aussagen über den Auftrag und die Berufung des Menschen. Es verwundert deshalb nicht, dass z.b. von dem Einsiedler Antonius erzählt wird, er sei von schrecklichen Visionen und „Versuchungen" heimgesucht worden. Sie sind auch eine Folge des Mangels an menschlicher Kommunikation.
175 Der Diplompsychologe und Freundschafts-Experte Wolfgang Krüger sagte in einem Interview: „Wir wissen, dass, wenn wir gute Freundschaften haben, wir seelisch erheblich stabiler sind. Wer gute Freunde hat, lebt etwa 20 Jahre länger", Schwäbisches Tagblatt, 30. Juli 2014.
176 Englisch „flourishing" – damit wird ein Zustand bezeichnet, in dem Menschen ein hohes Maß an Selbstentfaltung und innerer Zufriedenheit erleben.
177 Aus: Martin Buber, Ich und Du, in: ders., Das dialogische Prinzip, Heidelberg 1984.

eine psychische Belastung, in der es Gefühle von Minderwertigkeit, Hilflosigkeit, Angst und Ohnmacht erlebt.

- Der seelische Schmerz, den Menschen empfinden, wenn sie sich von einer für sie bedeutsamen Gemeinschaft ausgeschlossen fühlen, wird vom Gehirn wie ein intensiver körperlicher Schmerz verarbeitet.

- Die Folge: Das Gehirn löst die Stressreaktion aus.[178] Aus diesem Grund kann erlebte Einsamkeit als Form der Isolation oder des Nicht-Dazugehörens auf die Dauer krank machen.[179] Darüber hinaus ist erwiesen, dass Menschen, die mit Mitgliedern ihrer Umwelt chronisch in Unfrieden leben, in der Regel früher sterben als jene Zeitgenossen, die mit ihren Mitmenschen harmonisch verbunden sind.

Die Erklärungen dafür sind nicht schwer. Es konnte experimentell nachgewiesen werden, dass nicht nur körperliche Überlastung, sondern auch alle Formen von zwischenmenschlichen Spannungen zu einem Anstieg des Stresshormons Cortisol im Blut führen – was zur Folge hat, dass man leichter krank und schwerer gesund wird.[180] Bevor Menschen an Depressionen erkranken, haben sie zuvor häufig entweder eine schwere berufliche oder eine tief greifende zwischenmenschliche Belastung – oder beides – zu verkraften.[181] Diese Erfahrungen sind in der Regel mit dem Verlust von (innerem) Frieden und Zufriedenheit verbunden.

Fazit: Medizin und Psychologie bestätigen mit ihren Forschungen auf eindrucksvolle und eindeutige Weise, was die Verfasser der biblischen Bücher empfohlen haben: Es ist sinnvoll, sich mit aller Kraft für den Frieden einzusetzen. Denn der Mensch, der in Frieden lebt und auf Frieden Wert legt, erweist nicht nur seinen Mitmenschen eine Wohltat, sondern viel mehr noch sich selbst – in geistiger, seelischer und körperlicher Hinsicht. Gefährdet er doch durch die Langzeitfolgen von Stress seine Gesundheit, wenn er friedlos lebt und mit Unfrieden in seinen Beziehungen oder in seinem Inneren zu kämpfen hat.

Häufig ist allerdings der Einwand zu hören: „Ich wäre ja gerne im Frieden – aber die andere Seite macht nicht mit!" Was kann man für den Frieden in einer

---

178 Bauer, a.a.O., S. 78f.
179 „Einsamkeit begünstigt einen erhöhten Spiegel der Stresshormone Adrenalin und Noradrenalin", Bauer, a.a.O., S. 68.
180 A.a.O., S. 160.
181 A.a.O., S. 219.

gestörten Beziehung tun, wenn man sich am Unfrieden gar nicht schuld fühlt – oder wenn die andere Seite an einer Versöhnung keinerlei Interesse zeigt?

● Zunächst einmal muss man sich klarmachen, dass die „Verursacherfrage" („Wer ist schuld?") von nachrangiger Bedeutung ist, wenn es um Frieden in einer Gemeinschaft oder Beziehung geht.[182] Das heißt nicht, dass es Schuld nicht gäbe. Aber es führt nicht weiter, verbissen auf der eigenen Schuldperspektive zu beharren, die dem anderen selbstverständlich mehr Schuld an der Beziehungsstörung zuweist als sich selbst. Bringt doch die Diskussion, wer nun mehr Schuld an der Krise hat oder hatte, in der Regel nur neue Verletzungen mit sich, sodass die Gräben zwischen den Beteiligten noch tiefer werden.

● Vergebung erfordert, den Blick wegzulenken von der Schuldzuweisung, die den anklagenden Zeigefinger auf den „Verletzer" richtet. Der verletzte Mensch beginnt stattdessen, sich mit sich selbst auseinanderzusetzen.

● Wichtig ist, sich bewusst zu machen, worin der Kern der Verletzung liegt. Er liegt darin, dass man durch das Verhalten des anderen in seiner Würde, seiner „Unversehrtheit", seiner Selbstachtung und damit seinem Selbstwertgefühl infrage gestellt, angegriffen oder gar massiv beschädigt wurde. Dieser Kern der Verletztheit sollte klar erkannt und auf keinen Fall ignoriert oder bagatellisiert werden!

● Der Mensch, von dem wir verletzt wurden, nahm uns zumindest vorübergehend etwas vom Kostbarsten, was zu uns gehört: das Gefühl, „in Ordnung" zu sein. Das schmerzt, das kann uns aus der Bahn werfen, uns regelrecht den Boden unter den Füßen wegziehen.

● Wer uns verletzt, der beschädigt oder zerstört in gewisser Weise ein Stück des Friedens, in dem wir mit uns selbst waren – und damit geht auch der Friede in der Beziehung zu diesem Menschen verloren. Denn wie sollen wir in gutem Einvernehmen mit jemandem sein, der unser gutes Einvernehmen mit uns selbst angreift oder untergräbt? Der uns mit diesem Angriff unter Spannung und Druck, mit anderen Worten: unter

---
182 Vgl. mein Buch „Das verzeih ich dir nie!", 12. Aufl. Witten 2014.

Stress, bringt? Zwangsläufig gerät dadurch auch die Beziehung zu dieser Person unter Spannung. Der Angriff auf die Selbstachtung und das Selbstwertgefühl ist der Kern und die Ursache allen Unfriedens zwischen Menschen. Dies sollte jeder verletzte Mensch verstehen, bevor er sich mit der Herausforderung des Vergebens auseinandersetzt.

● Ein Abschied von der Opferrolle bedeutet nicht, die eigene Verletztheit zu leugnen oder auf künftige klare Grenzziehung zu verzichten, die notwendig ist, um neue Verletzungen zu vermeiden. Er bedeutet stattdessen, sich von der Opferrolle nicht lähmen zu lassen. Wer sich nämlich einseitig und ausschließlich als Opfer sieht, kann an der heil- und friedlosen Situation nichts ändern, ist ihr stattdessen ohnmächtig ausgeliefert. Er oder sie wartet lediglich: auf die Bitte um Vergebung, auf Wiedergutmachung, auf Genugtuung und Genesung in welcher Form auch immer – oder darauf, dass „die Zeit Wunden heilt".

● Die Stressreaktion bleibt während dieses Wartens auf hohem Niveau bestehen, schließlich kann das Gehirn dem Organismus keine „Entwarnung" geben. Wer hingegen eigene Verantwortung übernimmt – für sich selbst, aber auch für die Beziehungsqualität –, kann zumindest für die Beendigung der *eigenen* Stresssituation eine Menge tun.[183]

Wichtig ist an dieser Stelle, sich eines klarzumachen: Auch jene Beziehungsstörungen, die wir nach einiger Zeit des Leidens scheinbar leicht(er) nehmen, weil wir unsere Hände in Unschuld waschen oder uns an die Störungen gewöhnt haben, führen im Untergrund ein unbewusstes Eigenleben. Das Bewusstsein oder unser Wunschdenken mag uns vortäuschen, dass wir schon lange „darüberstehen" oder gar „darüber hinweg" sind. Wir mögen uns einreden, dass die Situation uns nicht mehr belastet – beispielsweise mit Familienmitgliedern heillos zerstritten und ohne Kontakt zu sein. Im Unterbewusstsein zehren solche Beziehungsstörungen jedoch an unseren Kräften – und naheliegenderweise auch an unserer Gesundheit. Schließlich ist das, was sich unbewusst in unserem Gehirn abspielt und wozu auch alles Verdrängte gehört, von uns in seinen seelischen und körperlichen Auswirkungen nicht willentlich beeinflussbar.[184]

---
183 Näheres zum Prozess des Vergebens siehe „Das verzeih ich dir nie!", Kapitel 9.
184 Dazu gehören nicht nur unverarbeitete Verletzungen, sondern auch unverarbeitete Schuld, vgl. mein Buch „Wie konnt' ich nur ...?!", Gießen 2010.

Fazit:

Unfrieden in unseren menschlichen Beziehungen ist ein Stressauslöser, der sehr ernst genommen werden sollte. Wer sich nicht aktiv darum bemüht, wieder in ein gutes Einvernehmen zu kommen, gefährdet durch die hierbei möglicherweise aufrechterhaltene Stressreaktion seine Gesundheit.

Doch unsere Bemühungen um Frieden und Versöhnung können von unserem Gegenüber, es sei ein Einzelner oder eine Gemeinschaft, feindselig zurückgewiesen werden. Wo bleibt dann noch die Chance, Unfrieden in Frieden zu verwandeln?

• Die Chance besteht zunächst darin, sich von der Haltung und Reaktion des Gegenübers *unabhängig* zu machen. Dazu forderte auch Jesus auf, als er sagte: „Segnet, die euch fluchen, und tut denen Gutes, die euch ablehnen!" (Lukas 6,27-28). Damit weist er auf die Möglichkeit hin, der negativen und zerstörerischen Energie des Feindes oder Verletzers eine positive und konstruktive Energie entgegenzusetzen.

• Diese Haltung fällt leichter, wenn wir räumliche und/oder seelische Distanz zu dem Menschen gewinnen, der uns verletzt hat. Denn im täglichen Umgang, beispielsweise in einer Partnerschaft, ist eine Haltung der inneren Unabhängigkeit bei gleichzeitiger Liebe sehr schwer durchzuhalten.

• Die positive Energie, mit der wir unserem Verletzer begegnen, speist sich aus der Vergebung. Sie ist ein Prozess, der *unabhängig* vom Verletzer ablaufen kann – sofern nicht ständig neue Verletzungen stattfinden.

• Wenn wir am Ende dieses Vergebungsprozesses mit uns und dem anderen innerlich wieder „im Reinen" sind, so wird es uns schmerzen, wenn der andere nicht seinerseits auch den Frieden mit uns sucht. Andererseits können wir ihn freilassen, ihm Zeit lassen, weil unsere Lebensqualität und unser innerer Friede nicht länger von ihm und seinem Verhalten abhängig sind.

- Eine freie Begegnung ist wieder möglich, wenn auch möglicherweise mit mehr Vorsicht und Distanz – eine Begegnung frei von Groll oder Hass. Kommen wir uns eines Tages wieder näher – wunderbar. Wenn nicht, so dürfen wir darüber trauern, doch wir haben dennoch Frieden in unserer Seele – und wir dürfen die Hoffnung bewahren, dass dieser Friede eines Tages auch den anderen ergreift.

6.2. Stress durch äußere Belastungen

Zu äußeren Belastungen gehören vor allem Anforderungen, die an uns gestellt werden oder die wir selbst an uns stellen. Diese Anforderungen müssen zunächst durchaus nicht zu hoch sein, doch sie können es im Lauf der Zeit werden. Dies kann unter folgenden Umständen der Fall sein:
- Die Belastungssituation zieht sich zu lange hin und es ist kein Ende abzusehen.
- Die Intensität der Belastung steigert sich.
- Die Rahmenbedingungen oder Begleitumstände der Situation verschlechtern sich.
- Die Grenzen der eigenen Belastbarkeit verschieben sich.
- Es fehlt an ausreichenden Erholungsphasen.
- Mehrere Belastungen kommen zusammen und summieren sich.

Was aber sind die „äußeren Belastungen" unseres Lebens? Es sind all jene Verpflichtungen und Aufgaben, die sich aus den verschiedenen Rollen ergeben, die wir im Alltag einnehmen. Dies sind in aller Regel:
- berufliche Rollen, zumindest in der Zeit der Erwerbstätigkeit;
- private Rollen durch die familiären und menschlichen Bindungen, in denen wir leben;
- öffentliche bzw. ehrenamtliche Rollen, z.b. durch Vereinsmitgliedschaften, ehrenamtliche Projekte, persönliches Engagement usw.

Entweder kann die Rolle selbst uns zu sehr fordern, oder aber es ist der Zuwachs an verschiedenen Rollen, der im Lauf der Zeit unsere Kräfte übersteigt.

Berufliche Rollen

Eine gründliche Untersuchung an über 50 000 befragten Berufstätigen ergab, dass ein eindeutiger Zusammenhang besteht zwischen der Dauer der wöchentlich geleisteten Arbeitszeit und dem Auftreten gesundheitlicher Beschwerden:

- Sehr verbreitet waren stressbedingte Probleme wie Schlafstörungen, Rücken- und Herzprobleme bei hoher wöchentlicher Arbeitszeit.

● Während nur jeder zehnte Teilzeitarbeitende Gesundheitsprobleme hat, ist es bei den Vollzeitbeschäftigten (35-44 Stunden Wochenarbeitszeit) schon jeder fünfte. Wer mehr als 48 Wochenstunden arbeitet – 2012 waren dies immerhin 16 Prozent der Beschäftigten –, klagt besonders häufig über stressbedingte psychovegetative Beschwerden.[185]

● Schichtarbeit, variable Arbeitszeiten, Arbeit an Wochenenden und schlechte Planbarkeit der Arbeitszeit wirken sich negativ auf die Gesundheit aus. Dies zeigt, dass sich eine zu lange und zu hohe Belastung am Arbeitsplatz zu einer Überforderung summiert, die zu Stresssymptomen führt.[186]

● Die zu hohe chronische Belastung vieler Menschen hat vielfältige Ursachen, doch sie ist einer der Gründe, weshalb die Zahl der Frühverrentungen in den vergangenen Jahren kontinuierlich anstieg. Im Jahr 2013 wechselten knapp 67 000 Arbeitnehmer in Deutschland wegen psychischer Erkrankungen in die sogenannte Erwerbsminderungsrente. Das sind knapp 20 000 Personen mehr als im Jahr 2005 – eine Steigerung von über 40 Prozent innerhalb von acht Jahren! Ein Ende dieses Trends ist nicht abzusehen.

Psychische Erkrankungen sind die Hauptursache für die steigenden Zahlen von Anträgen auf Erwerbminderungsrente. Allein bei der größten deutschen Krankenkasse wuchs die Zahl der Fälle von Arbeitsunfähigkeit wegen psychischer Krankheiten binnen zehn Jahren um rund ein Drittel. Ebenso entfallen immer mehr Krankheitstage von Arbeitnehmern auf psychische Belastungen, wie die Krankenkassen feststellen.[187]

● Obwohl der Krankenstand beispielsweise in Baden-Württemberg bundesweit gesehen auf sehr niedrigem Niveau liegt, nahmen die Fehltage aufgrund von Burnout, Depressionen und anderen seelischen Problemen auch hier zwischen 2006 und 2012 um gut 75 Prozent zu. Von dieser Steigerung sind auch jüngere Arbeitnehmer betroffen. Die häufigste Diagnose in der Gruppe der 15- bis 29-Jährigen ist ein Krankheitsbild mit Symptomen wie Schmerzen oder Herzbeschwerden ohne körperliche Ursachen – das sind eindeutige Stresssymptome.[188]

---

185 „Überforderung kann jeden treffen", Artikel im Schwäbischen Tagblatt vom 30. Januar 2013.
186 Die entsprechende Untersuchung wurde im Jahr 2011 von der Bundesanstalt für Arbeitsschutz und Arbeitsmedizin durchgeführt.
187 Notiz im Schwäbischen Tagblatt vom 27. August 2014.
188 Artikel im Schwäbischen Tagblatt vom 26. April 2011 und vom 28. Februar 2013.

- Laut einer Studie der Universität Lüneburg hat jeder dritte Schüler in Deutschland inzwischen mit Stresssymptomen zu kämpfen; in etwa die gleiche Zahl gilt für Studenten und Studentinnen.[189]

- Eine Rolle spielt hierbei auch die zunehmende Leistungsverdichtung, die Menschen dazu führt, mehrere Dinge auf einmal erledigen zu wollen. Man hofft, dadurch Zeit zu gewinnen, doch das Gegenteil ist der Fall. Multitasking führt nachweislich zu nachlassender Konzentration und geringerer Effektivität.

  Bei Multitasking-Tests mit dreihundert Studenten, die mehrere Aufgaben gleichzeitig erledigen sollten, schnitten gerade jene Teilnehmer schlecht ab, die von sich sagten, dass sie genau dies im Alltag gerne tun: an vielem parallel arbeiten. Dagegen erzielten jene Versuchspersonen die besten Ergebnisse, die normalerweise so konsequent wie möglich auf Multitasking verzichten, weil sie sich ganz bewusst auf eine Sache konzentrieren wollen.[190]

  Untersuchungen in einer amerikanischen Hightechfirma zeigten, dass sich Firmenmitarbeiter im Durchschnitt ganze elf Minuten mit einer Sache befassen konnten, ohne abgelenkt zu werden. Spätestens dann erforderte etwas anderes ihre Aufmerksamkeit: ein Anruf, eine neue Mail usw. Im Durchschnitt jonglierten die Testpersonen dieser Untersuchung mit zwölf verschiedenen Aufgaben zur gleichen Zeit. Die zunehmende Stressbelastung wird dabei von vielen Beschäftigten selbst nicht bewusst wahrgenommen. Doch unbestritten ist: Die Dauerpräsenz elektronischer Geräte verstärkt die psychischen Belastungen und trägt dazu bei, dass die „größte Gesundheitsgefahr im 21. Jahrhundert" Stress ist.[191]

- Auch starker oder ständiger Termin- und Leistungsdruck führen stressbedingt zu körperlicher und emotionaler Erschöpfung. Allerdings können diejenigen, die neben viel Druck auch viel Handlungsspielraum und Unterstützung am Arbeitsplatz erleben, die Belastungen eher als Herausforderungen ansehen und deshalb trotz Stress erstaunlich gesund bleiben.

---

189 Die Symptome sind vor allem Gereiztheit, Niedergeschlagenheit, Nervosität, Kopf-, Bauch-, Rückenschmerzen. Vgl. „Lost in perfection", Spiegel online vom 26. Januar 2011.
190 Notiz in der „Apothekenrundschau" vom August 2013.
191 „Zwölf Aufgaben gleichzeitig", Artikel im Schwäbischen Tagblatt vom 16. Juli 2008.

- Auch Frauen scheitern häufig an den hohen Erwartungen, die sie an sich selbst stellen oder die andere – Gesellschaft, Familie, Arbeitgeber – an sie richten. Während bei den Männern etwa ein Drittel aller Frühverrentungen psychisch bedingt ist, ist es bei den Frauen knapp die Hälfte. Beide Geschlechter waren zum Zeitpunkt der Frühverrentung noch keine fünfzig Jahre alt: Männer schieden im Schnitt mit 48, Frauen mit 49 Jahren wegen seelischer Probleme aus dem Erwerbsleben aus![192]

Eine Lehrerin beschreibt sehr anschaulich den Zustand der Überforderung, in den sie schleichend geraten war: „Nichts geht mehr. Als ich am Morgen aufstehen will, fühle ich eine unendliche Schwere in meinem Körper. Meine Beine und Arme zittern, als ich noch im Bett liege. Mein linker Arm schmerzt erneut, mein Herz stolpert lang, lang, kurz, kurz, Pause … Meine Gedanken überschlagen sich …" Der Hausarzt, zu dem sie geht, stellt erhöhten Blutdruck fest und „Erschöpfungszustand". Etliche Wochen später räumt er ein: „Es wird länger dauern", und die Lehrerin macht sich Gedanken: „Dein Körper gibt dir ein Zeichen! Wenn du so weitermachst, droht dir ein Herzinfarkt. Du solltest auch einmal über eine mögliche Frühpensionierung nachdenken. Frühpensionierung, ich? Noch keine sechzig Jahre alt …?"[193]

Offen schildert sie, wie schwer ihr letztendlich dieser Schritt fiel, sowohl aus finanziellen als auch sozialen Gründen, ganz abgesehen von dem Knacks, den das eigene Selbstwertgefühl erleidet. Sie resümiert: „Die Signale meines Körpers waren jedoch eindeutig … Die Entscheidung fiel für ein gesünderes Leben." Sie arbeitete weiter, aber nicht in ihrem Beruf als Lehrerin, sondern in einem Aufgabenbereich, wo sie sich im Einklang mit sich selbst fühlte und den Grenzen, die ihr Körper ihr aufgezeigt hatte, Rechnung tragen konnte.

Viele Menschen mit einer ähnlichen Erfahrung bekunden, dass sie nach der Entscheidung, ihr bisheriges berufliches Dasein aufzugeben und eine andere Aufgabe zu suchen, zufriedener waren – und gesünder. Doch dazu bedurfte es nicht nur eines Abschieds von der bisherigen Arbeitssituation. Auch eine Veränderung des bis dahin geltenden inneren Wertesystems war notwendig. Eine solche Änderung setzt allerdings den Mut voraus, die eigenen Ziele kritisch zu hinterfragen, denen wir bisher gedanken- oder kritiklos hinterhergejagt sind und mit denen wir möglicher-

---
192 Artikel im Schwäbischen Tagblatt vom 19. Juli 2011.
193 „Ich kann nicht mehr", in: Publik-Forum Extra, Die große Erschöpfung, S. 3f.

weise auch unsere Kinder belasteten: „Früher, höher, schneller, weiter, besser, mehr …" – das alles bezogen auf Förderung, schulischen Werdegang, Karriere, Mobilität, Kommunikation, Einkommen, materielle Güter und anderes.

Der „Aufbruch in ein neues Land" setzt auch den Mut voraus, zu sich selbst, den eigenen Bedürfnissen und Grenzen zu stehen. Dazu bedarf es nicht immer erst eines gesundheitlichen oder seelischen Zusammenbruchs, wie das Beispiel der Bankangestellten Edda Schröder zeigt. Sie war sehr erfolgreich in ihrem gut bezahlten Beruf, erkannte aber mit Anfang vierzig, dass sie „nicht einfach immer nur Aktienfonds verkaufen" wollte. Sie kündigte und gründete eine eigene Firma, in der sie Einlagen sammelt, die an sogenannte Mikrobanken weitergegeben werden. Diese Banken finanzieren in sechzehn Ländern Kleinkredite, um Menschen einen beruflichen Start zu ermöglichen.[194]

Ein solcher Ausstieg aus bisher Altvertrautem gelingt leichter, wenn man eine klare Vision hat und Gleichgesinnte findet, die ähnliche Werte vertreten.

Private Rollen

Zu den privaten Rollen gehören all jene Aufgaben, die sich aus unseren Verbindungen in Familie, Partnerschaft, Freundschaft, Nachbarschaft und anderen Gemeinschaftsformen ergeben. Aus diesen Verbindungen wachsen häufig Verpflichtungen. Solche familiären Aufgaben, die wir nicht unbedingt freiwillig gewählt haben – man denke an die Betreuung, Versorgung und Pflege von Familienangehörigen –, führen nicht selten zu wachsendem Stress. Man ist mit den hilfsbedürftigen Menschen durch ein enges Band gegenseitiger Liebe und Fürsorge, aber auch durch ein Band von Erwartungen und Abhängigkeiten verbunden. Deshalb fällt es gerade in den privaten Rollen besonders schwer, auf die eigenen Grenzen der körperlichen, geistigen und seelischen Belastbarkeit zu achten. Zu stark ist das Gefühl, dem anderen verpflichtet zu sein, zu beherrschend ist der Wunsch, dem Angehörigen möglichst lange das Leben zu erleichtern bzw. es ihm so angenehm wie möglich zu machen. Häufig spielt auch die Angst vor dem schlechten Gewissen oder dem Urteil der Mitmenschen eine Rolle.

---

194 „Eine Bankerin, die Gutes tut", Artikel im Schwäbischen Tagblatt vom 4. September 2014.

Gerade bei der Pflege eines kranken Angehörigen ist es leicht möglich, dass sich einige der aufgezählten belastenden Bedingungen (siehe S. 129) im Lauf der Zeit summieren. Dies kann weitgehend ohne unser Zutun geschehen, und zwar aus folgenden möglichen Gründen:

● Das Ende der Pflege ist bei behinderten, alten oder chronisch kranken Menschen in der Regel nicht absehbar.

● Meist verschlechtert sich der gesundheitliche Zustand des Kranken im Lauf der Monate oder Jahre schleichend, wodurch der Pflegeaufwand und die seelische Belastung zunehmen.

● Unter Umständen brechen Stützen in der Betreuung, sie seien finanzieller oder menschlicher Art, im Lauf der Zeit weg, beispielsweise wenn Kinder das Haus verlassen, der helfende Ehepartner oder Nachbar weggeht oder stirbt, finanzielle Zuschüsse gestrichen werden usw.

● Die Erholungspausen für den Pflegenden reichen nicht aus, sie sind zu selten oder zu kurz.

● Soziale Kontakte werden aus Zeitmangel spärlicher, sodass auch diese wichtige Kraft- und Unterstützungsquelle immer weniger genutzt werden kann.

Natürlich gilt der Grundsatz: „Liebe macht stark" – und zwar sowohl die Liebe, die wir jemandem schenken, als auch die Liebe, die wir von ihm empfangen. Besonders eindrücklich zeigt dies folgende Begegnung: Eine Touristin in Indien sah ein junges Mädchen, das seinen behinderten Bruder auf dem Rücken trug. Die Frau fragte das Mädchen: „Ist dir die Last nicht zu schwer?" Das Mädchen antwortete: „Das ist keine Last, das ist mein Bruder!"

Unbewusst hat dieses junge Mädchen eine tiefe und wunderbare Wahrheit ausgedrückt: Die Liebe zu einem Menschen verleiht uns enorme Kräfte. Doch das andere ist ebenso wahr: Diese Kräfte sind nicht unbegrenzt. Und auch das gehört bedacht: Die Liebe zu uns selbst muss ebenfalls gepflegt werden, denn auch sie gibt uns Kraft. Irgendwann braucht selbst der fürsorglichste Mensch Zeit für sich – Zeit, um auszuruhen und wieder Kraft zu schöpfen, Zeit, um sich auf sich selbst zu besinnen und die eigenen Bedürfnisse wahrzunehmen.

Wiederholt heißt es in den Evangelien kurz und knapp: „Jesus aber zog sich zurück in die Wüste und betete."[195] Warum trieb es ihn, der den Men-

---

195 Z.B. in Lukas 5,16.

schen in so vielfältiger Weise engagiert zugewandt war, immer wieder in die Einsamkeit? Die Vermutung liegt nahe: weil er sich dort ausruhen konnte, weil er im Alleinsein zu sich selbst kam und weil er die Verbindung zu Gott – seinen Wurzeln, seiner Kraftquelle, seinem inneren Führer – pflegen und erneuern konnte.

Öffentliche und ehrenamtliche Rollen

Wer sich ehrenamtlich engagiert, so beweisen Studien, ist zufriedener mit seinem Leben und im Durchschnitt gesünder als Menschen, die auf ehrenamtliche Tätigkeiten verzichten. Der Einsatz für Menschen oder eine Sache führt daneben zu vielfältigen sozialen Kontakten und dient der geistigen Fitness und Flexibilität, da man mental gefordert ist. Man tut deshalb gut daran, eine ehrenamtliche Aufgabe anzunehmen, in der sich Fähigkeiten entfalten, Talente pflegen und sinnvolle Aufgaben übernehmen lassen, die in den anderen Lebensbereichen möglicherweise zu kurz kommen oder kamen.

Ob dies der Kaffeeausschank im Altersheimcafé, ein politisches Mandat, die Mitarbeit im Asylzentrum, im Naturschutz oder in einem sonstigen Verein ist – meist werden die persönlichen Opfer an Zeit und Kraft auch mit einer Form der Anerkennung belohnt. Sie kommt entweder von der Zielgruppe selbst oder von anderen Menschen, die diese Arbeit begleiten und würdigen. Problematisch wird es allerdings:

- wenn diese Anerkennung ausbleibt und der engagierte Ehrenamtliche zunehmend den Eindruck gewinnt, in seiner Arbeit gering geschätzt oder ausgenutzt zu werden. Dann schlägt die Freude in wachsende Frustration um, die aus der „Würde" des Amtes eine „Bürde" macht, welche mit immer mehr Stress verbunden ist.

- wenn zu der ursprünglichen Aufgabe immer neue Aufgaben dazukommen nach der Devise: „Erst gab ich den kleinen Finger, dann nahm man die ganze Hand." Die zeitliche und seelische Belastung kann, falls man sich hier nicht energisch abgrenzt oder nötigenfalls auch zurückzieht, ebenfalls zu übermäßigem Stress führen.

- wenn die mit einem Ehrenamt verbundene öffentliche Anerkennung oder Geltung persönlich unverzichtbar wird. Man behält das Amt meist dann noch, wenn der Zeitpunkt, es zu beenden, schon lange gekommen wäre – sei es aus Alters- oder Kräftegründen oder weil es ratsam und fair wäre, jüngeren Mitstreitern Platz zu machen.

Hier gilt es immer wieder, einen selbstkritischen Blick auf die eigene Arbeit und Motivation, aber auch auf die Grenzen der eigenen Belastbarkeit zu werfen und sich zu fragen, ob es nicht an der Zeit wäre, Aufgaben oder Ämter freiwillig abzugeben.

6.3. Stress durch eigene Bewertung und innere Antreiber

Wir erinnern uns: Die Schnittstelle, an der es sich entscheidet, ob die Stressreaktion ausgelöst wird, ist nicht die Situation oder Wahrnehmung selbst, *sondern unsere Bewertung oder Einschätzung einer Situation.*

> Konkret bedeutet das: Solange wir etwas als *Herausforderung* erleben, der wir unter Nutzung unserer eigenen Ressourcen durchaus gewachsen sind, die uns vielleicht auch reizt, kommen wir nicht in chronischen Stress.
>
> Doch sobald wir uns einer Situation hilflos ausgeliefert oder uns gar von ihr *überfordert* fühlen, wird vom Gehirn das „Kampf- oder Flucht-Programm" mittels der Stressreaktion ausgelöst – und es wird erst wieder abgeschaltet, wenn wir uns nicht mehr unter starkem Druck fühlen.

Um es an einem alltäglichen Beispiel zu demonstrieren: Wir gehen spazieren, und ein fremder Hund rennt auf uns zu.

● Falls wir den Umgang mit Hunden gewöhnt sind, werden wir gelassen bleiben, uns möglicherweise sogar über die Begegnung mit einem Hund freuen.

● Falls wir noch nie eine schlechte Erfahrung mit Hunden gemacht haben, dürften wir ebenfalls zu einer gelassenen Reaktion tendieren.

● Sollten wir schon einmal von einem Hund angegriffen worden sein, so ist damit zu rechnen, dass unser Vertrauen – in uns selbst ebenso wie in den Hund – nicht allzu groß ist, es sei denn, wir hätten inzwischen einiges über den Umgang mit Hunden dazugelernt.

Dieses Beispiel zeigt: Die Erwartung, es mit einer harmlosen Situation zu tun zu haben, wird eine Stressreaktion verhindern. Ebenso macht die Erwartung, der Situation auf jeden Fall gewachsen zu sein, eine Stressreaktion unwahrscheinlich.

Doch selbst wenn der Hund bei uns eine Stressreaktion auslöst, weil wir verunsichert sind oder Angst haben, wird sie schnell wieder abklingen, sobald sich die Situation als ungefährlich erweist.

Deutlich wird, dass den *Vorerfahrungen*, die wir mit uns tragen, eine entscheidende Bedeutung zukommt, wenn es darum geht, wie wir einen

Menschen oder eine Situation – oder uns selbst – einschätzen. Grundsätzlich kann man sagen:

> Alle Erfahrungen, die unser Vertrauen in uns selbst oder in andere Menschen stärken, tragen dazu bei, uns in neuen, herausfordernden oder schwierigen Situationen Gelassenheit zu verleihen. Schließlich können wir auf positive Erfahrungen mit uns selbst und/oder anderen Menschen zurückgreifen!

Es ist deshalb wünschenswert, dass wir uns und unsere Kinder immer wieder und ganz bewusst neuen, herausfordernden oder schwierigen Situationen aussetzen, anstatt sie ängstlich zu vermeiden. Unbekannte Situationen werden nur dadurch zu vertrauten Erfahrungen, indem wir ihnen gerade nicht ständig ausweichen. Vertrautes wiederum löst immer weniger Angst in uns aus, denn wir wissen, was auf uns zukommt und wie wir uns zu verhalten haben.

Diese Erfahrung machte auch meine zweijährige Enkelin, mit der ich immer wieder einen Bauernhof besuchte. Der kürzeste Weg vom Kuhstall zum Hühnerhof verlief durch eine dunkle Scheune, vorbei an großen Traktoren samt Anhängern. Des Öfteren sagte die Kleine am Eingang der Scheune zu mir: „Ich habe Angst!", und wollte, dass wir den Umweg über die Straße nahmen. Anfänglich gab ich nach, doch irgendwann schlug ich ihr vor: „Weißt du was, ich trage dich, dann kann nichts passieren!" Später, als sie schon etwas älter war und immer noch gelegentlich Angst äußerte, bot ich ihr an, sie an die Hand zu nehmen. Ich lud sie sozusagen ein, mir zu vertrauen – und dabei ein wenig auch sich selbst. Je öfter wir die „Übung" zusammen machten, umso mehr verschoben sich die Gewichte: Sie lernte, zunehmend sich selbst zu vertrauen und die Angst vor den großen Traktoren immer mehr zu verlieren.

Das stufenweise Herangehen an eine Situation, die uns zunächst Angst einflößt und dadurch eine Stressreaktion hervorruft, können wir in vielen Lebenssituationen selbst trainieren.[196] Goethe berichtet, dass er auf diese Weise seine Höhenangst bekämpft habe: Er zwang sich, immer wieder den Turm des Straßburger Münsters zu besteigen. Er hatte erkannt, dass er sich so lange und so oft der beängstigenden Situation aussetzen musste, bis diese ihren Schrecken verlor, weil er genügend

---

[196] Es ist auch eine gängige Methode der sogenannten Verhaltenstherapie, beispielsweise bei der Bekämpfung von Phobien.

Routine und Selbstvertrauen erworben hatte. Seine Selbsttherapie war erfolgreich.

Innere Antreiber

Sehr häufig erlebe ich, dass Menschen unter Stress kommen, weil sie bestimmte „innere Antreiber" verinnerlicht haben.[197] Damit sind Ziele oder Werte gemeint, die uns – meist unbewusst – leiten und unsere Spielräume im Denken und Handeln drastisch einengen. Extreme Leistungsorientierung, Perfektionismus, starke Abhängigkeit vom Urteil anderer Menschen („Was sagen die anderen?"), ausgeprägtes Harmoniebedürfnis („Bloß keinen Streit!") oder der Wunsch, es allen recht zu machen, gehören zu solchen Antreibern. Sie haben sich meist in unserer Kindheit und Jugend ausgebildet und wurden von uns nie kritisch hinterfragt.

Aus solchen inneren Antreibern erwachsen automatisch Bewertungen, die uns oder andere extrem unter Druck bringen können. Man stelle sich – nur als Beispiel – einen harmoniebedürftigen Menschen vor, der durch seine Worte oder sein Verhalten einen Konflikt auslöst. Sofort diktiert ihm sein innerer Antreiber, dass dies eine unerträgliche Situation sei. Er hat deshalb nur eine Wahl: Er muss alles tun, um möglichst unverzüglich wieder Frieden zu schaffen.

Um aus der „Zwangsjacke" dieses inneren Antreibers herauszukommen, müsste die betreffende Person in ein kritisches Gespräch mit sich selbst kommen – was, wie schon betont, im Gespräch mit einem einfühlsamen Gegenüber leichter fällt. Er oder sie müsste sich fragen:

- Weshalb sollen Konflikte eigentlich grundsätzlich schlecht sein? Woher nehme ich diese Überzeugung? Vielleicht sind Konflikte ja auch manchmal notwendig, damit sich etwas klärt oder verändert!
- Warum fühle *ich* mich automatisch für den Konflikt verantwortlich?
- Wieso fühle ich mich sofort gedrängt, einen Konflikt zu beenden, koste es, was es wolle?
- Vielleicht sollte ich anstreben, solche Situationen auszuhalten und genau zu prüfen, wie es zu dem Streit gekommen ist, anstatt sofort wieder einzulenken oder „um des lieben Friedens willen" nachzugeben?

---

197 Vgl. dazu mein Buch „Du bist gut genug! – Wie Sie Ihre inneren Antreiber erkennen und gelassener werden", 8. Aufl. Witten 2014

Menschen, die sich diesen Reflexionsprozess weder zutrauen noch zumuten oder dazu nicht in der Lage sind, bleiben meist im Korsett ihres inneren Antreibers eingezwängt. Sie haben keine Wahl: Solange nicht wieder alle und alles im schönsten Frieden sind oder ist, bleiben sie unter Druck, sprich: unter Stress. Falls sie nichts tun können, um den Frieden schnell wiederherzustellen, kommen sie sogar unter Dauerstress – auch wenn sie möglicherweise für die entstandene Situation gar nicht (allein) verantwortlich sind.

Innere Antreiber sind gefährlich, weil sie uns in vielen Situationen nur eine einzige Bewertungsmöglichkeit und damit auch nur eine einzige Handlungsweise erlauben. Wenn diese Möglichkeit uns unter Druck setzt und Überforderungsgefühle in uns auslöst, so kann das sehr leicht zu Dauerstress führen – mit den bekannten gesundheitlichen Folgen.

Oft begegnet mir beispielsweise der Fall, dass eine gebrechliche alte Mutter zunehmende Betreuung erfordert. Die Tochter wagt es nicht, diese Betreuung zeitlich einzugrenzen oder, wenn das nicht möglich ist, teilweise oder auch vollständig an andere Personen (bezahlte Pflegekräfte, ambulante Dienste oder Heime) zu delegieren. Warum nicht? Abgesehen von finanziellen Gründen, bekomme ich meist zu hören: „Das kann ich nicht, sonst habe ich ein schlechtes Gewissen!" Das schlechte Gewissen fällt aber – und dies scheint vielen nicht klar zu sein – nicht vom Himmel, sondern ist das Ergebnis eines meist unbewussten Bewertungsprozesses, der unter anderem folgende Gedanken beinhaltet:

- „Wenn ich die Betreuung nicht hundertprozentig übernehme, dann ist meine Mutter enttäuscht. Und das ist meine Schuld, denn ich lasse es an Liebe und Dankbarkeit ihr gegenüber fehlen."
- „Wenn ich die Betreuung teilweise oder ganz delegiere, dann wird meine Mutter unter Umständen nicht optimal betreut, womöglich leidet sie sogar, und dafür bin *ich* verantwortlich."

Diesen Gedanken sind allerdings folgende Fragen entgegenzuhalten:
- Wer legt fest, wie Liebe und Dankbarkeit der Mutter gegenüber gezeigt werden sollten? Bestimmt dies allein die Mutter – oder haben erwachsene Kinder das Recht, dies selbst zu entscheiden?
- Wo steht geschrieben, dass alte Eltern niemals enttäuscht werden dürfen und auf gar keinen Fall Leid erdulden sollten? Haben sie nicht auch ihren Kindern manche Enttäuschungen und manches Leid zugemu-

tet, und häufig mit guten Gründen – oder weil sie einfach nicht anders konnten?

● Wer sagt, dass Kinder dafür verantwortlich sind, wenn alte Eltern unrealistische Erwartungen haben, was ihre Pflege und Betreuung anbelangt? Haben sie jemals mit den Kindern über ihre Erwartungen gesprochen?

Häufig fehlt es den von inneren Antreibern dominierten Menschen – und mehr oder weniger sind wir das in bestimmten Lebensfragen wohl alle – an einem Gegenüber. Gemeint ist ein Gesprächspartner, der sie geduldig anleitet, bisher nicht Hinterfragtes bewusst infrage zu stellen.

Sehr oft ist mit starken inneren Antreibern auch die Unfähigkeit verbunden, sich in bestimmten Lebensbereichen, sei es beruflich oder privat, gegen Anforderungen und Erwartungen abzugrenzen. Eine klare Abgrenzung würde voraussetzen, dass wir uns kritisch mit den an uns gestellten Forderungen auseinandersetzen. Die Wurzel des griechischen Wortes „kritein", von dem sich die deutschen Wörter „Kritik/kritisieren/kritisch" ableiten, bedeutet: „Unterscheidung". Genau darum geht es: dank eigenen Nachdenkens unterscheiden zu lernen. Unterscheiden zwischen dem, was *wir selbst* wollen, und dem, was andere erwarten. Unterscheiden auch zwischen dem, was *wir selbst* für richtig und wichtig ansehen, und dem, was andere meinen, was wir richtig und wichtig finden sollten. Mit anderen Worten: Unser Ziel sollte mehr Selbstbestimmung und weniger Fremdbestimmung sein.

6.4. Stress durch Sorgen, Ängste, Unsicherheit

Diese Ursachen für chronischen Stress haben sich nicht verringert, obwohl wir in unserer Gesellschaft über eine Vielzahl an staatlichen Unterstützungsangeboten verfügen, um die uns andere Länder glühend beneiden. Doch die Individualisierung, die dem Einzelnen mehr Freiheit und Spielraum in seiner Lebensgestaltung gewährt, hat eine Kehrseite: Der Einzelne erfährt sich auch mehr und mehr als „seines Glückes Schmied". Das bedeutet: Jeder ist auf sich gestellt, wenn es um Aufstieg und Absturz geht, um Sieg und Niederlage, um Erfolg und Scheitern. Damit wächst der Druck auf den Einzelnen enorm – zumal in einer Gesellschaft, die zunehmend aus Kleinfamilien, weit verstreut lebenden Familienmitgliedern sowie einer wachsenden Anzahl von Singles besteht.

Berufliche Unsicherheit

Teilzeitarbeit ist für die Gesundheit generell weniger belastend als eine Vollzeiterwerbstätigkeit. Doch dies gilt nicht in jedem Fall. Wenn die Teilzeitarbeit *nicht freiwillig* erfolgt, sondern mangels Alternativen ausgeübt wird, so stehen die Betroffenen häufig unter großem Druck. Das verdiente Geld reicht nicht wirklich aus, dazu kommt die ständige Unsicherheit und Sorge bezüglich der beruflichen Zukunft. Dies gilt auch für Zeitarbeiter und Menschen mit befristeten Verträgen. Unter diesen Bedingungen wächst die Gefahr, zu erkranken. Das ist vor allem bei Männern der Fall, die unfreiwillig in Teilzeit, Leiharbeit oder befristeten Arbeitsverhältnissen tätig sind. Alleinerziehende Frauen leben ebenfalls häufig unter ständigem Druck, und zwar in mehrerer Hinsicht: Neben finanziellen Sorgen spielt die Frage der Vereinbarkeit von Beruf und Kindererziehung eine große Rolle für sie.

Fehlender sozialer Rückhalt

Eine 45-jährige Frau, die allein ihre drei Kinder aufzog, rief bei der Telefonseelsorge Stuttgart an. „Ich kann vor Sorge nicht mehr schlafen", sagte sie dem Mitarbeiter. Sie habe Angst, sich für wenig Lohn abzurackern und gleichzeitig ihren drei Kindern nicht gerecht zu werden. Die

Frau war voller Zukunftssorgen, und es erleichterte sie, dass jemand ihr zuhörte, ein offenes Ohr für sie hatte. Denn „auch Einsamkeit belastet immer mehr Anrufende", stellt der Leiter der Einrichtung fest. Dabei seien nicht nur Singles einsam. Auch Menschen in Familien und Beziehungen fühlten sich nicht selten allein gelassen. Inzwischen spiele das Thema „Angst und Furcht" bei jedem dritten Telefongespräch eine direkte oder indirekte Rolle, und es hänge direkt mit zunehmender Vereinsamung zusammen.[198]

In der Tat: Wer über wenig oder gar keine sozialen Stützen verfügt, fürchtet sich vor Situationen, die ihn überfordern und in denen er oder sie dringend menschliche Unterstützung benötigen würde. Die Sorge „Was ist, wenn ich in Not komme? Wen kann ich um Hilfe fragen, wenn ich sie brauche?" löst Ängste aus, die zur Stressreaktion führen.[199] So verwundert es nicht, dass alleinstehende Menschen ohne enges soziales Netz deutlich stressgefährdeter sind, da ihnen die Entlastungs- und Unterstützungsmöglichkeiten fehlen, die Familienmitglieder, Nachbarn oder Freunde gewährleisten.

Rollenunsicherheit, Selbstüberforderung, Verunsicherung

Ein weiterer bedeutender Stressfaktor könnte in einer heute zunehmenden Rollenunsicherheit, Rollenüberschneidung oder Rollenkonfusion der Geschlechter liegen. Es ist erfreulich, dass Frauen heute in Deutschland grundsätzlich die gleichen beruflichen Möglichkeiten offenstehen wie Männern – selbst das Militär ist ihnen nicht mehr verwehrt. Doch mit den gleichen Chancen steigt auch der Druck.

Frauen stellen an sich selbst zunehmend die gleichen Ansprüche wie Männer, zumindest in beruflicher Hinsicht. Sie setzen sich stark unter Druck, Karriere zu machen.[200] Gleichzeitig will sich ein großer Teil von ihnen nach wie vor als Partnerin und Mutter verwirklichen. Die Frauen geraten gleich in mehrerer Hinsicht in seelisch-geistige Spannungsfelder:

---

198 „Bei den Anrufern geht Angst um", Artikel im Schwäbischen Tagblatt vom Oktober 2012.
199 Vgl. dazu mein Buch „Freundschaft macht glücklich!", Witten 2013.
200 „Frauen auf dem Sprung", BRIGITTE vom 10. September 2013. Die Männer haben sich der neuen Situation angepasst. Auch sie erwarten laut dieser Umfrage heute mit großer Mehrheit von Frauen – auch den eigenen Ehefrauen –, dass sie „ihren eigenen Lebensunterhalt verdienen".

● Viele Frauen haben Probleme, ihren Kinderwunsch mit dem Karrierewunsch zu vereinbaren. Wann „passt" ein Kind am besten in den Lebenslauf? Wann gefährdet es die Karriere am wenigsten? Eigentlich sprechen immer ein oder mehrere Aspekte dagegen – mit der Folge, dass gerade akademisch ausgebildete Frauen vielfach auf Kinder verzichten.

● Frauen stehen, wenn sie Mütter werden, unter starkem politischem und gesellschaftlichem Druck, die Kinder schon früh in staatliche Einrichtungen abzugeben, um wieder ihrer Berufstätigkeit nachgehen zu können, selbst wenn sie lieber länger in Erziehungsurlaub bleiben würden.

● Sie sehen sich in der Frage, wie Kinder und Beruf unter einen Hut zu bekommen sind, von den Männern teilweise zu wenig unterstützt, da diese in vielen Fällen den Kinderwunsch eher als „Sache der Frau" betrachten.

● Sie haben, falls sie zu lange aufgrund eigener Kinder aus dem Berufsleben aussteigen, Zukunfts- und Existenzängste bezüglich ihres Wiedereinstiegs in den Beruf sowie ihrer späteren Altersversorgung. Diese Ängste sind durchaus nachvollziehbar.

Doch auch für Männer sind die Zeiten nicht einfacher geworden. Die Tatsache, dass Frauen in fast allen beruflichen Feldern auf dem Vormarsch sind – häufig sogar mit besseren Abschlüssen als die Männer –, wirkt auf viele Männer verunsichernd. Vor allem Männer mit niedrigerer beruflicher Qualifikation, niedrigerem sozialem Status oder geringem Selbstwertgefühl ziehen sich von „starken Frauen" mit höherem beruflichem Status zurück. Das macht die Partnersuche für beide Geschlechter nicht einfacher.

7. Krankheit als Signal der Psyche – zwei Wirkungsbereiche

Ich würde versuchen, offener und umfassender zu kommunizieren. Im persönlichen Umfeld würde ich Wünsche, Sorgen und Schwächen frei aussprechen, aber auch ernsthaft entgegennehmen.

Hans Rudolf Striebel, geb. 1930, Physikprofessor

In diesem Kapitel sollen zwei Experten zu Wort kommen, die in ihrem speziellen Fachbereich den vielfältigen Verbindungen zwischen Seele und Körper nachspüren.

7.1. „Die Sprache der Haut" [201]

Unsere Haut hat vielerlei Funktionen:
- Sie schützt den Menschen, indem sie das Innere seines Körpers gegen die Umwelt abgrenzt. Doch die Haut ist keine undurchdringliche Hülle, sondern für viele Substanzen durchlässig – man denke an das Sonnenlicht, aber auch an die Wirkstoffe zahlreicher Salben und Tinkturen bis hin zu Giften.
- Über die Haut gibt der Mensch Signale ab. Wir erröten, wenn wir uns schämen oder in Verlegenheit kommen, wir werden blass, wenn wir erschrecken, wir fangen an zu schwitzen, wenn wir unter Druck kommen, und wir bekommen eine Gänsehaut, wenn uns etwas sehr bewegt, sei es eine unheimliche Nachricht, ein ergreifendes Erlebnis oder eine schöne Musik. Das bedeutet: Mittels unserer Haut teilen wir der Umwelt Wichtiges mit über unsere Befindlichkeit – und wir können dies, da die Veränderungen vom vegetativen Nervensystem gesteuert werden, meist nicht verhindern.
- Über die Haut kommunizieren wir mit anderen Menschen und sie mit uns. Berührt zu werden ist für den Menschen ein Lebensbedürfnis, wie vor allem Ashley Montagu in seinem beeindruckenden Werk „Körperkontakt" nachweist.[202] „Das geht mir unter die Haut" oder „Das hat

---
201 Uwe Gieler, Düsseldorf 2007.
202 Stuttgart 1980.

mich tief berührt", sagen wir spontan, wenn ein Erlebnis starke Gefühle in uns auslöst. Damit deuten wir an, wie sehr Berührungen uns psychisch beeinflussen.

- Mittels Berührung ertasten und erfühlen wir die Welt. Unsere Lippen sind mit besonders vielen Nervenenden ausgestattet, ebenso Finger und Hände. Das Wort „begreifen" macht deutlich, wie sehr Verstehen und Berühren miteinander verbunden sind. Das Kind begreift, indem es nach einem Gegenstand greift, ihn dreht und wendet, ihn spürt und berührt. Auch der Erwachsene kann auf diese Weise lernen und kreativ sein. Während er etwas betrachtend in den Händen hält, es hin und her bewegt, seine Form und Beschaffenheit ertastet, kommen ihm Ideen, was er mit diesem Gegenstand machen, wie er ihn sinnvoll verwenden könnte. Oder es tauchen Erinnerungen an frühere Erfahrungen mit einem solchen oder ähnlichen Objekt auf.[203]

Der Tastsinn des Menschen ist im ältesten Teil seines Gehirns lokalisiert, dem Stammhirn. Das Stammhirn verfügt, genau wie das Gefühlshirn, über kein Bewusstsein, sodass die dort eintreffenden Reize unbewusst verarbeitet werden. Sie können jedoch in höhere Hirnregionen weitergeleitet und entsprechend tiefer verarbeitet werden. Dort findet beispielsweise die „Feinanalyse" einer Berührung statt: Von wem ging sie aus, und – wenn es sich um menschliche Berührung handelte – welche Qualität hatte sie? War sie liebevoll, zärtlich, grob, bedrohlich, flüchtig, nachdrücklich oder …? Berührte uns jemand absichtlich oder unabsichtlich?

Im Markus- und Lukasevangelium wird eine interessante Episode erzählt: Eine Frau litt unter starken Unterleibsblutungen. Da sie nach jüdischem Verständnis dadurch kultisch „unrein" war, durfte sie keinen Mann berühren, denn damit hätte sie auch ihn verunreinigt. Die Frau erhoffte sich von Jesus jedoch Hilfe, deshalb berührte sie heimlich sein Obergewand – doch Jesus spürte diese gezielte Kontaktaufnahme und fragte sofort: „Wer hat mich berührt?"[204]

Doch nun zur psychosomatischen Funktion unserer Haut: Professor Uwe Gieler, Leiter der Psychosomatischen Universitätsklinik Gießen, betont, dass die Haut auch als Mittel dient, um das Verhältnis von Nähe

---

203 Die Methode wird auch in der Arbeit mit dementen Menschen eingesetzt: Das Betrachten und Betasten von Objekten – auch Tieren – weckt bei den alten Menschen häufig intensive Erinnerungen – mitsamt den damals erlebten Gefühlen.
204 Markus 2,27.30 und Lukas 5,44f.

und Distanz zu anderen Menschen zu regulieren. Ist dieses Verhältnis für den Menschen befriedigend geregelt, so ist auch unsere Haut in Ordnung, außer es liegen andere, organische Ursachen für eine Erkrankung vor. Ist das Verhältnis von Nähe und Abstand zu einem oder mehreren Menschen unserer Umgebung jedoch ungenügend oder unbefriedigend geregelt, spiegelt sich dies häufig in einer nicht mehr intakten Haut wider. „Die Haut als Regulierungsobjekt für Nähe und Distanz kommt immer dann zum Einsatz, wenn dies nicht mehr auf psychischer Ebene möglich ist."[205] Man könnte auch sagen: Was der Psyche nicht gelingt – nämlich für das richtige Maß an Nähe oder Abstand zu sorgen –, das kann unbewusst via Stressreaktion an die Haut „delegiert" werden. Auf diese Weise wird die Haut tatsächlich in gewisser Weise zum, zumindest vorübergehenden, „Spiegel unserer Seele".

Das bedeutet selbstverständlich *nicht*, dass jede Hautkrankheit eine psychische Ursache haben muss. Es gibt auch hier zahlreiche äußere Auslöser, Noci (Gifte und Schadstoffe), Verletzungen, Erreger aller Art sowie angeborene oder erbliche Dispositionen, die zu Hauterkrankungen führen. Doch psychische Faktoren können auch hier eine Rolle spielen. Gieler schildert eine Studie zur Schuppenflechte (einer Überproduktion der Oberhautzellen), die zeigte, dass jene Patienten, die das Gefühl hatten, die Probleme des Lebens selbst anpacken und bewältigen zu können, deutlich später einen neuen Schub ihrer Schuppenflechte entwickelten als diejenigen, die sich der Erkrankung hilflos ausgeliefert fühlten. Auch traten, so das Ergebnis einer weiteren Untersuchung in England, bei Patienten, denen der Stress, dem sie ausgesetzt waren, bewusst war, weniger Rückfälle auf als bei denen, die den Einfluss von Stress auf ihr Befinden nicht bewusst wahrnehmen.[206]

Davon abgesehen können Hauterkrankungen durchaus auch ein Hinweis auf innerpsychische Konflikte sein, die durch die Haut symbolisch dargestellt werden. Ebenso ist es laut Gieler möglich, dass allergische Reaktionen die Folge psychogener Belastung sind. Der Volksmund weiß dies schon lange: „Da reagiere ich allergisch!" oder „Da könnte ich aus der Haut fahren!", sagen wir, wenn uns etwas seelisch sehr belastet oder massiv „gegen den Strich" geht. Allergische *und* emotionale Auslöser können sich dabei auch gegenseitig verstärken: „Daher erscheint es sinn-

---

205 Uwe Gieler: Die Sprache der Haut. Das Wechselspiel von Körper und Seele, Ostfildern 2007, S. 29.
206 Ebd., S. 80f.

voll, das Allergieproblem nach vorausgegangener dermatologischer Diagnostik auch immer unter psychosomatischem Blickwinkel zu betrachten."[207] Gieler schildert das Beispiel einer Frau, die nicht wusste, wie sie mit ihrer Wut und Enttäuschung angesichts einer für sie deprimierenden neuen Lebenssituation umgehen sollte. Sie hatte keinen Ansprechpartner für ihre Gefühle. In der Folge bekam sie eine massive Urticaria (Nesselsucht), sodass sie krankgeschrieben wurde und sich „erst einmal zurückziehen und sich mit sich selbst beschäftigen" konnte.[208] Auch das kann eine von vielen möglichen Funktionen von Krankheit sein – dem Menschen eine dringend notwendige „Auszeit" oder Rückzugsmöglichkeit zu geben, um sich mit der eigenen Person auseinanderzusetzen.

Auch die Neigung zur Nesselsucht scheint deutlich verstärkt zu sein, wenn Stresssituationen schlecht verarbeitet oder bewältigt werden. Der Umgang mit Ärger, Aggression oder Kränkungen kann einen Menschen überfordern, und dann, so Gieler, übernimmt gleichsam der Körper die seelische Last. Die mögliche Folge: Der Patient „bekommt eine medizinisch nicht zu erklärende und scheinbar auch nicht behandelbare Krankheit. Häufig verdrängt der Patient die zugrunde liegenden psychischen Konflikte und bekämpft sie als etwas Unmögliches, das keinen Einfluss haben darf".[209] Doch das ist langfristig keine Lösung – sie liegt im Mut zur Einsicht in ebenjene Konflikte, die uns zu sehr „unter die Haut gehen".

Allerdings ist hier auch die Bereitschaft notwendig, diese Konflikte entweder befriedigend zu lösen oder inneren Abstand zu ihnen zu gewinnen, wobei der Prozess der Vergebung sehr hilfreich sein kann. Ein Beispiel: Eine junge Frau erzählte mir, dass sie ihren Ehemann verlassen hatte, nachdem er gegen sie gewalttätig geworden war. Mit Unterstützung anderer Menschen fand sie eine eigene Bleibe, doch seit dem für sie traumatischen Erlebnis leidet sie an einer auffälligen Entzündung der Talgdrüsen, die von den Ärzten nur mit der Verschreibung von Cortison behandelt wird, was keine wesentliche Besserung bringt. In dem kurzen Gespräch, das wir führten – sie sprach mich nach einem Vortrag an –, gewann ich den Eindruck, dass die Frau innerlich noch keinerlei Abstand zu dem Erlebten aufgebaut hatte, sondern im Gegenteil – um ein Bild zu

---

207 Ebd., S. 72.
208 Ebd., S. 133.
209 Ebd., S.149. Auch Selbstverletzungen können aus psychischer Sicht ein „sinnvoller Ausweg aus einer unausweichlichen, unerträglichen Situation" sein. Ebd., S. 157.

benutzen – ständig in der seelischen Wunde herumstocherte. Ihre Verarbeitung der erlittenen Verletzung schien mir, obwohl sie in psychotherapeutischer Behandlung war, noch nicht wirklich in Gang gekommen zu sein. Möglicherweise ist aus diesem Grund die Stressreaktion bei ihr noch nicht wirklich abgeklungen.

Hautprobleme und -krankheiten *müssen* nicht, aber können durchaus auch durch intrapsychische Probleme oder Konflikte verursacht, mitverursacht oder verstärkt werden. Die entscheidende Brücke dürften Stresshormone sowie das geschwächte Immunsystem sein. Eine Einbeziehung dieser Perspektive ist sinnvoll.

7.2. „Körperschmerz – Seelenschmerz"

Die Orthopädin und Psychotherapeutin Hildegund Heinl macht in beeindruckenden Fallbeispielen, aber auch in gründlichen empirischen Studien deutlich, dass sich psychische Verletzungen und traumatische Erfahrungen auch im „Gedächtnis des Körpers", und zwar speziell im Bewegungssystem, niederschlagen können. „Die gemeinsamen Leitsymptome der organisch und seelisch verursachten Erkrankungen des Bewegungssystems sind in der Regel chronischer Schmerz und Funktionsstörung."[210] Dabei kann es durchaus sein, dass die Schmerzen zunächst immer nur in bestimmten Phasen des Lebens auftreten. Dies geschieht in der Regel dann, wenn aktuelle Ereignisse einen alten, unbewussten Konflikt erneut aktivieren, ihn sozusagen aus seinem „Dämmerschlaf" wecken. Doch nicht selten werden diese Schmerzen im Lauf der Zeit chronisch.[211] Heinl resümiert: „Sooft ich auch im Verlaufe meiner orthopädischen Tätigkeit dem Beschwerdebild von Rückenschmerzen begegnete, so zeigte sich doch immer und immer wieder, dass das Erheben einer orthopädischen Anamnese nur ein Aspekt einer umfassenden Ergründung dessen war, was an schädigenden, psychologischen Einwirkungen zu der Entwicklung der Rückenbeschwerden geführt hatte."[212]

Allerdings, so räumt sie freimütig ein, gelang ihr dieser psychologische Einblick nicht immer. Zum einen, weil Menschen sich gegen diese Form der Ursachenforschung verschlossen und von der Möglichkeit psychischer Belastungen nichts wissen wollten[213], zum anderen, weil die Patienten selbst oft nur sehr lückenhafte Erinnerungen hatten bzw. „weil nun einmal jeder Mensch seine eigene, unverwechselbare und ihm oder ihr selbst oft nur fleckenhaft bewusste Lebensgeschichte mit sich bringt".[214]

Dennoch entdeckte Heinl, indem sie orthopädisches und psychologisches Fachwissen verknüpfte, in zahlreichen zunächst rätselhaften Krankheitsbildern einen psychischen Kern. Die Beschwerden der Patienten hatten etwas mit Erfahrungen zu tun, die von ihnen zu dem Zeitpunkt, als

---

210 Hildegund Heinl/Peter Heinl: Körperschmerz – Seelenschmerz. Die Psychosomatik des Seelensystems, München 2004, S. 77.
211 Heinl listet präzise auf (S. 79-81), worin sich somatische und psychosomatische Schmerzsymptome unterscheiden. Diese Unterscheidung ist sehr wichtig, damit nicht allzu vorschnell von einem somatischen auf ein psychosomatisches Problem geschlossen wird.
212 Ebd., S. 73.
213 Dahinter steckt in der Regel eine tiefe Angst vor Überforderung, Hilflosigkeit, Scham, seelischem Schmerz, die vor allem bei Männern sehr dominant sein kann. Vgl. Heinl, S. 138ff.
214 Ebd.

sie gemacht wurden, nicht konstruktiv verarbeitet werden konnten – sei es, weil sie noch Kinder waren; sei es, weil die Erfahrung schlichtweg zu übermächtig war; sei es, weil ein Gesprächspartner fehlte, mit dem sie über das Erlebte sprechen konnten. Der Körper wird unter Umständen zum Resonanzkörper, in dem sich psychische Belastungen und Überforderungen der Psyche niederschlagen. Man kann auch sagen: Die seelische Last, die der Mensch mit sich trägt, sucht eine Möglichkeit der Entlastung über den körperlichen Ausdruck.

Aufschlussreich ist, dass sich die psychischen Probleme nach Heinls Erfahrung nicht völlig willkürlich „irgendwo" im Bewegungssystem niederschlagen. Heinl meint, folgende Kategorien zu erkennen:
- Die Wirbelsäule ist das „Achsenorgan", das den Menschen befähigt, seinen Körper entgegen der Schwerkraft im Raum aufzurichten und im Gleichgewicht zu halten. Hier schlagen sich eher Probleme von Identität und Selbstwert nieder.
- Die Gliedmaßen – Arme, Beine usw. – übernehmen die Aufgabe der Fortbewegung und des „Ergreifens" dieser Welt. Störungen der unteren Gliedmaßen haben etwas mit der Fähigkeit „zu Stand und Wehrhaftigkeit, Fortbewegung und Flucht" zu tun, während Störungen der oberen Gliedmaßen „die Beziehungen zur Lebenswelt, ihren Handlungsentwürfen und ihren vollendeten Handlungen" widerspiegeln.[215]

Die entscheidende Verbindung von Körper und Psyche läuft auch hier über das Emotionsgehirn, das maßgeblich an der Stressreaktion beteiligt ist. Zu dieser Stressreaktion gehört unabdingbar die Erhöhung des Muskeltonus (Spannungsgrad der Muskulatur), was langfristig zu vielfältigen Gesundheitsproblemen führen kann.[216] Interessant ist Heinls These, dass sich die körperlichen Probleme offenbar nicht zufällig in bestimmten Regionen oder Organen des Körpers besonders stark ausdrücken, was allerdings auch (siehe Kapitel 3) mit anlagebedingten und erworbenen körperlichen „Schwachstellen" zu tun haben kann.

Worin aber könnte die seelische Last, die über den körperlichen Ausdruck eine Form der Entlastung sucht, bestehen? Heinl schreibt: „Ich hatte aus meinen Erfahrungen in Gruppen- und Einzeltherapien den Eindruck gewonnen, dass die Mehrzahl der an ihrem Bewegungssystem psychosomatisch Erkrankten in ihrer Kindheit die Grundbedürfnisse entbehrt hatten, die für ein körperliches und seelisches Gedeihen und für Gesundheit

---
215 Ebd., S. 98f.
216 Ebd., S. 153ff.

erforderlich sind."[217] Nicht jeder Mensch, der solche Entbehrungen als Kind erlitten hat, muss deshalb später körperliche Probleme bekommen! Im Gegenteil, viele Männer und Frauen verarbeiten die Belastungen ihrer Kindheit erstaunlich gut.[218] Doch es *kann* möglich sein, dass der Körper die überfordernden Erfahrungen nicht vergisst. Vor allem Missbrauch, Misshandlung, Misstrauen, Missachtung, Abweisung, Gewalt, seelische Kälte können für Kinder derart schwerwiegende Erlebnisse sein, dass sie sich nicht nur im emotionalen Gedächtnis, sondern auch im Gedächtnis des Körpers niederschlagen.

In seinem Buch „Das Gedächtnis des Körpers" liefert Joachim Bauer eindrucksvolle Belege dafür, dass körperliche Schmerzerfahrungen tatsächlich im Gehirn gespeichert werden. Dabei betont er, dass seelischer Schmerz vom Gehirn wie körperlicher Schmerz empfunden und gespeichert werden kann.[219] Beide Gedächtnisspeicher – Gefühlshirn und Körper – sind dem Bewusstsein des Menschen und damit der Bearbeitung jedoch nur schwer zugänglich, deshalb ist der „Hebammendienst" eines einfühlsamen Gegenübers und Zuhörers für den Betroffenen hier, wie so oft, lebenswichtig.

Auch konflikthaft erlebte Beziehungen in der Gegenwart strahlen nicht selten mittels der Stressreaktion auf den Bewegungsapparat aus, ebenso wie nicht gelebte Trauer. „Ich habe viele Beispiele für einen Zusammenhang zwischen nicht gelebter Trauer und chronischen Rückenschmerzen gesehen", konstatiert Heinl.[220] Nicht zuletzt können Trauererfahrungen aus der Kindheit, welche die Seele überforderten, eine Rolle spielen – der Verlust eines geliebten Menschen oder Tieres beispielsweise.

Folgende Hauptbelastungsfaktoren für Psyche und Bewegungssystem kristallisierten sich, so Heinl, im Zuge ihrer Arbeit mit Patienten heraus:

● Konflikte bzw. Abbrüche im Feld der zwischenmenschlichen Beziehungen, wobei sich solche psychischen Belastungen „nicht nur auf Familienmitglieder innerhalb der gleichen Generation, sondern auch generationenübergreifend" auswirken können.[221]

---

217 Ebd., S. 60.
218 Vgl. dazu das beeindruckende Buch von Ben Furman: Es ist nie zu spät, eine glückliche Kindheit zu haben, Dortmund ⁶2008.
219 Joachim Bauer: Das Gedächtnis des Körpers, München 2004.
220 Ebd., S. 64.
221 Ebd., S. 84.

- Bestimmte Erziehungsmethoden, religiöse Praktiken, Kriegseinwirkungen und andere existenzielle Bedrohungen wie Armut, Naturkatastrophen, Unfälle, Krankheiten etc.
- Seelische Gewalterfahrungen in Form von Kränkungen, Entwertungen, Abwertungen, Erniedrigungen und Demütigungen. „Werden zudem körperliche Gewalterfahrungen (…) erlitten, so führt dies zu einer Verletzung der seelischen *und* der körperlichen Integrität."[222]

Zusammenfassend schreibt sie: „Alle psychosomatischen Krankheitsbilder verbindet die gemeinsame Genese der unbewältigten seelischen Not" – ein anderes Wort für Dauerstress. Dabei ist ihr bewusst, dass „die Übergänge vom somatischen zum psychosomatischen Schmerz gleitend und (…) die Ursächlichkeiten vielfältig, vielgestaltig und ineinander übergreifend" sind.[223] Doch wenn eine äußere Überlastung des betroffenen Körperteils klar ausgeschlossen werden kann, so liegt in vielen Fällen der Verdacht auf psychosomatische Ursachen nahe.[224]

Wichtig ist, dass der Patient mithilfe des Arztes oder Therapeuten lernt, die – wahrscheinlichen – *Ursachen* seiner Schmerzen zu erkennen. Sie sind nicht mit den *Auslösern* zu verwechseln. Auslöser können aktuelle Erfahrungen sein, die aus irgendeinem Grund die unbewusste und unverarbeitete Primärerfahrung „reaktivieren". Heinls überraschende Erfahrung: Häufig verbesserten sich schon während des therapeutischen Gesprächs, in dem ein Patient/eine Patientin „neue Zusammenhänge zwischen den oft jahrelangen, körperlichen Beschwerden und den traumatischen Kindheitserfahrungen" erkannte, die Beschwerden.[225]

Bei ihren fünftägigen „psychosomatisch-orthopädischen Seminaren" beobachtete Heinl allerdings, dass in vielen Fällen erst am dritten Tag eine deutliche Besserung der körperlichen Schmerzen ihrer Patienten eintrat. Warum zu diesem Zeitpunkt?

Weil, so ihre Erklärung, im Lauf der ersten drei Tage die *hinter* den körperlichen Symptomen liegenden seelischen Schmerzen zum Bewusstsein der Patienten Zugang fanden. Nun konnte an diesen Schmerzen direkt gearbeitet werden – und der Körper musste nicht mehr stellvertretend „vor Schmerzen schreien". Stattdessen galt: „Wo Trauer, Schmerz, Wut

---
222 Ebd., S. 84.
223 Ebd., S. 98.
224 Ebd., S. 151.
225 Ebd., S. 70.

und Enttäuschung über Verlassenheit ihren Raum finden, werden auch Aussöhnung und neue Lebensentwürfe möglich."[226] Die Patienten fanden durch das Gespräch, aber auch durch nonverbale Formen, in denen sie ihre Gefühle ausdrückten (Tanz, Malerei, Arbeit mit Ton usw.), Distanz zum Vergangenen – und sie gewannen eine neue Sichtweise. In Rollenspielen wurde darüber hinaus ein neuer Umgang mit dem Geschehen und ein neues Verhalten in der Gegenwart ausprobiert. Ziel war, die veränderte Perspektive in den gegenwärtigen Lebenszusammenhang zu integrieren. Allerdings wies Heinl ihre Patienten ausdrücklich darauf hin, dass nach einem solchen Seminar in der Geborgenheit einer Gruppe von Mitbetroffenen keineswegs „alles gut" war – schließlich stand die Rückkehr in den Alltag bevor. Die Schmerzen konnten dann unter folgenden Bedingungen verstärkt wieder auftreten:
- „wenn die Patienten in ihre alten sozialen Beziehungsfelder zurückkehrten, die den alten pathologischen Strukturen ähnlich waren;
- wenn sie starkem familiärem oder ökonomischem Druck ausgesetzt wurden;
- wenn Belastungen durch neue traumatische Lebensereignisse eintraten."[227]

In diesen Fällen riet Heinl ihren Patienten, erneut therapeutische Hilfe in Anspruch zu nehmen. Denn nicht immer reichten die im Seminar gewonnenen individuellen Verarbeitungsmöglichkeiten eines Menschen zur Bewältigung solcher Ereignisse aus.

Heinls Ansatz fordert, so schreibt sie selbst, in vieler Hinsicht ein Umdenken, was die Ursachen von Störungen am Bewegungssystem betrifft. Ihre Erkenntnisse lassen sich folgendermaßen zusammenfassen[228]:
- Körperlich-seelische Schmerzen können in Form von Körper-Erinnerungen über Jahrzehnte gespeichert werden.
- Es gibt nicht nur unbewusste psychische, sondern auch unbewusste körperliche Traumata, die im „Gedächtnis des Körpers" aufbewahrt werden.
- Ein breites Spektrum an möglichen psychologischen Ursachen kann zu körperlichen Symptomen, Beschwerden und Krankheitsbildern in Hinblick auf das Bewegungssystem führen.

---
226 Ebd., S. 65.
227 Ebd., S. 66.
228 Ebd., S. 163f.

- Eine Heilung oder Linderung der körperlich-seelischen Schmerzen durch psychologische Interventionen und Strategien ist möglich. Dabei wirken sowohl Gespräche als auch direkte, auf den Körper gerichtete Behandlungsansätze.
- Voraussetzung für eine Heilung ist ein neues „Verständnis des Zusammenwirkens von Ursache und Wirkung in unserer leiblich-seelischen Existenz".[229] Die Psychosomatik des Bewegungssystems müsse sich „noch viel stärker und dynamischer als bisher mit dem psychotherapeutischen Denken verknüpfen".[230] Dieser ebenso hilfreiche wie richtungsweisende Ansatz wird von Hildegund Heinls Sohn Peter Heinl weitergeführt.

Uneingeschränkt bestätigt werden die Erfahrungen und Beobachtungen Heinls von der Ärztin Christiane May-Ropers, die ein eigenes „Institut für Balance und Bewegung" gegründet hat. Auch sie stellt fest: „Angst und Abwehr führen zu Spannungen/Verspannungen im muskulären Bereich, gestaute Aggressionen werden oft in Krankheit oder Unfall ausgelebt. Schreck und Stress führen zu starken Muskelkontraktionen. Auf Energieblockaden (...) reagiert der Körper mit Schmerz, muskulären Spannungen und Immunschwäche. Andauernde seelische Belastungen können zu Bewegungsstörungen bzw. -einschränkungen führen. Es liegt in unserer Natur, dass jeder von uns Belastungssituationen anders erlebt und verarbeitet. Da unser Bewegungsverhalten auch durch psychische Einflüsse gesteuert wird, vermögen starke emotionale Belastungen und traumatische Erlebnisse die Kontrolle über das sensomotorische System zu blockieren. Es kommt zu unwillkürlichen Reaktionen; der Körper passt sich den Belastungssituationen an. Der Stoffwechsel, insbesondere das Immunsystem, wird geschwächt bzw. verändert und es kommt zu Bewegungs- und Haltungsstörungen."[231] May-Ropers beobachtet ebenfalls, „dass es bei permanenter seelischer Be- und Überbelastung zu chronischen Verspannungen und Bewegungseinschränkungen [kommt], die zu degenerativen Erkrankungen führen können. [Denn] das limbische System im Zwischenhirn kann nicht zwischen einer körperlichen und seelischen Belastung unterscheiden."[232]

---

229 Ebd., S. 164.
230 Ebd., S. 175.
231 Christiane May-Ropers: Das neue Handbuch der Körper-Balance, Paderborn 2002, S. 132.
232 Ebd., S. 134.

7.3. Redensarten weisen uns den Weg

Wie eng die Verbindung zwischen Geist, Seele und Körper ist, zeigt sich in den zahlreichen Redensarten, die im Folgenden, unterteilt in einzelne Organe oder Glieder des Körpers, aufgelistet werden. Sie machen deutlich, dass der Mensch schon früh erkannte, dass sich seelische Anspannung auf den Körper auswirkt.

- **Kopf (Sitz von Migräne, Spannungskopfschmerz, Tumorerkrankungen)**
„Das hält man doch im Kopf nicht aus"
„Mir wächst alles über den Kopf"
„Ich weiß nicht, wo mir der Kopf steht"
„Du willst mit dem Kopf durch die Wand"
„Sei nicht so dickköpfig!"
„Das bereitet mir Kopfzerbrechen"
„Sie war wie vor den Kopf geschlagen"

- **Ohren (Sitz von Tinnitus, Hörsturz, Entzündungen)**
„Ich habe zu viel um die Ohren"
„Mir verging Hören und Sehen"
„Da schrillten bei ihr die Alarmglocken"
„Wer nicht hören will, muss fühlen"
„Da haben mir die Ohren geklingelt"

- **Nase (Sitz von Erkältungen, Schnupfen, vom Geruchssinn)**
„Ich habe die Nase voll"
„Bist du verschnupft?"
„Den kann ich nicht riechen"

- **Zähne (Sitz von Karies, Bruximus = nächtliches Zähneknirschen, Zahnfleischentzündungen, zurückgehendes Zahnfleisch)**
„Beiß ja die Zähne zusammen!"
„Du bist ganz schön verbissen!"
„Da muss ich mich durchbeißen"
„Ich habe zähneknirschend eingewilligt"
„Sie kriecht auf dem Zahnfleisch"
„Ich habe mir die Zähne daran ausgebissen"

- **Hals (Sitz von Halsentzündungen, Husten, Heiserkeit, Stimmbändern, Luftröhre, Speiseröhre)**
„Da bekomme ich einen dicken Hals!"
„Ihr ist einfach der Kragen geplatzt"
„Du hast viel zu viel am Hals"
„Mir steht das Wasser bis zum Hals"
„Der bekommt den Hals nicht voll"
„Das hängt ihm zum Hals heraus"
„Er ist sehr halsstarrig"
„Mir sitzt ein Kloß im Hals"
„Dem könnte ich was husten!"
„Mir hat es die Sprache verschlagen"
„Da blieb mir die Luft weg"
„Ich pfeife auf dem letzten Loch!"
„Nimm mir nicht die Luft zum Atmen!"
„Da bleibt einem doch die Spucke weg"
„Daran habe ich schwer zu schlucken"
„Das schnürt einem die Kehle zu"

- **Herz und Kreislauf (Sitz von Herzrhythmusstörungen, Angina Pectoris, Herzinfarkt, Herzrasen, Bluthochdruck, Gefäßverstopfungen u.v.a.)**
„Das geht mir sehr zu Herzen"
„Es versetzte mir einen Stich ins Herz"
„Das bricht mir noch das Herz"
„Ich brachte es nicht übers Herz"
„Mir klopfte das Herz bis zum Hals"
„Mir fällt ein Stein vom Herzen"
„Ihm rutschte das Herz in die Hose"
„Mir blutete das Herz"
„Das war herzerfrischend!"
„Das war herzzerreißend"
„Da wird es einem warm ums Herz"
„Es tut mir von Herzen leid"
„Ich dachte, mich trifft der Schlag"
„Ich könnte platzen vor Wut!"

- **Magen-Darm-System (Sitz zahlreicher Krankheiten, z.B. von Sodbrennen, Magenschleimhautentzündungen, Magengeschwüre, Darmerkrankungen, Blähungen, Durchfall, Obstipation, nervöser Magen u.v.a.)**
„Das liegt mir schwer im Magen"
„Das schlägt ihr auf den Magen"
„Da dreht's einem ja den Magen um"
„Das macht mir ganz schön Bauchweh"
„Das ist doch zum Kotzen!"
„Da kann es einem den Appetit verschlagen"
„Daran habe ich schwer zu kauen"
„Das hat er nicht verdaut"
„Das hat sie in sich hineingefressen"
„Ich habe eine Wut im Bauch"
„Mir stinkt's gewaltig!"
„Ich bin total sauer!"
„Hast du Schiss?"
„Mach dir nicht in die Hosen vor Angst!"
„Da kommt mir alles hoch!"

- **Galle/Niere (Sitz von Gallensteinen, Nierensteinen, Nierenbeckenentzündung, Harnleiterentzündung u.a.)**
„Das geht mir an die Nieren"
„Mir kommt die Galle hoch"
„Sie könnte Gift und Galle spucken"
„Hast du dich grün und blau geärgert?"

- **Knochen (Sitz von Wirbelsäulenproblemen, Arthrose, rheumatischen Erkrankungen, Entzündungen, Arthritis = Gicht)**
„Das sitzt mir in den Knochen"
„Das geht ihm auf die Knochen"
„Das sind Nackenschläge"
„Man ist mir in den Rücken gefallen"
„Das wird auf meinem Rücken ausgetragen!"
„Das bricht ihm das Genick"
„Das hat sie umgehauen"
„Ihm sitzt die Faust im Nacken"
„Sei nicht so hartnäckig!"

„Rutsch mir den Buckel runter"
„Das ist schwer zu ertragen"
„Ich trage die Verantwortung"
„Das zwingt mich in die Knie"
„Es fuhr ihm durch Mark und Bein"
„Das hat mich ins Mark getroffen"
„Es zog ihm den Boden unter den Füßen weg"

- **Haut (Sitz von Allergien, Entzündungen, Ausschlägen usw.)**

„Das geht mir unter die Haut"
„Wenn ich dran denke, friert es mich/schaudert's mich"
„Das juckt mich nicht"
„Hat dich das sehr berührt?"
„Ich könnte aus der Haut fahren"
„Da könnte man die Krätze bekommen"
„Da reagiere ich ganz allergisch!"
„Ich fühle mich nicht wohl in meiner Haut"
„In seiner Haut möchte ich nicht stecken"
„Bist du immer so dünnhäutig?"
„Er ist ganz schön dickfellig"
„Er hat uns mit Haut und Haaren vereinnahmt"
„Bekommst du vor Angst kalte Füße?"
„Sie wurde blass vor Neid/Schreck"
„Da bekomme ich eine Gänsehaut!"
„Das ist ja haarsträubend" (spielt auf die Gänsehaut an)
„Mir bricht der Schweiß aus!"

Diese Liste ist nicht vollständig und doch in ihrem Umfang beeindruckend. Sie beinhaltet fast alle kurz- und langfristigen, direkten oder indirekten Folgen der Stressreaktion, soweit sie für den Menschen erkennbar waren und sind.

8. Chancen zur Veränderung der eigenen Lebenssituation

Ich würde dem jeweiligen Augenblick mehr Aufmerksamkeit widmen. Ich würde einen festen Glauben an Fügungen zu entwickeln suchen. Ich würde konsequenter als bisher meine religiösen Überzeugungen öffentlich vertreten. Ich würde meinen Willen deutlicher artikulieren.

Erich Kock,
geb. 1925, Schriftsteller

Wir sind für Anstrengungen gemacht – körperliche, geistige und seelische Anstrengungen. Zu wenig Belastung schadet uns deshalb ebenso wie zu viel Belastung. Und Herausforderungen, die uns unter Druck oder in Spannung versetzen, gehören schließlich zum Leben – Gott sei Dank. Denn daran wachsen wir auch, daraus lernen wir, sie machen uns reifer und belastbarer. Vielleicht auch weiser und gelassener, geduldiger und toleranter. Es kann also nicht das Ziel sein, herausfordernde Situationen im Leben möglichst zu vermeiden. Es geht stattdessen um das richtige Maß. Unsere Ziele sollten sein:

● zu viele Belastungen auf einmal, die wir als akute Überforderung erleben, zu reduzieren oder, wenn möglich, zu vermeiden;

● zu lange (chronisch) andauernde Belastungen zu verringern bzw. zu beenden;

● Belastungen, die mit intensiven Gefühlen der Sorge oder Hilflosigkeit verbunden sind, zu reduzieren oder sie so zu verändern, dass wir uns weniger hilflos fühlen;

● Belastungen, die mit einer Störung des drei- oder vierfachen Friedens (mit uns selbst, unseren Nächsten, unseren Lebensbedingungen, Gott) verbunden sind, als manchmal notwendige Einschnitte, aber nicht als Dauerzustand zu akzeptieren.

Um diese Ziele zu erreichen, stehen uns mehrere Möglichkeiten zur Verfügung, von denen einige im Folgenden dargestellt werden sollen.

8.1. Neue Bewertung von Belastungen

Unsere Einschätzungen und Bewertungen von Situationen, Aufgaben, Erfahrungen und Herausforderungen sind das Ergebnis vielfältiger Denk- und Gefühlsprozesse. Sie laufen großenteils nicht bewusst ab und speisen sich, wie ich in Kapitel 6.3. dargestellt habe, zu einem beträchtlichen Teil aus unbewusst gespeicherten Einstellungen, Überzeugungen, Erziehungsinhalten und Erinnerungen – um nur einige Quellen zu nennen. Exakt diese Gedanken und Gefühle sind es jedoch, die über unsere innere Haltung entscheiden. Diese innere Haltung beeinflusst wiederum, ob wir durch eine Wahrnehmung oder ein Ereignis in Stress kommen.

> Grundsätzlich gilt: Sobald wir etwas innerlich ablehnen, es aber dennoch hinnehmen (passiv) oder gar tun (aktiv), geraten wir in eine innere Spannung, die zu Stresssymptomen führt.

Wichtig wäre hier, unsere eigenen Bewertungen von Zeit zu Zeit einer bewussten Prüfung zu unterziehen und uns beispielsweise folgende Fragen zu stellen:

- Empfinde ich eine Aufgabe, einen Menschen, eine Situation oder Verpflichtung als unangenehme Belastung? Oder empfinde ich sie als Herausforderung, vielleicht sogar als Bereicherung in meinem Leben?
- Falls ich sie oder ihn als unangenehme Belastung empfinde: Worauf gründet sich diese Bewertung? Welche Erwartungen oder Kriterien führen zu meinem Urteil?
- Welche meiner Erwartungen oder Einstellungen müssten sich ändern, um die negative Belastung in eine positive Belastung (im Sinne einer Herausforderung oder Bereicherung) umzudeuten?

Nehmen wir als praktisches Beispiel ein bevorstehendes großes Familienfest, das uns einiges an Vorbereitung abverlangt. Eine negative Bewertung im Sinne einer seelischen Belastung würde bedeuten, dass wir dem Ereignis eher mit Unbehagen, Missmut, möglicherweise gar mit Ärger oder Angst gegenüberstehen, eventuell genährt durch folgende Gedanken:

„Warum hängt eigentlich wieder mal alles an mir?"
„Die anderen nutzen meine Gutmütigkeit aus und überlassen mir die ganze Arbeit!"

"Wenn ich an die vielen Vorbereitungen denke, wird mir jetzt schon ganz anders! Wie soll ich das alles nur schaffen?"
"Ich wünschte, ich hätte das Fest schon hinter mir!"
"Ich kann mir jetzt schon denken, wer wieder etwas zu kritisieren haben wird!"
"Wenn es bloß keinen Krach zwischen ... und ... gibt!"
"Wahrscheinlich wird wieder zu viel getrunken und das Ganze artet unangenehm aus!"
"Vermutlich kommen in letzter Minute wieder Absagen und ich habe zu viel an Speisen und Getränken besorgt!"
"Hoffentlich wollen nicht auch noch Gäste bei uns übernachten!"
"Bestimmt kommt wieder niemand auf die Idee, mir im Vorfeld Hilfe anzubieten!"

Welche voraussichtlichen Konsequenzen werden diese Gedanken haben?

● Sie führen dazu, dass wir eine Menge an Energie brauchen, um uns trotz all der Befürchtungen und negativen Bewertungen an die Arbeit zu machen. Denn Gedanken dieser Art wirken auf unsere innere Motivation wie eine angezogene Handbremse.
● Die negativen Gedanken rauben oder trüben die Vorfreude, und Freude ist ein bedeutender Energiespender.
● Die negativen Gedanken setzen uns in innere Spannung, denn wir müssen ja zu der Veranstaltung „gute Miene machen" und unseren Ärger oder Groll unterdrücken.
● Die negativen Gedanken setzen uns unter Druck, denn wir gehen schon voller geheimer Sorge und Unlust auf das Ereignis zu.
● Nicht zuletzt: Auch negative Erwartungen können eine „sich selbst erfüllende Prophezeiung" sein, die dazu führt, dass man genau das erlebt, was man befürchtet hat.[233]

Die Gefahr von Stress in der Vorbereitungsphase, Stress während der Feier und Stress im Nachhinein (durch Enttäuschungen, fehlende Anerkennung, Erschöpfung u.a.) lässt sich verringern, wenn es uns gelingt, schon

---

233 Dass hierbei schon die Signale der Körpersprache eine wichtige Rolle spielen, habe ich in meinem Buch „Faszination Körpersprache" erörtert, Witten 2011.

bei der Planung des Festes zu einer positiven Bewertung der damit verbundenen Anstrengungen und Risiken zu finden – und zu einer vernünftigen Begrenzung des Aufwands. Die positive Einschätzung fällt leichter, wenn man sich überlegt, wie viele Menschen möglicherweise schöne und bereichernde Eindrücke und Erlebnisse aus dem Fest mitnehmen könnten. Hier ist mir ein schlichter Spruch richtungsweisend, den manche Leserinnen und Leser möglicherweise aus ihrem Poesiealbum kennen:

„*Willst du glücklich sein im Leben, trage bei zu anderer Glück, denn die Freude, die wir geben, kehrt ins eigne Herz zurück.*"

Der gute Rat hört sich zunächst allzu einfach, ja fast naiv an, trägt aber eine tiefe Weisheit in sich. Wenn wir uns zu dieser positiven Haltung jedoch unter keinen Umständen durchringen können (beispielsweise weil wir spüren, dass wir unsere eigenen Grenzen der Belastbarkeit überschreiten), dann sollten wir konsequent sein und die Feier nicht ausrichten, sondern sie an andere delegieren oder, falls es nicht anders geht, auf das Fest verzichten.

8.2. „Das Auge ist das Licht des Körpers": Gedanken zu Matthäus 6,22-23

Es gibt eine einzige Aussage Jesu, die als indirekter möglicher Hinweis gedeutet werden kann, wie Jesus über die enge Verbindung zwischen Seele und Körper dachte. Der inhaltliche Zusammenhang, in dem Jesus diese Aussage machte, ist verloren gegangen. Dennoch haben sowohl Matthäus als auch Lukas[234] die etwas rätselhafte Äußerung in ihre Evangelien aufgenommen. In der Fassung von Matthäus 6,22f lautet sie:
„*Das Auge ist das Licht des Körpers. Wenn nun dein Auge lauter ist, so wird dein ganzer Körper lichterfüllt sein. Wenn hingegen dein Auge böse ist, wird dein ganzer Körper verdunkelt sein. Wenn aber das Licht, das in dir sein sollte, nicht durchdringt, was für eine große Dunkelheit wird dann in dir herrschen!*"

Ich verstehe diese Aussage folgendermaßen – und bin mir dabei im Klaren, dass es sich nur um einen Deutungsversuch handelt: Nicht nur, *was* wir sehen, sondern auch *wie* wir die Welt, unsere Mitmenschen, uns selbst und das Leben betrachten, hat einen „Helligkeitsgrad". Er kann von strahlendem Hell über sämtliche Grauschattierungen bis hin zu Tiefdunkel reichen. Damit ist gemeint, dass wir alles, was wir betrachten, mit unserer eigenen Grundeinstellung einfärben, es durch unsere individuell getönte Brille sehen.[235] „Wir sehen die Dinge nicht, wie sie sind, sondern wie *wir* sind", lautet eine alte Weisheit, und in der Tat: Wie wir etwas wahrnehmen und erleben, spiegelt immer etwas von unserer inneren Haltung, unseren Erfahrungen und Erwartungen wider.

Der altbekannte Spruch: „Für den einen ist das Glas halb voll, für den anderen halb leer" bringt diese Tatsache ebenso zum Ausdruck wie der kluge Gedanke des Dichters Christian Morgenstern: „Eigentlich ist alles schön, was man mit Liebe betrachtet." Anders gesagt: Die Schönheit liegt nicht unbedingt im Gegenstand, sondern in erster Linie im Auge (bzw. Denken und Fühlen) des Betrachters. Jesus spricht von einem „lauteren" oder „bösen" Auge. Das Wort, das die Bibel mit „lauter" übersetzt, bedeutet im Griechischen genau wie im Deutschen: „schlicht, geradlinig, ohne Hintergedanken, ohne Falsch" (man denke an die „lautere Gesin-

---

234 Lukas 11,34ff.
235 Vgl. die Redewendung „alles durch eine rosarote Brille sehen" sowie die biblische Aussage „Dem Reinen ist alles rein, den Unreinen ist nichts rein" (Titus 1,15).

nung" oder den „unlauteren Wettbewerb"). Eine solche innere Haltung gibt, so verstehe ich Jesus, nicht nur der Seele, sondern auch dem Körper Energie, die ihn quasi „durchleuchtet".

Doch was ist unter einem „bösen" Auge zu verstehen? Das Wort, das hier mit „böse" übersetzt wird, hat im Griechischen, wiederum ähnlich wie im Deutschen, eine reiche Bedeutungsvielfalt. Sie reicht von „krank, in schlechtem Zustand, verdorben, verkommen"[236] bis zu „bösartig, schlimm, schlecht". Ein „böses Auge" ist also eine negative, in irgendeiner Weise verdorbene und kranke Wahrnehmung und Einstellung der Umwelt gegenüber. Sie bewirkt offenbar, dass auch der Körper in Mitleidenschaft gezogen wird.

Der Gedanke Jesu bringt zum Ausdruck, dass es unser unbedingtes Ziel sein sollte, zu einer *lauteren Einstellung* uns selbst, unseren Mitmenschen und unserer Umwelt gegenüber zu gelangen. Denn damit stärken und schützen wir uns selbst an Leib und Seele. Jesu abschließender Satz: „Wenn aber das Licht, das in dir sein sollte, nicht durchdringt, was für eine große Dunkelheit wird dann in dir herrschen!" legt nahe, dass er dieser inneren Gesinnung einen enorm hohen Einfluss auf unsere gesamte Existenz zuschreibt.[237] Es gibt zu dieser inneren Gesinnung kein wirksames äußeres „Gegengewicht". Wer beispielsweise in Urlaub fährt, nimmt zunächst – und sei das Ziel noch so sonnig – all seine innere Dunkelheit und seine innere Einstellung mit, sie ändert sich durch den Luft- und Ortswechsel nicht automatisch.

Eine Veränderung unserer inneren Gesinnung oder Lebenseinstellung kann dann in Gang kommen, wenn wir uns mit ihr auseinandersetzen, uns über sie im Klaren werden: „Wie ist meine innere Verfassung? Mit welcher Haltung, welchen Erwartungen blicke ich auf mich selbst, auf andere Menschen, auf meine Umwelt, mein Leben? Welche Gefühle dominieren?" Möglicherweise wird es notwendig sein, aktiv an uns selbst zu arbeiten – und natürlich: Gott an uns arbeiten zu lassen. Gott nimmt uns die Verantwortung, unsere Selbsterkenntnis zu vertiefen, zwar nicht ab, so meine Überzeugung, doch er unterstützt uns dabei.

---

236 Diese Bedeutung hat sich im schwäbischen Dialekt noch erhalten, wenn man bei einem erkrankten oder schmerzenden Körperteil davon spricht, dass es „böse" ist. „Einen bösen Fuß haben" bedeutet beispielsweise: Der Fuß macht mir Probleme, er ist nicht, wie er sein sollte.
237 Dies wird auch bestätigt durch Jesu Kritik an der nur äußerlichen Einhaltung von sogenannten Reinheitsgeboten. Sein Hauptargument lautet: Nicht das, was von außen über die Ernährung in den Menschen kommt, verdirbt bzw. verunreinigt ihn, sondern was aus ihm selbst, aus seinem Herzen kommt, nämlich sein Denken und Fühlen, seine Antriebe und sein damit verbundenes Handeln – das bestimmt seinen Zustand! (Matthäus 15,10-20).

Dies macht auch der Nachsatz Jesu in der Parallelversion des Evangelisten Lukas deutlich. Dort fügt Jesus noch Folgendes an: „Schau also genau hin, ob das Licht, das in dir ist, nicht etwa Finsternis sei!" (Lukas 11,35). Mit anderen Worten: Wenn der Kern eines Apfels faul ist, nutzt es langfristig nichts, die Schale zu polieren. Ebenso ist es auch mit dem inneren Kern des Menschen, seiner Seele. Deshalb kann es bei körperlichen Erkrankungen unter Umständen durchaus angebracht sein, nicht nur das erkrankte Organ zu untersuchen, sondern auch die Art und Weise zu prüfen, in der ein Mensch auf sich, auf andere und auf sein Leben (Vergangenheit, Gegenwart, Zukunft) blickt!

8.3. Belastungen verringern durch Abgrenzung gegenüber anderen Menschen

Ein Esel hat keine Wahl: Er muss die Lasten tragen, die ihm aufgebürdet werden. Zwar mag es hin und wieder kluge Tiere geben, die stur stehen bleiben, wenn ihnen das Gewicht auf dem Rücken zu drückend oder ein Weg zu anstrengend erscheint, doch in aller Regel sind Lasttiere ihren Besitzern ausgeliefert und können allenfalls durch Krankheit oder Zusammenbruch signalisieren, dass ihre Kräfte erschöpft sind oder überfordert wurden. Doch wir Menschen sind keine Esel, über die andere nach Gutdünken bestimmen oder verfügen können.

Sollte man meinen. Leider sieht die Realität teilweise anders aus. Häufig begegnen mir in meinen Beratungen kluge und lebenstüchtige Menschen, die zwar sich und andere genau beobachten und gelernt haben, über das, was sie sehen, nachzudenken – und die sich dennoch von manchen Mitmenschen wie „Lasttiere" behandeln lassen. Man kann ihnen Aufgaben aufbürden, Entbehrungen zumuten und Verpflichtungen zuschieben, ohne dass sie protestieren oder sich verweigern, obwohl sie sprachlich dazu ohne Weiteres in der Lage wären! Wie kann das sein? Mir fällt auf, dass sich die Antwort eigentlich aus zwei Antworten auf zwei Fragen zusammensetzt:

- Wie verstehen wir das Gebot: „Liebe dich selbst"?
- Wie verstehen wir das Gebot: „Liebe deinen Nächsten"?

„Liebe dich selbst"

„Liebe dich selbst" steht genau genommen so nicht in der Bibel, sondern ist in dem alttestamentlichen, von Jesus aufgegriffenen Gebot „Liebe deinen Nächsten *wie dich selbst*" (3. Mose 19,18) enthalten. Dieses Gebot macht deutlich, dass Selbstliebe die Voraussetzung, ja die Basis für Nächstenliebe ist. Man könnte auch sagen: Selbst- und Nächstenliebe widersprechen sich nicht, sondern ergänzen sich, ja gehören zusammen wie zwei Seiten einer Medaille. Denn ohne Liebe zu sich selbst ist auch die Nächstenliebe unmöglich. Wer sich selbst ablehnt oder gar hasst, ist auch zur liebevollen Verbundenheit mit anderen nicht fähig.

Was aber ist mit „lieben" gemeint? Liebe als Gefühl der Sympathie, Anziehung, Faszination oder tiefen Verbundenheit lässt sich, so viel steht fest, in keinem Fall verordnen oder befehlen – weder die Liebe zu sich selbst noch zu anderen. Nicht jedem leuchtet das spontan ein. Ein enttäuschter Ehepartner, dessen Frau angekündigt hatte, ihn zu verlassen, weil sie ihn nicht mehr liebe, sagte zu mir: „Sie darf mich gar nicht verlassen, sie hat ja bei der Trauung versprochen, mich zu lieben, bis der Tod uns scheidet!" Ich erwiderte ihm, dass er dies seiner Frau zwar vorhalten könne, damit aber nicht erreichen werde, dass sie ihn wieder liebe im Sinne von: dass sie wieder starke positive Gefühle für ihn empfinde. So wie man auch Freude zwar suchen[238], sie aber weder sich noch anderen verordnen kann („Freu dich, und zwar sofort!"), so kann man auch Liebe als Gefühl nicht fixieren oder beanspruchen.

Wenn also mit dem biblischen Gebot der Selbst- und Nächstenliebe eine rein gefühlsorientierte Liebe gemeint wäre, so müsste diese Anweisung als unrealistisch und wirklichkeitsfremd eingestuft werden. Ist sie demnach eine Überforderung des Menschen? Mitnichten – es kommt allerdings darauf an, das Wort „Liebe" neu zu definieren!

Das hebräische Verb für „lieben" (ahab) meint in seinem Kern weniger die rein emotionale oder begehrende Zuneigung (sie kann natürlich auch gelegentlich gemeint sein, man denke an die Gedichte des „Hohen Lieds" im Alten Testament). Sie meint vielmehr den praktischen Umgang mit einer Person oder einem Lebewesen. Es geht darum, Liebe *im Tun* zu verwirklichen. Das heißt: Es geht um eine *Haltung der Liebe*, die sich in konkretem *Verhalten* niederschlägt. Was gehört zu dieser Haltung?

In jedem Fall beinhaltet sie die Bereitschaft zu grundsätzlicher Wertschätzung des Nächsten. Aus dieser Wertschätzung erwachsen, wie die Zweige eines Baumes, Haltungen der Zuverlässigkeit, Treue, Einfühlungsbereitschaft, Dankbarkeit, Vergebungsbereitschaft, Toleranz, Hilfsbereitschaft und andere mehr.

Die Definition der *Liebe als Haltung* gilt aber ebenso für unsere Liebe zu uns selbst. Sie bedeutet einen grundsätzlich selbstachtenden und wertschätzenden Umgang mit uns selbst. Wohlgemerkt: Es geht nicht um Selbstverliebtheit, Selbstverklärung oder Selbstverwöhnung! Es geht stattdessen darum, sich selbst zu erkennen und anzuerkennen – mit all den Fähigkeiten und Gaben, den Bedürfnissen und Grenzen, den Schwä-

---

[238] Man denke an die Liedzeile „Geh aus, mein Herz, und *suche* Freud in dieser schönen Sommerzeit an deines Gottes Gaben" (EKG Nr. 503) von Paul Gerhardt, die andeutet, dass Freude auch aktiv aufgesucht werden muss, da sie uns nicht immer in den Schoß fällt.

chen und Fehlern, die man in sich trägt. Dies schließt Selbstkorrektur und Weiterentwicklung keineswegs aus, sondern, ganz im Gegenteil, es schließt sie mit ein. Wenn wir die Weisung „Liebe dich selbst" in diesem Sinne verstehen, erwächst daraus nicht nur das *Recht,* sondern geradezu die *Pflicht,* unser Verhältnis zur Umwelt und ihren Ansprüchen mit den eigenen Bedürfnissen und Grenzen immer wieder aufs Neue abzustimmen.

Das bedeutet konkret: Nicht die *anderen* sind es, die uns diktieren können, was unsere Aufgaben im Leben oder ihnen gegenüber sind, sondern *wir selbst* wählen diese Aufgaben – oder entscheiden zumindest, auf welche Weise und in welchem Umfang wir sie übernehmen und gestalten wollen. Bei diesen Entscheidungen kommen wir an der Notwendigkeit, Grenzen zu ziehen, nicht vorbei – es sei denn, wir leben weitgehend bindungslos, rollenfrei und nur „für uns". Dies widerspräche jedoch völlig dem, was die Bibel als Gottes Aufgabe für den Menschen, ja als Sinngebung des menschlichen Lebens thematisiert.

Doch nicht nur aus theologischer, sondern auch aus psychologischer Sicht kann das Gebot der Selbstliebe nur in der Verbundenheit mit anderen Menschen verwirklicht werden. Denn der Mensch benötigt zur Selbsterkenntnis, aber auch zur Entwicklung und Entfaltung der in ihm angelegten Gaben ein menschliches Gegenüber, das zur Resonanz fähig ist. Und er benötigt (mindestens) ein Du, um glücklich zu sein.

Verbundenheit und Abgrenzung in unseren menschlichen Beziehungen sind nicht Gegensätze, sondern zwei Seiten einer Medaille. Warum aber haben unzählige Menschen immense Schwierigkeiten, sich gegen Belastungen, die sie nicht (mehr) tragen wollen oder die sie überfordern, abzugrenzen?[239] Zwei Gründe scheinen mir vorherrschend:

● Sie haben Angst, dass die Verbundenheit oder Harmonie gefährdet werden könnte. Wie ich deutlich gemacht habe, ist es ein seelisches Grundbedürfnis des Menschen, mit sich und anderen in Frieden zu leben. Häufig opfert er den Frieden mit sich selbst, um den Frieden mit anderen (scheinbar) nicht aufs Spiel zu setzen.

● Es mangelt an Selbstliebe. Wenige Menschen haben früh gelernt, im rechten Maße wertschätzend, einfühlsam und fürsorglich mit sich selbst

---

[239] Selbstverständlich gibt es auch die gegenteilige Sorte von Menschen, die sich viel zu voreilig und zu ichorientiert abgrenzt, weil sie sich in stetiger Sorge um sich selbst dreht, keine Verantwortung für andere empfindet und nicht bereit ist, ihre Kräfte für etwas oder jemanden anderen einzusetzen.

umzugehen. Während Kinder noch relativ spontan ihre Bedürfnisse, aber auch ihre Grenzen äußern („Bitte hilf mir! Ich habe Angst! Das kann ich nicht!"), sind Erwachsene geübt darin, eigene Grenzen vor der Umwelt zu verbergen und so lange wie nur möglich ein Bild der Stärke und Kompetenz abzugeben. Die damit verbundene Selbstdisziplin sowie die enorme Anstrengung und Opferbereitschaft, die viele von uns aufbringen, um die Erwartungen ihrer Umgebung zu erfüllen, sind beeindruckend und manchmal geradezu erschütternd.

Denn im Hintergrund lauert die Gefahr, Signale, die der Körper oder die Psyche geben, nicht ernst zu nehmen, sie womöglich zu ignorieren oder sie schon gar nicht mehr wahrzunehmen. Auch Christen sind dagegen nicht gefeit. Zitat aus einer christlichen Zeitschrift: „Wie anstrengend ist es für viele von uns, nach außen eine makellose Fassade aufrechtzuerhalten. Sie müssen sich verstecken, verstellen, gute Miene zum bösen Spiel machen. Das braucht so viel Energie."[240]

Die Folge ist, dass man die eigenen körperlichen und seelischen Grenzen zunehmend aus dem Blick verliert – oder sie zwar spürt, aber nicht (mehr) wagt, sie zu respektieren. Selbstüberforderung ist über kurz oder lang die Folge, und damit einhergehend in aller Regel auch gesundheitliche und/oder psychische Folgen einer zu lange anhaltenden Stressreaktion.

Eindrucksvoll wird dieser Zusammenhang an den Antworten von Frauen deutlich, die schwere, teilweise lebensbedrohliche Krankheiten überstanden haben[241]:

- „In der Klinik habe ich gelernt, auch mal auf mich selbst zu achten, was ich bisher nie so konnte. Man muss sich zunächst um sich selbst kümmern, um dann für andere sorgen zu können (…) Ich weiß, dass ich es nicht allen recht machen kann und dass mich auch nicht alle lieben müssen (…) Ich denke, ich passe jetzt besser auf mich auf und habe auch gelernt, Nein zu sagen" (Frau nach Brustkrebs).
- „Bei meiner Familie hatte ich immer große Probleme, meine Grenzen zu setzen, nicht vereinnahmt zu werden. Mittlerweile hat sich viel an Anspannungen gelöst. Ich lasse mich einfach nicht mehr so schnell in eine bestimmte Verfassung hineinbringen, ich kann jetzt Grenzen setzen. Und so geht es mir mit Freunden auch" (Frau, bei der das Chronic Fatigue Syndrom diagnostiziert worden war).

---

240 „Wörnersberger Anker" 2/2014, S. 10.
241 Zitiert aus Barbara Klose-Ullmann, Mein Körper sagt mir, er will nicht mehr tanzen, S. 45, 48, 108, 143.

● „Ich habe gelernt: Liebe deinen Nächsten wie dich selbst! Ich habe mich ja nie richtig geliebt. Wenn ich mich schon nicht liebe, wie kann ich dann einen anderen voll anerkennen? (...) Vielleicht musste ich diesen Weg gehen, um zu sehen" (Frau mit Krebserkrankung).

Woher aber nehmen wir Mut und Kraft, uns selbst abzugrenzen und Lasten abzugeben, wenn wir unsere eigenen Bedürfnisse zu wenig erkennen und erspüren? Die Grundlage aller Abgrenzung gegen uns überfordernde Belastungen und Beziehungen besteht in einem nüchternen, aber wertschätzenden Blick auf uns selbst, bei dem folgende Fragen hilfreich sein können:
● Aus welchem Grund übernehme ich eine Rolle, Aufgabe, Pflicht, Verantwortung?
● Entspricht die Belastung meinen Kräften und Gaben?
● Habe ich das Selbstbewusstsein, auch Nein zu sagen? Oder zu sagen: „Es ist genug/zu viel!"?
● Bin *ich* es, der diese Last tragen möchte, oder sind es andere, die mich dazu drängen?
● Falls es andere sind: Woher nehmen sie das Recht, mir diese Aufgabe zu übertragen? Was sind ihre Motive? Haben sie auch mich und meine Bedürfnisse dabei im Blick?
● Habe ich den Mut, zu meinen Grenzen zu stehen, oder fürchte ich, dann als schwach oder inkompetent zu gelten?
● Habe ich den Mut, zu meinen Bedürfnissen zu stehen, oder fürchte ich, dann als egoistisch und unsozial zu gelten?
● Erlaube ich mir, eine übernommene Aufgabe auch wieder abzugeben, wenn ich feststelle, dass sie meine Kräfte übersteigt oder dass sie nicht mehr zu meiner Verfassung oder meiner gegenwärtigen Lebenssituation passt?

Besonders die letzte Frage macht deutlich: Es ist *auch* ein Teil der Selbstliebe, eigene oder fremde Entwicklungen zuzulassen und anzuerkennen. Denn Entwicklungen bedeuten Veränderungen, und diesen Veränderungen *darf* nicht nur, ihnen *muss* auch Rechnung getragen werden, sonst droht eine immer größere innere Spannung oder Überlastung. Das bedeutet praktisch: Auch wenn wir eine Aufgabe oder Verpflichtung, sei es privat oder beruflich, sei es ehrenamtlich oder freundschaftlich, einmal gerne und freiwillig übernommen haben, können Veränderungen eintre-

ten, die eine neue Entscheidung notwendig machen. Solche Entwicklungen und Veränderungen könnten sein:
● Wir erkennen bald nach der Übernahme einer Aufgabe, dass wir falsche Vorstellungen von ihr hatten. Beispiel: Jemand meldet sich zum Besuchsdienst als Freiwillige(r) in einem Altenheim, wusste aber nicht, dass die Zielgruppe vorwiegend schwer demente Senioren und Seniorinnen sind.
● Wir selbst haben uns körperlich verändert, sodass die ursprünglichen Voraussetzungen dafür, die Belastung zu tragen, nicht mehr gegeben sind. Beispiel: Wir haben die Pflege eines Angehörigen übernommen, doch eigene gesundheitliche Beeinträchtigungen legen uns nahe, dass wir diese Pflege so nicht weiterführen können.
● Wir selbst haben uns geistig oder seelisch verändert, sodass die Aufgabe nicht mehr unserer Persönlichkeit und ihren Bedürfnissen entspricht. Beispiel: Jemand betreut jahrzehntelang Jugendliche in einem jährlichen Sommerzeltlager, doch im höheren Lebensalter fühlt er sich für diese Aufgabe nicht mehr geeignet oder hat keine Freude mehr daran, weil er anderen Interessen mehr Raum geben möchte.
● Die Aufgabe, die wir übernommen haben, hat sich verändert und entspricht nicht mehr den Bedingungen am Anfang. Beispiel: Das Ehrenamt, das wir angetreten haben, nimmt immer mehr Zeit und Kraft in Anspruch. Oder: Die Mitstreiter sind nicht mehr dieselben wie am Anfang, wir tun uns schwer mit ihnen.
● Die Beziehung, innerhalb derer die Aufgabe übernommen wurde, hat sich verändert und bietet keine ausreichende oder geeignete Grundlage mehr für die Aufgabenübernahme. Beispiel: Wir übernahmen für viele Jahre während Urlaubszeiten die Hausbetreuung und Gartenpflege aus Freundschaft zu einer Person oder Familie, doch die innige Beziehung zu dieser Person oder Familie besteht nicht mehr.
● Lebensumstände haben sich verändert, sodass nicht mehr alle Aufgaben weiter übernommen werden können. Beispiel: Wir beginnen eine berufliche Tätigkeit oder weiten diese aus, sodass uns weniger Zeit und Kraft für private und ehrenamtliche Aufgaben bleibt, die wir bisher übernommen hatten.
● Wir setzen, möglicherweise ausgelöst durch ein einschneidendes Lebensereignis, neue Prioritäten in unserem Leben: Eventuell wollen wir mehr Zeit für uns selbst, für andere Dinge oder Menschen haben, wollen ungebundener sein oder uns anderen Lebensthemen zuwenden.

All dies sind einleuchtende und vor allem berechtigte Gründe, eine einmal angenommene Verpflichtung oder Rolle neu zu überdenken, sie eventuell einzuschränken oder auch wieder abzugeben, ohne dass wir deshalb Schuldgefühle haben müssen.[242] Doch dieser Prozess setzt voraus, dass wir uns einer ehrlichen Selbstprüfung und Selbstbefragung unterziehen. Natürlich ist es auch wünschenswert, wenn die von unserer Entscheidung betroffenen Menschen unsere Entwicklung nachvollziehen können, denn das erleichtert ihnen möglicherweise, ein Ja dazu zu finden. Doch sollten wir unseren Entschluss nicht davon abhängig machen, ob unsere Umgebung, sei sie betroffen oder nicht betroffen, unser Handeln bzw. unsere Entwicklung versteht und gutheißt. Denn dies würde bedeuten, anderen Menschen das letzte Urteil über die Berechtigung unseres Tuns zuzugestehen.

„Liebe dich selbst" heißt deshalb auch: Gib die Verantwortung für dich selbst und dein Handeln nicht an andere ab. Erwarte von ihnen nicht, dass sie dich immer verstehen, und vor allem: Erwarte von ihnen nicht allzu viel Empathie, Toleranz und Selbstlosigkeit! Denn Menschen reagieren (fast) immer dann mit Unverständnis, Unmut oder Protest, wenn die Entscheidung eines Mitmenschen für sie persönlich eine Belastung darstellt oder eine Umstellung mit sich bringt, beispielsweise weil sie plötzlich mehr Pflichten haben oder sich auf eine neue, ungewohnte und vielleicht auch unbequemere Situation einstellen müssen.

Wir erinnern uns: Grenzziehung bedeutet, uns vor Lasten zu schützen, die unsere Belastbarkeit überschreiten oder nicht dem entsprechen, was wir als unsere Aufgabe ansehen. Grenzziehung bedeutet aber auch, Lasten zu verringern, möglicherweise auch abzugeben, wenn unsere Kräfte ihnen nicht mehr gewachsen sind oder wenn wir andere Schwerpunkte im Leben setzen möchten. In jedem Fall ist es das Ziel, zu verhindern, dass unser Gehirn wegen zu viel oder zu lange anhaltendem Druck die Stressreaktion auslöst – und dass diese Reaktion nicht mehr abklingt. Grenzen zu ziehen, um unter Lasten nicht zusammenzubrechen, ist deshalb ein unabdingbarer, enorm wichtiger Zweig der eigenen Gesundheitsfürsorge und -vorsorge. Die Verantwortung dafür können und dürfen wir nicht an andere Menschen delegieren, sondern sie liegt bei uns selbst.

---

242 Vgl. dazu mein Buch „Du bist gut genug!", 8. Auflage, Witten 2014.

„Liebe deinen Nächsten wie dich selbst"

Wird aber, wenn wir uns abgrenzen, nicht das Gebot der Nächstenliebe sträflich missachtet? Diese Sorge treibt viele, nicht nur christlich gesinnte Menschen um. In der Tat: Vordergründig und kurzfristig gesehen, kann es durchaus selbstsüchtig wirken, wenn wir anderen Menschen einige Wünsche oder Bitten abschlagen, die sie an uns richten. Wenn wir Erwartungen enttäuschen, alte Gewohnheiten beenden, bisher „heilige" Traditionen nicht weiter pflegen, nie hinterfragte Pflichten eines Tages aufkündigen. Wenn wir Hilfe nicht (mehr) in dem Maße leisten, wie es gewünscht wird, wenn wir anderen Menschen Lasten nicht in dem Maß abnehmen, wie sie es sich erhofft hatten oder gewohnt waren. Wenn wir nicht „einspringen", wo es von uns erwartet wird, und eigene Bedürfnisse nicht immer zurückstellen, um die Wünsche anderer zu erfüllen. All diese „Neins" von unserer Seite, egal wie freundlich sie ausgesprochen und wie ausführlich sie begründet werden, können auf andere Menschen egoistisch, herz- und verantwortungslos wirken.

Doch eines ist sicher: Wenn wir diese Grenzen *nicht* ziehen und eines Tages wegen seelischer oder körperlicher Überforderung krank werden, dann bekommen wir vonseiten der bisherigen Nutznießer unseres Pflichtbewusstseins und unserer Opferbereitschaft die verwunderte Frage zu hören: „Warum hast du denn nichts gesagt?" Und sie haben unter Umständen sogar recht! Denn niemand – auch die Allernächsten und Allerliebsten nicht – erkennt unsere eigenen Grenzen so deutlich wie wir selbst. Vor allem spüren all jene Menschen unsere Grenzen nicht oder selten, die von unserer Belastbarkeit profitieren. Erst recht nehmen all jene Beobachter unsere Grenzen nicht wahr oder nicht ernst, die kritische Urteile über uns fällen, sobald wir uns zur Abgrenzung entschließen. Ganz zu schweigen von selbstsüchtigen Menschen, die sich über die Grenzen ihrer Mitmenschen grundsätzlich keine Gedanken machen.

Wichtig ist deshalb, sich klarzumachen: Die Grundlage aller tätigen Nächstenliebe ist und bleibt ein fürsorglicher Umgang mit den eigenen Kräften und Ressourcen, denn: Wer immer nur gibt, gibt irgendwann auf!

8.4. Belastungen verringern durch Grenzen, die wir uns selbst ziehen

Nicht nur andere Menschen bürden uns unter Umständen Lasten auf, die uns langfristig in Dauerstress bringen und damit krank machen. Oft sind wir selbst es, die zu viel von uns verlangen. Nicht der Druck von außen, sondern der Druck von innen bewirkt die körperlich-seelische Daueranspannung, die in einer entsprechend chronischen Aktivität des Sympathikus ihren Niederschlag findet.

Ein Beispiel: Immer mehr Menschen haben Probleme damit, etwas „einfach so" zu tun, ohne damit gleich wieder einen Zweck zu verbinden, ein Ziel zu verfolgen, einen Nutzen zu erhoffen. Erkennbar ist dies beispielsweise, wenn Menschen von ihren sportlichen Aktivitäten in Urlaub oder Freizeit berichten. Ich weiß von Wanderern, die ihre Erzählungen grundsätzlich und ungefragt damit einleiten, wie viele Stunden sie gewandert und wie viele Kilometer und Höhenmeter sie hinter sich gebracht haben. Es folgen die Fahrradfahrer, die es selbstverständlich nicht dabei belassen, zu erzählen, wo sie unterwegs waren und was sie gesehen haben, sondern die betonen, wie viel „Strecke" mit welcher Durchschnittsgeschwindigkeit gemacht wurde. Ähnliches gilt für viele andere Urlaubs- und Sportaktivitäten.

Man hat beim Zuhören den Eindruck: Hier geht es nicht in erster Linie um den Genuss, die Erholung oder die entspannte Körperertüchtigung, hier geht es, ganz wie im sonstigen Leben, wieder einmal um Leistung.[243] Wo aber bleibt die Entspannung? „Wer beim Sport vor allem Leistung und nicht das Wohlbefinden in den Vordergrund stellt, kann Bewegung nicht zur Regeneration nutzen", betont der Sportmediziner Ingo Froböse, Professor für Prävention und Rehabilitation an der Deutschen Sporthochschule Köln.[244] „Die Verzweckung aller Lebensbereiche" wird diese Tendenz von den Soziologen genannt. Was verbirgt sich dahinter? Ein ungeheurer Druck, unter den sich viele Erwachsene heute setzen. Leider nicht nur im Beruf, sondern auch in der Freizeit und im Privatleben. Leider nicht nur gegenüber sich selbst, sondern auch bezogen auf ihren Nachwuchs.

---

243 Vgl. dazu den Artikel „Erholung: Die Kunst, neue Kräfte zu sammeln", in: Psychologie heute 8/2014, S. 21-26, der ebenfalls deutlich macht, wie Menschen sich auch in der Planung und in den Zielen ihres Urlaubs so unter Druck setzen, dass ein Erholungseffekt schwerlich eintreten kann.
244 Psychologie heute 8/2014, S. 25.

Doch Entspannung findet genau dann und nur dort statt, wo nicht die Leistung mit dem entsprechenden „Leistungsdruck" im Vordergrund steht, sondern die pure Freude am Tun, an der Bewegung, am Spiel, ja: am Dasein. „Nichts Schöneres unter der Sonne, als unter der Sonne zu sein ...", schrieb die Dichterin Ingeborg Bachmann und fasst damit das absichtslose Genießen mit wenigen Worten in ein Bild. Aufgrund des inneren Drucks, unter den sie sich setzen, fällt es vielen Menschen auch schwer, einfach gelegentlich müßig zu sein, sich ganz ohne Musik im Ohr, einen Bildschirm vor Augen oder das Mobiltelefon in der Hand zu entspannen.[245] Sie haben Probleme, nicht nur im Konzert oder in der Oper, im Vortrag oder Kino einfach die Hände in den Schoß zu legen, sondern auch zu Hause auf dem Sofa oder der Gartenbank. Einmal „die Seele baumeln lassen" – was für ein treffender Ausdruck, denn was baumelt, ist gerade nicht straff gespannt, sondern locker, schwingend, flexibel. Und darum geht es – die Seele, den Geist, den Körper nicht immer in Spannung zu versetzen durch Signale, auf die wir reagieren wollen, oder Aufgaben und Ziele, die wir meinen, erfüllen und verwirklichen zu müssen. Gerade in diesen tief entspannten, ja müßigen Stunden, so haben Forscher herausgefunden, sind wir sehr kreativ, weil das Gehirn mit all dem spielen und experimentieren kann, was es gespeichert hat.[246]

Solche Phasen der Entspannung gelingen allerdings leichter, wenn wir nicht nur unseren Keller oder Küchenschrank, sondern auch unser Leben hin und wieder entschlossen „entrümpeln". Wenn wir Prioritäten setzen und uns auf wenige für uns wesentliche Lebensthemen und Aufgaben konzentrieren. Dazu bedarf es der Besinnung, in der wir uns beispielsweise folgende Fragen stellen:
- Was kostet mich sehr viel Zeit, ohne dass es mich geistig oder seelisch bereichert (Menschen, Tätigkeiten, Besitztümer, Verpflichtungen, Ausflüge)?
- Bei welchen Aktivitäten schöpfe ich Kraft? Was macht mir einfach Freude?

---

245 Auffällig ist, dass immer mehr Menschen ihr Handy auch bei Unterhaltungen, gemütlich an einem Tisch sitzend, ständig im Auge haben, um ankommende Meldungen sofort zu prüfen – als hätten sie eine tiefe Furcht, Wichtiges zu versäumen, nicht auf dem Laufenden zu sein, wenn sie es einmal ausschalten oder zu Hause lassen.
246 Auch eintönige Tätigkeiten sind nicht unbedingt „geisttötend", wie eine britische Studie zeigt. Nach fünfzehnminütigem monotonem Abschreiben von Telefonnummern war eine Versuchsgruppe bei den anschließenden Aufgaben weitaus kreativer als die Vergleichsgruppe, denen das langweilige Abschreiben erspart worden war. Quelle: Apothekenrundschau 3/2014.

- Was sind alte Rituale oder Traditionen, die sich möglicherweise „überlebt" haben und endlich ad acta gelegt werden sollten (beispielsweise extrem umfangreiche Weihnachtsvorbereitungen oder allzu aufwendige Einladungen)?
- Was tue ich vor allem, um andere nicht zu enttäuschen oder weil ich mich verpflichtet fühle, obwohl ich wenig Gewinn davon habe?
- Auf welche immer wiederkehrenden Termine im Jahreslauf könnte ich gut verzichten, ohne dass mir etwas fehlen würde?
- Welche meiner sozialen Kontakte sind wirklich wertvoll und bereichernd für mich?
- Wo stimmt die Bilanz von Aufwand und Ertrag schon lange nicht mehr (z.B. allzu mühevolle Gartenarbeit oder zeitaufwendige Fernbesuche)?
- Bei welchen Aktivitäten ist es (entsprechend der Devise „Alles hat seine Zeit") sinnvoll, damit aufzuhören? Wo würde ich stattdessen gern mehr Zeit investieren?
- Benötige ich das, was ich anstrebe oder erwerben will, wirklich? Oder geht es mir eher darum, das auch zu tun bzw. zu haben, was (scheinbar) alle in meinem Umfeld tun oder haben?

Wichtig ist hier vor allem eine ehrliche „Energiebilanz": Was wende ich auf, und was kommt, alles in allem genommen, unterm Strich heraus? Wohlgemerkt: Das Ziel dieser Überlegungen soll keineswegs ein egoistisch-berechnendes Verhalten sein, bei dem man nur profitieren, aber möglichst wenig investieren möchte! Ganz im Gegenteil: Es geht darum, möglichst wenig Zeit und Energie für Dinge, Menschen, Aktivitäten und Ziele zu verschwenden, die wenig oder gar nichts zu unserer – oder anderer Menschen – Lebensqualität beitragen. Denn dadurch gewinnen wir umso mehr Zeit und Energie für Aktivitäten, Ziele und Menschen, die uns wirklich am Herzen liegen. Menschen die uns bereichern oder die wir mit unserem Tun und Sein glücklicher machen.

Diese kritische „Energiebilanz" gilt im Übrigen auch für materielle Güter. Von dem recht mittellosen Philosophen Sokrates (469-399 v.Chr.) ist überliefert, dass er angesichts eines reichen Atheners, der sich in einer Sänfte an ihm vorbeitragen ließ, ausrief: „Wie vieles gibt es doch, was ich nicht nötig habe!" Welch ein souveränes Selbstbewusstsein, was für eine innere Freiheit eines unabhängig denkenden Menschen! Könnte eine solche Freiheit nicht auch unser Ziel sein? Der Glaube an den Gott Jesu wäre dabei eine Hilfe (siehe Kapitel 10).

Doch wie sieht die Realität aus? Opfern nicht zu viele Menschen zu viel Zeit und Energie, um Geld zu verdienen, mit dem sie dann wiederum Dinge oder Erlebnisse einkaufen, die sie eine Menge an Zeit und Kraft kosten, sie aber nicht wirklich bereichern, sondern eher vom wirklich Beglückenden ablenken? Was aber ist beglückend?

Alles, was in uns selbst oder in unserer Umwelt eine positive „Resonanz" auslöst, wie der Philosoph Wilhelm Schmid es einmal treffend formulierte. Resonanz bedeutet: Etwas kommt in Schwingung, reagiert auf uns, gibt uns eine Antwort, und löst so wiederum in uns etwas aus.

Das kann durch eine Aktivität geschehen wie Musizieren, gemeinsames Singen, ein Material bearbeiten, uns mit Tieren oder der Natur beschäftigen, Malen, Gartenarbeit, Bewegung, Kochen und Backen, Lesen, Schreiben ... Es kann durch gemeinsames Nachdenken, Genießen und durch Gespräche in Gang kommen. Und je mehr wir auf diese innere Resonanz achten, desto mehr erfüllt uns das, was wir tun. Es gibt uns Kraft, es bereichert uns, es regt uns an, ja, es verändert uns auch.

Ein Beispiel: Ich gehe schwimmen. Intensiv empfinde ich beim Eintauchen die Kälte des Wassers. Je länger ich mich bewege, desto wärmer wird mir. Das Wasser gibt unter mir nach, es leistet aber auch Widerstand, verlangt meinen ganzen Einsatz. Ich spüre die Anstrengung meiner Muskeln, aber auch die Kraft, die sich in ihnen konzentriert. Je nach meinen Bewegungen erzeuge ich unterschiedliche Wassergeräusche, von leisem Glucksen über ein sanftes Plätschern bis hin zum lauten Klatschen. Ich drehe mich auf den Rücken, spüre, wie meine Kopfhaut nass wird, wie Wasser in meine Ohren dringt. Spüre die Sonne auf meinem Gesicht, sehe die Wolken, den Himmel über mir. Die Gleichmäßigkeit meiner Bewegungen entspannt mich, Ruhe und Frieden erfüllen mich. Aus den Augenwinkeln nehme ich andere Schwimmer um mich herum wahr, langsamere und schnellere, manche mit ruhigen und runden, andere mit eckigen und hastig wirkenden Bewegungen. Vögel fliegen über mich hinweg, noch höher Flugzeuge – woher, wohin? –, die Bäume wiegen sich leise rauschend im Wind. Ich aber gleite ruhig durchs Wasser, bin getragen und gefordert zur gleichen Zeit ...

So wird aus der halbstündigen Schwimmrunde im Freibad ein intensives, kraftkostendes und gleichzeitig kraftspendendes Erlebnis, das mich tief befriedigt.

Sicher ist: Resonanz zu erleben tut uns gut – dazu gehören auch alle Formen von sozialem Kontakt, von Gemeinschaft, von Zuwendung zu einem Gegenüber, es sei Tier oder Mensch, Kind oder Erwachsener. Wir Menschen werden einander zum „seelischen Resonanzkörper", indem wir uns anblicken, zuhören, lächeln, mitfühlen, mitdenken, antworten, uns anregen oder aufregen lassen. Wir sind miteinander verbunden durch wechselseitige Aufgeschlossenheit, durch Vertrauen und Bereitschaft zur Nähe, durch gemeinsame Erfahrungen und Erinnerungen – und wir spüren unsere Lebendigkeit, das tiefe Glück der Gemeinschaft. Diese Gemeinschaft mag heiter sein oder traurig, sachlich oder emotional, altvertraut oder noch neu – doch immer sind da Echo, Schwingung, Reaktion, Inspiration, Erkennen und Anerkennen.

„*Hier bin ich Mensch, hier darf ich's sein!*"[247] – Dieser Gedanke sollte unser Kriterium sein, wenn wir uns unter Menschen begeben, die wir selbst wählen können. Bei denen nicht Pflicht, sondern Kür angesagt ist.

Nicht immer lässt es sich durchhalten, nicht immer können wir uns die Menschen, mit denen wir zusammentreffen oder zusammenleben, aussuchen, schon gar nicht im Familienkreis. Das ist in Ordnung, können wir doch auf diese Weise unsere Toleranz und unser „Talent zum richtigen Abstand" trainieren. Doch es sollte auch jene zutiefst wohltuenden Begegnungen geben, in denen wir uns als Individuen entfalten und entwickeln können. Dabei sind Fernkontakte kein Ersatz für körperliche Anwesenheit und getippte Botschaften kein Ersatz für das Hören einer vertrauten Stimme, ebenso wenig wie E-Mails mit einem guten Gespräch zu verwechseln sind. Die körperliche Anwesenheit eines Menschen lässt eine intensivere Form der Begegnung zu!

Deutlich wird, dass die Kunst des gesunden Lebens nicht in Stressvermeidung besteht, sondern in der richtigen Stressdosierung. Wir finden sie durch Besinnung auf das, was uns wirklich glücklich macht, uns positiv fordert – oder herausfordert. Diese Lebenskunst wird zu wenig angestrebt, zu wenig gelernt – und sie ist schwieriger geworden. Denn die Möglichkeiten, das Leben hektisch, abwechslungsreich und voller Ablenkungsmöglichkeiten zu gestalten, nehmen unablässig zu (man denke nur an die Angebotspalette eines ganz normalen modernen Handys). Das Ziel unserer Besinnung sollte darin bestehen, ein Leben zu führen, das uns selbst und unseren wahren Bedürfnissen entspricht – und dabei nicht auf Kosten anderer geht. Es ist ein Leben im Rhythmus von Anspannung und Entspannung, von Geben und Nehmen, von Aktivität und Passivi-

---

247 Goethe, Faust, Teil I.

tät, kurz: ein Leben in der Balance. Eine chronische körperliche, geistige oder seelische Überbelastung mit den bekannten gefährlichen Langzeitfolgen der Stressreaktion kann dadurch vielleicht nicht vollständig, aber zweifellos in beträchtlichem Maß vermieden werden.

Exkurs: Stress verringern durch Achtsamkeit

„*Achtsam*: aufmerksam, fürsorglich" – so steht es im Duden-Herkunftswörterbuch von 1989. Das Substantiv „Achtsamkeit" fehlt in dieser Ausgabe, denn es ist ein neuer Begriff, der in der Psychologie erst vor wenigen Jahren eingeführt wurde. „Achtsamkeit" ist die deutsche Übersetzung des englischen Wortes „mindfulness". Der Amerikaner Jon Kabat-Zinn führte den Begriff ein, als er 1979 seine „Klinik für Stressreduktion" gründete. Während er dort mit Patienten arbeitete, entwickelte er eine Methode zur Stressverminderung, die er „mindfulness-based stress reduction", kurz MBSR, nannte (zu Deutsch: „auf Achtsamkeit gegründete Stressreduktion"). Sie wird inzwischen weltweit gelehrt und auch in der Therapie von Burnout- und Depressionspatienten erfolgreich eingesetzt.

Was wird vermittelt? Vor allem eine bestimmte Form der Meditation, verbunden mit Achtsamkeitsübungen für den Alltag, häufig auch kombiniert mit der Anleitung, Yoga zu betreiben. Doch die Elemente von MBSR sind auch einzeln wirksam. Jon Kabat-Zinn erkannte, dass eine veränderte Form der Wahrnehmung zu veränderten Gedanken, Gefühlen und Erfahrungen sowie einer veränderten Art und Weise führt, mit Belastungen umzugehen. Diese neue Form der Wahrnehmung setzt voraus:
- Fähigkeit zur Konzentration auf die Gegenwart
- offene und bewusste Wahrnehmung der aktuellen Umwelt
- offene und bewusste Wahrnehmung der eigenen Innenwelt
- Fähigkeit zum Ausschalten aller Ablenkungsmöglichkeiten (Handy, Musik, Bilder, Lektüre, Unterhaltungen …)
- Verzicht auf jegliches Urteilen (gut/schlecht, richtig/falsch, schön/hässlich usw.), sowohl was die Umwelt als auch die eigene Innenwelt betrifft.

Zum Stichwort „Leben in der Gegenwart" schreibt Kabat-Zinn: „Dieses Eingenommensein von der Zukunft und der Vergangenheit ist uns dermaßen zur Gewohnheit geworden, dass wir meistenteils keinerlei Gewahrsein des gegenwärtigen Moments besitzen. Die Folge davon ist, dass wir wenig oder überhaupt keine Kontrolle über die Höhen und Tiefen in unserem Leben und in unserem Geist zu besitzen scheinen."[248] Kabat-Zinn geht davon aus, dass die intensive Form der Achtsamkeit am besten durch eine bestimmte Form der Meditation, die er „Achtsamkeitsmeditation" nennt, gelernt und praktiziert werden kann.

Von dem sicher sehr wirkungsvollen Weg der Meditation abgesehen, ist Achtsamkeit eine veränderte und bewusstere Art und Weise, durchs Leben zu gehen. Ziel ist es, in der Wüste der Ziele und Aufgaben, die wir tagtäglich zu durchqueren haben, immer wieder Oasen des Auftankens, Innehaltens und Wahrnehmens zu schaffen oder zu entdecken, in denen wir „ganz entspannt im Hier und Jetzt" verweilen können. Die Entspannung, die wir dabei erfahren, ist nicht Voraussetzung, sondern *Folge* der Konzentration auf unsere Sinne und auf den unmittelbaren Moment.

Ein Beispiel: Nehmen wir an, wir genießen im Lauf eines Tages zwischendurch eine Tasse Kaffee, beispielsweise in der Mittagspause. *Wir riechen den Duft, wir schmecken den würzigen Geschmack des Getränks. Wir empfinden die Wärme der Kaffeetasse in unserer Hand. Wir machen uns bewusst, dass wir entspannt und bequem sitzen – die Sitzgelegenheit stützt uns, ohne uns zu (be)drücken, vielleicht durch weiche Polster verstärkt. Wir spüren in unseren Körper hinein – was für ein Geschenk: Nichts schmerzt. Wir fühlen unseren regelmäßigen Herzschlag, die Wärme unserer Haut, die Kraft in unseren Gliedern.*[249] *Wir horchen auf die Geräusche um uns herum – und genießen es, wenn sie leise sind. Wir nehmen die Formen und Farben der Umgebung wahr, ebenso die Gerüche. Wir erlauben uns, ganz bei uns und ganz für uns zu sein – für einige Momente nicht erreichbar durch Anrufe, eine SMS oder andere Ablenkungen.*

Erstaunlicherweise haben solche Unterbrechungen des Alltags durch kurze Achtsamkeitsepisoden nachhaltige Wirkungen:
● Der Entspannungseffekt der Achtsamkeitsoasen wirkt als Gegengewicht gegen Druck und Spannung, d.h. Stress.

---
248 John Kabat-Zinn: Zur Besinnung kommen, Freiburg 2011, S. 32.
249 Wer wissen will, wie es sich anfühlt, diese Kraft nicht mehr zu spüren, sollte das Buch von Philippe Pozzo di Borgo lesen: Ziemlich beste Freunde, Berlin 2012. Im Gegensatz zum amüsanten Film ist die Qual des Gelähmtseins und der Empfindungslosigkeit ungeheuer eindrücklich und ausführlich geschildert.

- Körperlich nachweisbar ist, dass bei regelmäßiger Meditation, verbunden mit Achtsamkeitsübungen, der Pegel des Stresshormons Cortisol im Blut sinkt, währenddessen das Immunsystem deutlich gestärkt wird.
- Die Achtsamkeitsoasen verleihen Energie und stärken die Resilienz.
- Durch die Achtsamkeitsoasen gewinnen wir eine gewisse Distanz zu dem, was uns bezüglich Vergangenheit oder Zukunft „ständig im Kopf herumschwirrt"; wir werden gelassener.
- Wir kommen seelisch zur Ruhe. Wir schalten zwar nicht ab, aber wir „schalten um".
- Dank der Achtsamkeitsoasen vergeht die Zeit nicht „wie im Flug", sondern wird – zumindest in diesem Zeitintervall – bewusster erlebt.
- Wir lernen, unsere Wahrnehmungen, aber auch unsere Gedanken und Gefühle bewusster zu steuern, sodass wir ihnen weniger ausgeliefert sind.
- Wir nehmen andere Menschen bewusster wahr.
- Die Wahrnehmung des eigenen Körpers sowie eigener Gefühle wird bewusster.
- Wir können Stille besser aushalten, benötigen nicht ständig künstliche Reize und Ablenkungen von außen.
- Wir können Stille genießen, was zusätzliche Energie verleiht.

> Die Schulung der persönlichen Achtsamkeit – sei es durch professionelle Trainer oder durch selbstentwickelte Methoden – hilft nicht nur, Stress abzubauen und Energie zu tanken, sondern auch zu verhindern, dass man in chronischer Spannung lebt.

8.5. Konstruktive Auseinandersetzung mit Altlasten

Immer wieder ist in unserer Regionalpresse die Meldung zu lesen, dass ein Bauvorhaben erheblich teurer wird als ursprünglich geplant. Der Grund: Bei der Aushebung des Fundaments wurden „Altlasten" im Boden entdeckt. So nennt man Stoffe und Substanzen, die den Boden in irgendeiner Weise belasten, ihn möglicherweise sogar vergiftet haben. Er ist deshalb eine Gefahr für die Umwelt und so, wie er ist, für nichts mehr zu gebrauchen – auch wenn man ihm äußerlich nichts ansieht.

Ein Beispiel: Bei einer Reise durch Siebenbürgen (Rumänien) kam ich vor einigen Jahren an blühenden grünen Landschaften mit beeindruckend gepflegten Gärten vorbei, doch unser ortskundiger Begleiter sagte: „Hier dürfte gar nichts mehr angepflanzt, schon gar nichts geerntet werden. Seht ihr die große chemische Fabrik dort drüben? Sie hat in den Zeiten des Sozialismus, als es keine Umweltauflagen gab, den Boden im gesamten Umkreis bis in einen halben Meter Tiefe komplett mit giftigen Chemikalien verseucht. Doch die Menschen ignorieren die Gefahr, auch weil sie auf das selbst angebaute Gemüse angewiesen sind. Sie müssen es büßen; viele sind krank geworden und bald in jedem Dorf gibt es eine Apotheke …" Was für ein tragisches Beispiel für unsichtbare Belastungen, die eine hochgefährliche Wirkung haben können! Ich konnte die wunderschöne, von den Menschen intensiv genutzte Landschaft nur noch mit innerer Betroffenheit betrachten.

Was aber meine ich mit seelischen „Altlasten"? Ich verstehe darunter all jene Erfahrungen, Erinnerungen oder Handlungen, die uns auch Monate, Jahre oder Jahrzehnte später noch bewusst oder unbewusst seelisch belasten, weil sie unsere psychischen Verarbeitungskapazitäten zum Zeitpunkt des Ereignisses überfordert haben. Solche verborgenen Altlasten wiegen unter Umständen sehr schwer und üben Druck auf uns aus, der Kraft kostet und den Organismus in Spannung versetzt.

Wie die Orthopädin und Therapeutin Hildegund Heinl betont (Kapitel 7.2.), können belastende Erinnerungen tief in das körperliche Gleichgewicht und Befinden eines Menschen eingreifen. Heinl konzentrierte sich als Orthopädin vor allem auf Störungen des Bewegungssystems, doch grundsätzlich kann jeder Teil des Organismus involviert sein. Schließlich beeinflusst eine lang anhaltende Stressreaktion den gesamten Körper, nicht nur einige Organe oder Körperfunktionen. Während bei Heinls Fallbesprechungen vorrangig die Erfahrungen im Vordergrund stehen, die Menschen *erleiden* (zum Beispiel Gewalt, Verlust einer Bezugsperson, Missbrauch, fortgesetzte Abwertung), gehören aus meiner Sicht zu den Altlasten auch all jene belastenden Taten dazu, die Menschen *begehen*.

„Ein gutes Gewissen ist ein sanftes Ruhekissen", lautet ein bekanntes Sprichwort, was ja im Umkehrschluss bedeutet, dass es sich mit einem schlechten Gewissen offenbar nicht besonders gut schläft. Interessant ist in diesem Zusammenhang das Wort „Gewissensbisse", weist es doch darauf hin, wie schmerzhaft die Signale des Gewissens sein können – und wie sehr man sich ihnen hilflos ausgeliefert fühlen kann. Andererseits ist die Stimme des Gewissens auch leicht zu übertönen, ja, man kann sie gar zum (scheinbaren) Verstummen bringen. Die Möglichkeiten, das Gewissen zu manipulieren, zu betäuben oder es abstumpfen zu lassen, sind enorm vielfältig, und es ist hier nicht der Ort, ihnen nachzugehen. Doch Tatsache ist: Wo es Menschen nicht vollständig gelingt, die mahnende Stimme ihres Gewissens zu ersticken, stehen sie unbewusst unter einer inneren Spannung. Eine Spannung, die sich durchaus in stressbedingten Krankheiten (wozu auch psychische Krankheiten wie Sucht, Depression usw. gehören) äußern kann.

Die mahnende Stimme des Gewissens wird oft als Schuldgefühl bezeichnet. Es ist ein Warnsignal unserer Psyche, das uns anzeigt, dass wir nicht mehr im seelischen Gleichgewicht, nicht mehr „in Frieden" mit uns selbst sind. Dieser Zustand ist für alle Menschen belastend, wie die Forschung herausgefunden hat. Denn jeder Mann, jede Frau möchte im Grunde gut von sich denken, er oder sie will sich nicht für und vor sich selbst schämen. Ja, jeder Mensch strebt mit allem, was er tut, letzten Endes nach Anerkennung und Selbstwert(steigerung). Deshalb fürchtet er alle Signale, die diese beiden fundamentalen Grundbedürfnisse bedrohen könnten. Genau dies geschieht jedoch bei Selbstvorwürfen und Schuldgefühlen. So belastet uns der Gedanke oder das Gefühl, einem anderen Menschen – oder mehreren – nicht gerecht geworden zu sein und dadurch Schaden und Unheil angerichtet zu haben. Das Unheil kann rein psychischer Natur sein – man hat Menschen enttäuscht oder gekränkt –, es kann aber auch materieller und seelischer Natur sein – man hat andere übervorteilt, geschädigt, betrogen, verletzt usw.

Nicht wenige Menschen führen, so vermute ich, unbewusst einen beständigen Kampf gegen ihre Schuldgefühle. Sie verdrängen sie oder versuchen verbissen, andere Personen – oder sonstige Mächte bis hin zu

Gott – für das Geschehene oder die Situation verantwortlich zu machen. Die Neigung, Schuld von sich wegzuschieben, ist so alt wie die Menschheit, sie lässt sich schon in der Paradiesgeschichte nachlesen: Nachdem Adam aus der Hand seiner Frau die verbotene Frucht genommen und gegessen hat, wird er von Gott angeklagt und antwortet mit einem Gegenvorwurf: „Die Frau, die *du mir gegeben* hast, gab mir von der Frucht!"[250] Eine doppelte Selbstentlastung ist darin enthalten: Die Frau war schuld, und Gott, ihr Schöpfer, war mit schuld.

Doch alle Selbstentschuldigungen, Ablenkungen und Selbstbetäubungsversuche können möglicherweise nicht verhindern, dass ein Mensch in seinem Innersten unter hohem Druck steht. Mag sein, dass er es nicht spürt, weil er seine Schuldgefühle (fast) perfekt verdrängt, sodass er sich der Last auf der Seele nicht mehr bewusst ist. Doch etwas nicht zu spüren heißt noch lange nicht, dass es nicht existiert. Es ist vielmehr eingesperrt im Unterbewusstsein nach der Devise: „Aus dem Bewusstsein, aus dem Sinn!" Doch das Problem, das dabei außer Acht gelassen wird: Auch im Unterbewusstsein „rumoren" die Schuldgefühle und geben ihre Störimpulse nach oben in das limbische System („Gefühlshirn") sowie in die höheren Denkfunktionen weiter.

Was aber können wir tun, um die Altlasten zu reduzieren, die wir wie in einem Rucksack ständig mit uns schleppen? Schließlich kosten sie uns zum einen enorm viel Kraft, die uns für die Gestaltung und Bewältigung von Gegenwart und Zukunft abgehen. Zum anderen kann die damit verbundene Dauerspannung langfristig zu gesundheitlichen Problemen führen.

Mein Vorschlag: Wage es – wenn möglich nicht allein, sondern im hilfreichen, eventuell therapeutischen Gespräch –, dich auch jenen Altlasten zuzuwenden, vor denen du dich möglicherweise fürchtest. Ich denke hier an all die Erinnerungen, die uns zutiefst beschämen, bittere Selbstanklagen in uns auslösen. An Versäumnisse und Fehler, die wir uns vorwerfen, weil wir glauben, jemand anderem nicht das gegeben zu haben, worauf er oder sie ein Anrecht hatte. Derartige Erinnerungen und Erlebnisse gehören zur Biografie eines jeden Menschen. Deshalb sagte Jesus, sich vor die zu ihm geschleppte Ehebrecherin stellend: „Wer von euch ohne Sünde ist, der werfe den ersten Stein!"[251] Doch der beschämte Blick auf Verpfuschtes und Versäumtes, Verfehltes und Verletzendes darf uns nicht lähmen! Denn

---

250 1. Mose 3,12.
251 Siehe oben S. 42.

auch hier gilt: Wir können nur das überwinden, womit wir uns auseinandersetzen und was wir im tiefsten Sinn annehmen. In der Anerkennung, aber auch in der darauf folgenden Überwindung liegt die Freiheit.

Heinl erkannte bei ihren Patienten: Wenn sie sich dem „Primärschmerz" ihrer seelischen Lasten stellten, konnten sie von diesen Lasten auch befreit werden. Der Körper musste nicht länger stellvertretend „schreien". Natürlich will sie damit nicht sagen, dass es in unserem Gehirn eine verborgene Löschtaste gibt, mit der wir, wenn wir sie finden, „Tabula rasa" machen können. Doch es gibt so etwas wie die Heilung von Erinnerungen. Heilung heißt nicht, dass Vergangenes ungeschehen gemacht werden kann. Das ist auch bei einer körperlichen Heilung niemals der Fall. Heilung bedeutet, dass die Erinnerung den ihr gebührenden Raum in unserer Lebensgeschichte bekommt – dass jedoch das Vergangene nicht mehr die Macht hat, sich beherrschend und lähmend oder gar zerstörerisch auf unsere Gegenwart und Zukunft auszuwirken. Wir haben Distanz dazu gewonnen – und sind dadurch freier geworden in unserem Handeln, Fühlen, Entscheiden. Um es in einem Bild zu sagen: Wir müssen nicht ständig mit aller Kraft den Deckel auf den Dampfkochtopf unserer Vergangenheit drücken, sondern können den Dampf ablassen – und haben die Hände samt unseren Kräften wieder frei für Neues.

Ein Sonderfall: Altlasten in Form von Traumata

Wie Heinl (Kapitel 7.2.) betont, werden seelisch überfordernde Ereignisse, die man als Traumata bezeichnet, im emotionalen Gedächtnis des Menschen gespeichert. Das Problem vieler schwer Traumatisierter – vor allem, wenn die Traumatisierung in der Kindheit geschah – ist dabei Folgendes: Das Emotionshirn gibt seine Erfahrungen zwar an den *Körper* weiter, nicht unbedingt jedoch an die Großhirnrinde (Neocortex), in der Sprache, Logik, analytisches Denken und Vernunft etc. ihren Sitz haben. Da das Emotionsgehirn über kein Bewusstsein verfügt, sind die darin gespeicherten Erinnerungen unbewusst. Was aber keinen Zugang zum Bewusstsein findet, kann nicht rational verarbeitet werden, sondern bleibt abgekapselt und eingeschlossen.

Doch selbst wenn wir bewusstere Erinnerungen an ein traumatisches Ereignis haben (was ab ca. dem 4./5. Lebensjahr der Fall sein kann), bedeutet dies nicht, dass sie in jedem Fall im Neocortex konstruktiv bearbeitet werden. Die traumatischen Erinnerungen suchen sich stattdessen häufig über körperliche Symptome einen Weg. Diese Symptome sind für den Laien meist schwer zu deuten.

Die enge Verbindung von Körper und Emotionen bietet allerdings die Chance – wie Heinl es anhand vieler Fälle in ihrem Buch demonstriert –, über den Körper Zugang zu den im Gefühlshirn gespeicherten traumatischen Erinnerungen zu bekommen. Dass dieser Zugang auch über die Augen möglich ist, konnte sich lange Zeit niemand vorstellen. Doch genau dies ist offenbar der Fall.

Zum ungläubigen Erstaunen der Fachwelt präsentierte die kalifornische Psychologin Francine Shapiro Anfang der 90er-Jahre auf einem Kongress eine neue, völlig ungewöhnliche Behandlungsmöglichkeit für emotional traumatisierte Menschen. Sie nannte ihre Methode „Eye Movement Desensitization and Reprocessing", abgekürzt EMDR, was man auf Deutsch mit „Desensibilisierung und Neuverschaltung durch Augenbewegungen" übersetzen kann.

Ausgangspunkt der Methode ist die Tatsache, dass Traumata im Gedächtnis von Gehirn und Körper nicht gelöscht werden können. Deshalb muss ein Weg gefunden werden, mit ihnen umzugehen und ihnen ihre erdrückende Macht zu nehmen. Shapiros Vorgehen beruht darauf, die Erinnerungen des Patienten mit „geführten Augenbewegungen" zu kombinieren. Die Methode wirkt verblüffend einfach: Während der Patient sich an das für ihn traumatische Ereignis intensiv zu erinnern versucht, wird er gebeten, mit seinen Augen der Hand des Therapeuten zu folgen, der diese langsam von rechts nach links und zurück bewegt. Die dadurch angeregten schnellen Augenbewegungen gleichen jenen, die wir auch während des sogenannten REM-Schlafes (Rapid Eye Movements: schnelle Augenbewegungen) ausführen. Nach einigen solchen Sequenzen (in der Regel reichen maximal zehn Sitzungen) beginnen traumatisierte Menschen, zum einen ihre bis dahin abgekapselte Erfahrung wieder neu zu durchleben; zum anderen, und das ist entscheidend, sind sie offenbar imstande, einen anderen, hilfreicheren Zugang zu ihrer Erfahrung zu bekommen und sie dadurch besser zu verarbeiten.

Die Untersuchungen, die den Erfolg dieser Methode belegen, sind überwältigend zahlreich, sodass EMDR – anfänglich äußerst umstritten – inzwischen als nachweislich wirksame Behandlungsmethode für das posttraumatische Belastungssyndrom anerkannt ist. Der genaue Mechanismus, der zu diesem Erfolg führt, scheint allerdings noch nicht bis ins Letzte geklärt zu sein. Man nimmt an, dass die Augenbewegungen „dem natürlichen Heilungsmechanismus des Gehirns die erforderliche Unterstützung geben, die es braucht, um die bisher abgekapselte belastende Erinnerung zu verarbeiten".[252] Es ist deshalb durchaus ratsam, bei traumatischen Erfahrungen, die sich zu einer schweren seelisch-körperlichen Belastung mit Dauerstresssymptomen entwickeln können, auch die Möglichkeit einer Behandlung durch die EMDR-Methode auszuloten.

Einige Strategien guter Stressbewältiger

Menschen, denen es gelingt, Stress so zu dosieren, dass er sie langfristig nicht krank macht, haben ganz bestimmte wirksame Strategien im Umgang mit Druck und Spannung entwickelt:

● Gute Stressbewältiger reagieren auf akute Druck- oder Spannungssituationen aktiv und versuchen, das, was sie beeinflussen können, zu steuern, anstatt nur zu reagieren oder zu resignieren.

● Sie gehen bewusst mit ihrer Zeit um. Dies beinhaltet, dass sie ihr eigenes Tempo finden, dass sie sich nicht zu viele Lasten gleichzeitig aufbürden (lassen) und dass sie sich klar abgrenzen können.

● Gute Stressbewältiger handeln nach dem Grundsatz: „Auch der längste Weg beginnt mit dem ersten Schritt." Sie zerlegen eine größere Herausforderung in kleine Schritte oder Etappen. Dadurch wird sie nicht mehr als Überforderung empfunden, sondern überschaubar und lässt sich deshalb eher bewältigen.

● Sie setzen Prioritäten und geben nicht allen Signalen und Anforderungen, die sie unter Druck setzen könnten, das gleiche Gewicht. Dadurch vermeiden sie, von den Aufgaben erdrückt zu werden oder „vor lauter Bäumen den Wald nicht mehr zu sehen", wie eine treffende Redewendung lautet.

● Gute Stressbewältiger pflegen konsequent ihre persönlichen Kontakte, anstatt sie aus Zeitmangel zu vernachlässigen. Ihnen scheint bewusst zu sein, dass gerade in Druck- und Spannungszeiten die Unterstützung, aber auch die kritischen Rückmeldungen, Anregungen und Tipps von vertrauten, einfühlsamen Menschen unverzichtbar sind.

---

252 David Servan-Schreiber: Die neue Medizin der Emotionen, München 2004, S. 106.

9. Resilienz – was Menschen stark und belastbar macht

Ich würde mich und meine eigenen Gaben kräftiger bejahen. Ich würde meinem Schönheitssinn erkennbarer nachkommen. Ich würde mehr als bisher meinem Instinkt folgen. Ich würde Leiden und Sterben sowie der Minderung meines Ansehens nicht aus dem Wege zu gehen suchen.

Erich Kock, geb. 1925, Schriftsteller

Warum brechen einige Männer und Frauen schon bei relativ harmlosen Problemen und Herausforderungen zusammen, während andere Menschen Stress und schwere Krisensituationen aushalten, ohne krank zu werden? Diese Frage stellten sich Psychologen und Mediziner vor einigen Jahrzehnten und erfanden den neuen Begriff „Salutogenese".[253] Ihnen fiel auf, dass es keineswegs voraussagbar ist, welches Ausmaß an psychischer Belastung ein einzelner Mensch ertragen kann. Besonders der israelische Forscher Aaron Antonovsky (1923–1994), der sich intensiv mit Überlebenden des Holocaust beschäftigte, brachte das Thema in die Wissenschaft. Antonovsky führte den Begriff der „generalisierten Widerstandsressourcen" (GRR) ein, über die zahlreiche Menschen verfügen. Er schuf mit seinen Erkenntnissen wesentliche Voraussetzungen für die Resilienzforschung. Das Wort „Resilienz" leitet sich vom lateinischen Verb „resilio" ab, das „abprallen, zurückprallen" bedeutet. Um kein Missverständnis aufkommen zu lassen: Natürlich prallt an resilienten Menschen nicht alles ab, was belastend sein könnte. Doch nicht jeder Ball, den ihnen ein anderer Mensch, das Schicksal oder Gott zuwirft, verursacht bei ihnen gleich eine Delle oder Beule. Er trifft sie, aber er verformt sie nicht so leicht, bringt sie schon gar nicht dauerhaft zu Fall.

Man kann Resilienz auch mit der Wirkung des Barfußlaufens vergleichen: Wer häufig barfuß läuft, bekommt im Lauf der Zeit eine dicke Hornhaut an den Fußsohlen. Die Folge: Was anfänglich noch schrecklich wehtat, spitze Steine oder scharfe Kanten beispielsweise, wird im Lauf der Zeit erträglich, möglicherweise gar nicht mehr spürbar. Die Gefahr,

---

253 Er bedeutet wörtlich: „die Entstehung von Gesundheit".

sich daran zu verletzen, hat sich dank der Hornhaut enorm verringert. Doch eine Hornhaut, egal an welcher Stelle unseres Körpers, wächst niemals von selbst. Sie entwickelt sich nur dann, wenn die Haut „belastet" wird, das heißt, wenn sie sich gegen irgendeine „Zumutung" wehren und wappnen muss. Wer nur im weichen Meeressand oder auf flauschigen Teppichen barfuß läuft, dessen Haut wird sich nie verdicken, um gegen drohende Gefahren besser geschützt zu sein.

Was heißt das in Bezug auf Stress? Belastbare Menschen haben die Fähigkeit entwickelt, sich von Reizen oder Anforderungen der Umwelt nicht so schnell unter Druck oder Spannung setzen zu lassen – oder diesen Druck auf einem erträglichen Niveau zu halten. Auf diese Weise kommen sie nicht so leicht aus der inneren Balance und werden seltener vom Gefühl der Überforderung oder Hilflosigkeit heimgesucht. Die Folge: Ihr Gehirn hat deutlich seltener einen Anlass, die Stressreaktion auszulösen. Es ist, als ob sie eine „seelische Hornhaut" besäßen.

Doch selbst wenn die Stressreaktion ausgelöst wird, was sich spontan oft nicht vermeiden lässt, verfügen belastbare Menschen über vielerlei Ressourcen, die ihnen helfen, nicht in *chronischen Stress* zu geraten. Aus diesem Grund sind sie deutlich besser davor geschützt, stressbedingt körperlich oder seelisch krank zu werden. Es ist deshalb eine sinnvolle Form der Prävention, an der Steigerung der eigenen Belastbarkeit zu arbeiten. Einige Wege zu diesem Ziel seien im Folgenden kurz dargestellt.

9.1. Selbstbewusstsein und Selbstvertrauen

Was traue ich mir selbst zu? Wie genau kenne ich meine Fähigkeiten und Kompetenzen? Welche Erfahrungen habe ich mit mir selbst in schwierigen Situationen gemacht? Die Antworten auf diese Fragen entscheiden mit darüber, wie viel Selbstvertrauen wir im Lauf der Jahre entwickeln. Dieses Selbstvertrauen bildet den entscheidenden Dreh- und Angelpunkt für unseren Umgang mit Belastungen. Grundsätzlich gilt: Ein positives Selbstwerterleben erleichtert die Bewältigung von Krankheiten, denn „Menschen mit hohem Selbstwertgefühl interpretieren Belastungen eher als Herausforderung, die es zu bewältigen gilt".[254] Anders gesagt: Resiliente Menschen trauen sich zu, mit den Ereignissen des Lebens fertig zu werden, weil sie sich nicht so schnell überfordert fühlen.[255]

Zum Stichwort „Herausforderung" pflegte mein Lehrer für Psychophysiologie und Psychosomatik, Professor Niels Birbaumer (Tübingen), zu sagen: „Solange Sie etwas, was Ihnen begegnet oder widerfährt, als *Herausforderung* ansehen, kann es Sie nicht krank machen. Sobald Sie es jedoch als *Überforderung* bewerten, geraten Sie in Stress – mit all seinen krank machenden Folgen." Herausforderung oder Überforderung – wo liegt der Unterschied?

Als *Herausforderung* lassen sich alle Erfahrungen oder Aufgaben definieren, die uns Mühe und Energie kosten. Wenn wir sie bewältigen möchten, müssen wir uns anstrengen. Doch entscheidend ist: Wir fühlen uns der Aufgabe gewachsen, wir trauen uns zu, sie zu meistern. Bei einer *Überforderung* hingegen glauben wir von vornherein – oder sehr rasch –, dass wir der Aufgabe nicht gewachsen sind, weil sie unsere Kräfte oder Fähigkeiten übersteigt. Wir fürchten, in Not oder Hilflosigkeit zu geraten, womöglich kläglich zu scheitern oder zu versagen. Diese Angst versetzt uns in Spannung, der Organismus reagiert wie auf eine reale Bedrohung – und leitet die Kampf- oder Fluchtreaktion ein.

Die spannende Frage lautet: Liegt es allein an uns, ob wir etwas als Herausforderung oder als Überforderung einschätzen? Antwort: nein – aus folgenden Gründen:

Es gibt für jeden Menschen Aufgaben und Erwartungen, Situationen

---

254 Rüdiger Lorenz, a.a.O., S. 130.
255 Vgl. dazu Monika Gruhl: Die Strategie der Stehauf-Menschen, Freiburg 2010, S. 36.

und Erfahrungen, die ihn überfordern können, z.B. wenn er Zeuge extremer Gewalt wird oder sich ständig in einer existenziell zutiefst bedrohlichen Lage befindet. Wie ich in Kapitel 3 erörtert habe, hat jeder Mensch Grenzen, die er nicht in beliebigem Ausmaß erweitern kann, schon gar nicht von einem Moment zum anderen. Natürlich gibt es Männer und Frauen, die in gefährlichen und schwierigen Situationen „über sich hinauswachsen", aber es gibt auch viele, die in der gleichen Situation schlichtweg überfordert sind. Und man kann schwer voraussagen, wie man selbst in Extremsituationen reagieren wird.

● Es kann sein, dass wir uns einer Aufgabe oder Belastung zunächst durchaus gewachsen fühlen. Doch langfristig, so zeigt sich, überfordert sie uns. So kommt eine aktuelle Studie zu dem Ergebnis, dass fünf bis acht Prozent der deutschen Soldaten, die im Einsatz in Afghanistan waren, in den folgenden Wochen, Monaten und Jahren unter psychischen Problemen litten und sich in ihrem „alten Leben" nicht mehr gut zurechtfanden. Die Bewältigung ihrer im Kriegsgebiet gemachten Erfahrungen überstieg offenbar ihre seelischen Ressourcen. Bestimmt hatte keiner der betroffenen Soldaten mit diesen Folgen gerechnet, sonst hätte er versucht, sich dem Einsatz zu entziehen.

● Es kann hilfreich sein, sich selbst einzureden (oder einreden zu lassen): „Du kannst das! Du schaffst das!" Es kann aber auch gefährlich sein. Denn oft wird damit nicht das Selbstvertrauen gestärkt, sondern eine unrealistische Selbsteinschätzung gezüchtet. Wichtig ist deshalb, die nüchterne Betrachtung der eigenen Fähigkeiten und Ressourcen einzuüben. Sehr hilfreich sind die sachlichen Urteile von Menschen, die uns sehr gut kennen. Bei entsprechenden Tests konnten sie das Verhalten eines Freundes, einer Freundin oder eines Familienangehörigen in bestimmten Situationen häufig treffender voraussagen als die Person selbst. Es ist deshalb ratsam, auch die Meinung oder den Rat ehrlicher, vertrauter Menschen einzuholen, bevor man sich selbst in Herausforderungen stürzt, die einen möglicherweise überfordern.

Dazu ein Beispiel: Ein junger Mann, als Konzertveranstalter völlig unerfahren, hatte den Ehrgeiz, ein Wochenende lang in seiner Heimatstadt prominente Künstler auftreten zu lassen. Er stürzte sich in immense Unkosten, hoffte auf 9000 Besucher – und insgesamt 500 Menschen kamen. Den Schuldenberg, auf dem er infolge seiner Fehlkalkulation saß, bezifferte er mit ca. 250 000 €. Offenbar hatte diesem jungen Mann niemand mit allem Nachdruck geraten, erst einmal „kleine Brötchen" zu backen, bevor er sich in eine solch riskante Unternehmung stürzte. Seine Selbstüberschätzung ließ die Herausforderung, die er sich gesucht hatte, zum Fiasko werden.[256]

Ein realistisches Selbstvertrauen stützt sich, so zeigt dieses Beispiel, niemals auf maßlosen Ehrgeiz, übersteigertes Geltungsbedürfnis und leichtsinnige Lust am Abenteuer. Es basiert vielmehr auf Wissen und Erfahrung – Wissen über Zusammenhänge und Prozesse, Erfahrungen mit sich selbst, aber auch Erfahrungen mit der Lösung bestimmter Aufgaben.

Diese Erfahrung gewinnt man, wenn man sich bewusst Aufgaben sucht – oder Aufgaben annimmt, die einem gestellt werden. Wichtig ist: Die Aufgaben sollten weder zu leicht noch zu schwer sein. Deshalb ist eine Kindheit und Jugend, in der man nicht „in Watte gepackt", sondern immer wieder auch mit altersangemessenen Herausforderungen konfrontiert wurde, eine ausgezeichnete und unersetzliche Vorbereitung auf das spätere Leben. Denn wir werden belastbar, wenn wir wiederholt die Erfahrung machen, eine Herausforderung zu meistern, ihr gewachsen zu sein, mit ihr umgehen zu können. Diese Erfahrung wird uns aber nur dann zuteil, wenn sie uns auch zugemutet wird – von Eltern, Erziehern, der Umwelt, dem Schicksal, von Gott.

Wer aufmerksam die Biografien sehr erfolgreicher und/oder sehr belastbarer Menschen liest, dem fällt auf: Fast all diese Männer und Frauen waren in ihrer Kindheit oder Jugend zahlreichen, oft recht hohen Belastungen ausgesetzt – oder sie hatten sich selbst Herausforderungen gesucht. Daran waren sie gewachsen![257] Im Übrigen sind auch Leistungssportler nur dann erfolgreich, wenn sie die für ihren Sport notwendigen Muskeln ständig trainieren – und Training bedeutet nichts anderes als dosierte Belastung. Ist die Belastung zu gering, so findet kein Muskelaufbau statt, weil die vorhandene Kraft vollkommen ausreicht. Ist die Belastung zu hoch, so ist mit Überlastungsschäden zu rechnen – beim Freizeitsportler ist dies beispielsweise ein kurzfristiger Muskelkater, der signalisiert, dass man bestimmte Muskelpartien überstrapaziert hat.

Stärkung des Selbstvertrauens bedeutet deshalb: „Suche dir immer wieder im Leben dosierte Belastungen, die dich weder zu sehr unter- noch zu sehr überfordern. Du wirst sehen: Mit jeder gemeisterten Her-

---
256 Berichte im Schwäbischen Tagblatt vom 25. und 26. August 2014.
257 Dass daran auch manche zerbrochen sind, darf allerdings nicht verschwiegen werden.

ausforderung steigert sich deine persönliche Belastbarkeit ein wenig, wodurch auch dein Selbstvertrauen wächst."

Dieses Vertrauen in die eigenen Fähigkeiten, das als „Selbstwirksamkeitsüberzeugung" bezeichnet wird, verteilt sich niemals auf alle Lebensbereiche gleichermaßen. Die meisten Menschen haben ein hohes Vertrauen in ganz bestimmte Fähigkeiten und Kompetenzen, über die sie verfügen. Das gilt zum einen für die berufliche Tätigkeit, die man ausübt. Da ist man routiniert und kennt sich aus, da verfügt man über viel Wissen und Erfahrung. Darüber hinaus hat der Mensch hohes Vertrauen in jene Fähigkeiten, die er sich beharrlich und zielstrebig angeeignet hat und die oft mit dem etwas verharmlosenden Wort „Hobby" bezeichnet werden.

Wünschenswert wäre, dass wir darüber hinaus so etwas wie ein allgemeines Grundvertrauen in uns selbst haben. Ermöglicht es doch, auch neuen und gänzlich unbekannten Situationen mit Mut und Unerschrockenheit entgegenzutreten. Hier sind Menschen mit reicher Lebenserfahrung im Vorteil.[258] Doch auch all jene, die sich immer wieder bewusst auf neue, für sie bisher fremde Herausforderungen einließen und einlassen, können ihr Vertrauen in die eigene Belastbarkeit steigern.

Dabei kann es manchmal durchaus von Vorteil sein, ganz unvermittelt „ins kalte Wasser" geworfen zu werden. Damit meine ich Situationen und Herausforderungen, die man sich selbst weder ausgesucht noch zugemutet hätte. Stattdessen stand man ihnen quasi unversehens gegenüber – und nahm sie an. Entweder weil man keine Wahl hatte – wie beispielsweise die vielen Witwen nach dem Zweiten Weltkrieg, die allein die Familie durchbringen mussten –, oder weil die Herausforderung reizte – wie beispielsweise die Übernahme des väterlichen Betriebs, weil der Vater ganz plötzlich und früh gestorben war. Auf diese Weise haben viele Menschen ausgerechnet durch eine Krise einen enormen Zuwachs an Selbstvertrauen erlebt. Entdeckten sie doch, dass sie zu Leistungen in der Lage waren, die sie sich vorher niemals zugetraut hatten – oder die ihnen niemals zugetraut wurden.

---

[258] Ebenso Menschen, die in ihrer Kindheit bedingungslose Wertschätzung plus dosierte Belastung erfahren durften. Doch diese Kombination ist selten.

9.2. Hoffnung

Hoffnung ist sowohl auf die Gegenwart als auch auf die Zukunft gerichtet. Bezogen auf die Gegenwart heißt Hoffnung, an dem Gedanken festzuhalten, dass das, was uns widerfährt, einen Sinn hat. Antonovsky bezeichnete diese Form der Hoffnung mit dem Begriff „Kohärenzgefühl"[259]. Das lateinische Wort „cohaerere" bedeutet wörtlich „zusammenhängen, verbunden sein". Menschen mit Hoffnung in der Gegenwart glauben an sich selbst, konkret: daran, dass sie eine Situation verstehen und bewältigen können, aber sie glauben darüber hinaus auch an eine Sinnhaftigkeit dieser Situation. Mit anderen Worten: Sie hoffen auf einen tieferen Zusammenhang zwischen den einzelnen Erfahrungen in ihrem Leben. Sie sehen in ihnen Perlen, die nicht einzeln herumkullern, sondern von unsichtbarer Hand an einer Schnur aufgereiht werden.

Zahlreiche eindrucksvolle Untersuchungen beweisen: Wer seine Erfahrungen, vor allem die schweren und schmerzlichen, nicht lediglich als „Launen des Schicksals" ansieht oder als Zufallsprodukte versteht, sondern darin eine Art tieferen Sinn, womöglich ein Ziel, zu erkennen versucht oder zu finden vermag, der kann diese Erlebnisse und Eindrücke leichter bejahen und eher bewältigen. Der Sinn, der erhofft und geglaubt wird, ist wie ein Kraftstrom aus der Tiefe, der Geduld und Durchhaltevermögen gibt und vor allem: der vor Verzweiflung bewahrt.

Hoffnung, die darüber hinaus zukunftsbezogen ist, hat noch einen weiteren Aspekt: Sie erwartet, dass der gegenwärtige Zustand sich eines Tages zum Besseren wendet. Auch diese Form der Hoffnung gibt Kraft und bewahrt vor Resignation. Welche Gründe kann es für diese Hoffnung geben?

- Vernunft und Wissen: Wer vieles erlebt hat, weiß auch, dass vieles nicht vorhersehbar ist – weder gute noch schlechte Entwicklungen. Also spricht nichts dagegen, einer Entwicklung zum Guten ebenso Chancen einzuräumen wie einer Entwicklung zum Negativen. „Der Optimist behält am Ende vielleicht nicht immer recht – aber bis dahin lebt er besser", las ich einmal sinngemäß – und es trifft zu, denn die Lebensqualität ist erhöht, wenn man eher das Positive annimmt und erwartet. Es ist also „vernünftig", mehr auf das Gute als auf das Schlechte zu hoffen – sofern dabei nicht die Tatsachen geleugnet oder ignoriert werden!

---

[259] Vgl. Rüdiger Lorenz, a.a.O., S. 37ff.

Doch auch aus Tatsachen lassen sich meist viele mögliche Konsequenzen ableiten.

- Erfahrung: Viele Menschen haben in ihrem Leben tatsächlich die zunächst naiv klingende Erfahrung gemacht: „Immer wenn du meinst, es geht nicht mehr, kommt von irgendwo ein Lichtlein her." Es ist die Erfahrung, dass unser Leben oft unerwartete Wendungen nimmt – durch Menschen, denen wir begegnen, durch Entwicklungen um uns herum, die wir nicht steuern und nicht absehen konnten, die aber vieles in neue Bahnen lenken. Möglicherweise war dies auch die Erfahrung von David Ben-Gurion, dem ersten Präsidenten des Staates Israel, der einmal sagte: „Wer nicht an Wunder glaubt, ist kein Realist."

Allerdings besteht ein schmaler Grat zwischen Hoffnung und irrationalem Wunschdenken. Der Unterschied liegt darin, dass das Wunschdenken oft auf Verzerrungen oder Verdrängungen der Wirklichkeit basiert und deshalb unweigerlich eines Tages in Enttäuschung münden muss. Außerdem ist jegliches Wunschdenken zu sehr auf eine bestimmte Entwicklung der Dinge fixiert. Hoffnung hingegen ist vorsichtiger – man hat Vorstellungen, was wünschenswert wäre, aber man ist nicht fixiert auf sie, sondern bleibt flexibel.

9.3. Dankbarkeit

Wer hätte das gedacht? Dankbare Menschen sind im Durchschnitt gesünder und glücklicher als Menschen, denen Dankbarkeit schwerfällt oder fremd ist. Das ist eine wissenschaftliche Tatsache, doch interessant ist die Erklärung: Dankbare Menschen sind nicht dankbar, *weil* sie gesünder und glücklicher sind als andere, sondern sie sind gesünder und glücklicher *aufgrund ihrer Dankbarkeit.*

Einer der Gründe dafür ist, dass positives emotionales Erleben – wozu auch Dankbarkeit gehört – das Immunsystem stärkt und somit dazu beiträgt, dass wir leichter gesund und schwerer krank werden.[260]

Es liegt deshalb auf der Hand, dass Dankbarkeit Menschen belastbarer macht, sodass sie seltener unter chronischen Stress geraten. Eine dankbare Gesinnung trägt zum persönlich empfundenen Glücksgefühl bei. Dies ist zum einen gesundheitsfördernd, zum anderen wirkt es sich darauf aus, wie man mit den Widrigkeiten des Schicksals umgeht. Allerdings fällt Dankbarkeit nicht vom Himmel, sie ist auch keine angeborene Eigenschaft mancher Menschen. Dankbarkeit ist vielmehr eine Geisteshaltung, hinter der eine gute Portion Nachdenken steckt.

Nicht zufällig hat das Wort „danken" die gleiche sprachliche Wurzel wie das Wort „denken"! Natürlich gibt es auch eine spontane Dankbarkeit, wenn uns beispielsweise nach großer Sorge ein Stein vom Herzen fällt, wenn uns ein erfreuliches Ereignis emotional überwältigt, wenn wir so etwas wie Errettung und Hilfe in Not erfahren. Dann müssen wir nicht lange nachdenken, ob hier „eigentlich" Grund zur Dankbarkeit besteht, sondern wir wissen in dem Moment einfach: Hier wurde uns etwas geschenkt, was nicht (allein) unser Verdienst ist. Dies drückt ein Gedicht von Joachim Ringelnatz aus[261]:

Ich habe gebangt um dich.
Ich wäre so gern für dich gegangen. –
Du hättest im gleichen Bangen
Dann gewartet auf mich.

---

260 Vgl. Rüdiger Lorenz, a.a.O., S. 67.
261 Ringelnatz in kleiner Auswahl, Berlin 1978, S. 115.

Ich hörte nicht mehr
Und ich sah auch nicht.
Ein Garnichts floh vor mir her,
Gefrorenes Licht.

Nun atmet mein Dank so tief,
Und die Welt blüht im Zimmer. –
Dass alles so gnädig verlief,
Vergessen wir's nimmer!

Doch abgesehen von diesen Spontangefühlen gibt es auch Dankbarkeit als Grundhaltung der Seele, die sich aus Fühlen *und* Denken speist. Es ist diese Form der Dankbarkeit, welche die Belastbarkeit stärkt. Denn der dankbare Mensch hat zweierlei Fähigkeiten trainiert und entwickelt:
● Er betrachtet nichts Schönes, Wohltuendes, Erfreuliches und Gelingendes sowie Heiles und Unversehrtes auf dieser Welt als selbstverständlich. Der Grund ist ganz einfach: Alles Gute könnte auch schlechter, alles Gelungene könnte auch misslungen, alles Heile könnte auch geschädigt oder zerstört sein, um nur drei Möglichkeiten zu nennen. Der dankbare Mensch macht sich dies klar – und gewinnt dadurch ein Bewusstsein, das ihm häufigere und tiefere Gefühle der Dankbarkeit gewährt. Er muss nicht erst am eigenen Leib erlebt haben, wie schnell Glück in Leid umschlagen kann oder „Normalität" in Not und Elend – beispielsweise durch Krankheit, Tod, Krieg, Unfall, Naturkatastrophen –, sondern er ist sich stets darüber im Klaren, dass alles Glück sowohl geschenkt als auch gefährdet ist. Daraus erwächst die Dankbarkeit.
● Der dankbare Mensch kann leichter das „Gute im Schlechten" erkennen. Es ist eine Form der Lebenserfahrung, ja der Weisheit, die Welt samt ihren Bewohnern und ihren Ereignissen nicht dualistisch in „gut oder böse", „richtig oder falsch", „Glück oder Unglück" aufzuspalten. Denn im Guten ist häufig auch das Böse, im Schönen oft das Schwere und im Leid nicht selten das Segensreiche zu finden. Der Dichter Rainer Maria Rilke schrieb einmal: „Denn das Schöne ist nichts als des Schrecklichen Anfang, den wir noch grade ertragen ..."[262] Wir wissen nicht, welche Erfahrungen ihn zu dieser Erkenntnis brachten, doch sie ist bedenkenswert. Das Wissen um die Verschränktheit von Schönem und Schwerem macht

---

262 Rainer Maria Rilke, Ausgewählte Gedichte, Erste Duineser Elegie, Frankfurt 1977, S. 97.

sensibler für die Möglichkeit, dass auch im zunächst Bitteren und Belastenden durchaus positive, hilfreiche oder weiterführende Entwicklungen verborgen sein können.

Auch Jesus hat dieses „Paradox" des Guten im Schlechten häufig formuliert, beispielweise wenn er (sinngemäß) sagte: „Nur das Weizenkorn, das stirbt, kann Frucht bringen" oder „Wer sein Leben unbedingt erhalten will, der wird's verlieren".[263] Selbst sein Gebot „Liebet eure Feinde" deutet an, dass in der Ablehnung eines Menschen uns gegenüber auch eine Herausforderung für uns enthalten ist, an der wir wachsen und reifen können. Selbstverständlich können wir *in* der belastenden Situation nicht unbedingt dankbar sein, denn sie will zunächst einfach durchgestanden und bewältigt werden – doch rückblickend ist ein dankbarer Mensch in der Lage, die überstandenen Krisen auch als Chancen zu sehen.

Nicht verschwiegen werden darf allerdings, dass nicht alles, was uns widerfährt, aus unserer menschlich begrenzten Sicht auch etwas Positives beinhaltet. Dieses Positive oder Weiterführende, das „Gute im Schlechten", muss sich uns erschließen – doch das steht nicht immer in unserer Macht. Und es kann sehr lange dauern, bis uns eine solch tiefe Einsicht möglich ist. Das sollte respektiert werden.

---

263 Johannes 12,24 und Matthäus 16,25.

9.4. Humor

Eine der kürzesten Definitionen von Humor lautet: „Humor ist: wenn man trotzdem lacht." Darin ist viel Wahrheit enthalten. Der humorvolle Mensch hat die Fähigkeit erlernt, die amüsante, witzige, manchmal auch komische und lächerliche Seite einer Erfahrung zu sehen – oder zu suchen. Denn Humor hat, ähnlich wie Dankbarkeit, zwei Komponenten:

Humorvolle Menschen sind eher geneigt oder bereit, sich auf jene Aspekte einer Beobachtung oder eines Erlebnisses zu konzentrieren, die zum Schmunzeln oder Lachen Anlass geben. Man hat den Eindruck, dass manche Zeitgenossen mit einem gewissen Talent dazu auf die Welt kommen – beispielsweise Kabarettisten, denen es oft meisterhaft gelingt, die skurrilen oder lächerlichen Züge ihrer Zeitgenossen darzustellen und nachzuahmen. Doch auch weniger „naturtalentierte" Zeitgenossen können lernen, Menschen und Dinge von zwei Seiten zu betrachten – einer ernsten und einer weniger ernsten. Denn fast immer gibt es diese beiden Aspekte – man muss sie nur entdecken. Vor allem dann, wenn Menschen sich selbst ungeheuer ernst und wichtig nehmen, findet der humorvolle Beobachter leicht einen Grund zum Lächeln, denn: „Vom Erhabenen zum Lächerlichen ist es nur ein kleiner Schritt", so Friedrich Nietzsche. Mit dem „Erhabenen" meinte er alles Beeindruckende, Feierliche, den Menschen Überragende. Doch genau dies ist eine Frage der Perspektive und des Abstands, und hier deutet sich die zweite wichtige Komponente des Humors an, nämlich: genügend Abstand zu haben.

Humorvolle Menschen wahren eine Art freundliche Distanz zu dem, was ihnen begegnet. Sie stehen ihm keineswegs kühl, hochmütig oder gleichgültig gegenüber, sondern sind interessiert und teilnehmend – doch mit einer gewissen souveränen Gelassenheit. Ja, man kann durchaus sagen: Der humorvolle Mensch steht ein wenig über den Dingen und Menschen – und über sich selbst, denn echter Humor bezieht die eigene Person selbstverständlich mit ein. Nur wer auch genügend Abstand zu sich selbst hat, die eigenen Grenzen und Eigenheiten klar erkennt, kann über sich selbst gelegentlich lächeln oder lachen.

Einer der humorvollsten Menschen, die ich in meinem Leben kennengelernt habe, war Manfred Rommel, der langjährige Oberbürgermeister der Stadt Stuttgart. Trotz oder vielleicht gerade *wegen* seiner schweren Jugend – er musste miterleben, wie sein Vater 1944 von den Nationalsozialisten zum Selbstmord gezwungen wurde – besaß Rommel eine immer aufs Neue beeindruckende Fähigkeit, den Dingen, wie ernst sie auch schienen, eine heitere Seite abzugewinnen. Nicht zufällig überschrieb er seine Lebenserinnerungen mit dem Titel „Trotz allem heiter". Darin drückte er nicht nur aus, wie enorm bedeutsam die Heiterkeit für ihn als Teil der Lebensbewältigung war. Er deutete mit den Worten „trotz allem" auch an, dass ihm diese Heiterkeit keineswegs in den Schoß gefallen war, sondern dass er sie auch dem Schicksal entschlossen entgegengesetzt hatte. Es war die Haltung: „Ich will, auch wenn vieles negativ, bedauernswert oder traurig ist, nicht in Trübsal versinken."

Mit dieser Einstellung, hinter der sich kein oberflächlicher Geist, sondern ein tiefer und philosophisch hochgebildeter Denker verbarg, meisterte Rommel auch die rund fünfzehn letzten Lebensjahre, in denen ihn eine Parkinson-Erkrankung immer mehr in seinem Bewegungs- und Kommunikationsspielraum einschränkte. Ich konnte in den Begegnungen mit ihm lernen, dass wir im Leben immer die Wahl haben, wie wir mit einer belastenden Situation umgehen. Doch ich erkannte auch, dass die Entscheidung, „trotz allem heiter" zu sein, immer wieder aufs Neue durch intensive geistige und seelische Arbeit errungen werden muss!

Zum Wesen des Humors gehört es nicht zuletzt, die Dinge nicht immer so ernst oder so tragisch zu nehmen, wie sie im ersten Moment möglicherweise wirken. Im Humor ist deshalb auch eine Skepsis gegenüber dem ersten Eindruck oder äußeren Augenschein enthalten. „Nicht alles erscheint ihm himmelblau, aber er sieht durch Nebel und Wolken die Sonne", lautet eine Charakterisierung des humorvollen Menschen.

Warum aber macht Humor belastbar?

● Wer Humor hat, nimmt die kleinen Ärgernisse des Lebens weniger tragisch und vergeudet keine unnötige Energie mit ihnen. Deshalb ist Humor eine höchst wirksame „Stressbremse": Man kann auch sagen: Der Humorvolle benutzt den Humor als Stoßdämpfer, der die Zumutungen des Lebens abfedert. Er ist entschlossen, sich von dem „Ernst des Lebens" nicht immer und überall beherrschen zu lassen, wiewohl dieser Ernst zweifellos notwendig ist, um das Leben zu meistern. Doch Ernst allein genügt eben nicht, wie ein chinesisches Sprichwort mit den Worten deutlich macht: „Man meistert das Leben entweder lächelnd oder gar nicht."

● Herzhaftes Lachen hat enorm positive Auswirkungen auf die Gesundheit. Es kräftigt Herz und Immunsystem, wirkt entspannend auf die Muskeln, senkt den Blutdruck, fördert die Verdauung sowie guten Schlaf und lindert Schmerzen. Das beugt zum einen Stress vor, zum anderen baut es Stress ab.

Doch tatsächlich, so eine Studie, lachen die Deutschen seit dem Kriegsende immer weniger – obwohl der Wohlstand sich in dieser Zeit vervielfacht hat und das Leben in vieler Hinsicht bequemer wurde. Für dieses „Lachdefizit" muss es Gründe geben. Ein Grund dürfte sein, dass die Menschen damals, nach den bitteren Zeiten des Krieges, voller Erleichterung waren, dass die schrecklichen Jahre der Not und Gefahr vorbei waren. Damit verbunden war ein gewisser Nachholbedarf in puncto Fröhlichkeit und Ausgelassenheit, der die Menschen vermutlich „lachbereiter" machte.

Ein zweiter möglicher Grund dafür, dass heute weniger gelacht wird als nach Kriegsende: Mit dem wachsenden Wohlstand der vergangenen Jahrzehnte wurden die Sorgen der Menschen in der Regel nicht geringer – vielleicht sogar größer. Wo man sich früher darüber den Kopf zerbrach, wie man mit dem wenigen, das man hatte, über die Runden kommen könnte (und froh war, wenn es gelang oder sogar aufwärtsging), sorgt man sich heute, wie man das viele, das man besitzt, möglichst gegen Verlust absichern und, wenn möglich, auch noch vermehren kann.

Doch der dritte und vielleicht triftigste Grund dürfte sein: Lachen ist eine Aktivität des Menschen, die sich in den allermeisten Fällen nicht im stillen Kämmerlein abspielt, sondern in der vertrauten Gemeinschaft mit anderen.

9.5. Verbundenheit mit Menschen

Wer lacht, lacht selten alleine. Natürlich kann man auch allein lächeln, kichern, schmunzeln oder lachen, beispielsweise wenn man sich bei einem Missgeschick ertappt, ein amüsantes Buch liest oder einen lustigen Film anschaut. Doch das dürfte nicht der häufigste Grund sein, weshalb Menschen lachen. Der Anlass sind meist andere Anwesende. Und hier war die Situation nach Kriegsende in unserem Land deutlich anders als heutzutage: Die Menschen verbrachten mehr Zeit miteinander, sie pflegten die Geselligkeit, auch in Form von zahlreichen Traditionen und Bräuchen im Jahreslauf. Dieser Hang zur Gemeinschaft hatte zwei einfache Gründe: Man brauchte einander, und es gab wenig Alternativen.

Man denke sich einmal die heutigen Verkehrsmittel weg, ebenso Fernseher, Computer, Handy, Radio, MP3-Player etc.: Wie würden die Menschen wohl ihre Freizeit gestalten? Ganz sicher würden sie Unterhaltung im Zusammensein mit anderen suchen. Die Geselligkeit mit Menschen des unmittelbaren Umfeldes, die noch bis vor wenigen Jahrzehnten selbstverständlich war, besaß etliche Vorteile: Man erhielt Anregungen und Informationen, hatte Spaß, entfloh der Langeweile und Einsamkeit, und nicht zuletzt pflegte man Beziehungen und Kontakte. Dadurch entstand zwangsläufig eine wachsende Vertrautheit untereinander. Sie wiederum ist eine wichtige Voraussetzung für gemeinsame Fröhlichkeit. Werden doch im vertrauten Kreis Scherzworte und witzige Bemerkungen gewagt, die Ausgelassenheit und Spontaneität fördern.

Heute muss sich kein Mensch mehr in seinem unmittelbaren Umfeld um Geselligkeit und Kontakte bemühen. Es stehen uns unzählige Medien und Möglichkeiten zur Verfügung, um unsere Freizeit allein oder fern der Heimat mit Fernkontakten per Telefon, Handy, SMS, Facebook, Skype und Chatrooms zu verbringen. Auch ist die Zahl der Freizeitangebote, die man alleine besuchen kann, enorm gestiegen, man denke nur an Kinos, Konzerte, Theater, Lesungen, Ausstellungen, Museen, Vorträge usw. Selbst wenn man manche Menschen dort immer wieder trifft, entsteht keine Nähe, sondern die Zusammenkünfte bleiben unverbindlich. Vertrautheit kann auf diese Weise schwerlich entstehen. Doch gerade sie macht – vorausgesetzt, es handelt sich um harmonische Beziehungen – belastbar:[264]

---

[264] Vgl. dazu mein Buch „Freundschaft macht glücklich!", a.a.O., in dem ich die Gründe noch ausführlicher darlege.

- Vertrautheit bedeutet, im Bedarfsfall um Hilfe bitten zu können. Lasten müssen nicht immer allein getragen werden, denn Menschen, die uns vertraut sind, können wir eher um Beistand bitten als Fremde. Die Folge: In Gemeinschaft mit anderen, vertrauten Menschen reagieren wir gelassener auf Stress.[265]
- Vertrautheit bedeutet, sich nicht einsam zu fühlen. Einsamkeit kostet seelische Energie, wohingegen das Gefühl, Teil einer Gemeinschaft zu sein, Kraft gibt.
- Vertrautheit bedeutet, nicht nur Freude, sondern auch Leid teilen zu können. Man stützt und tröstet sich gegenseitig. So stellte man bei einer Untersuchung von Patienten mit schwerer koronarer Herzkrankheit fest, „dass die Hälfte der Untersuchten ohne soziale Unterstützung innerhalb von fünf Jahren tot waren – eine dreimal höhere Sterberate als bei den Patienten, die einen Lebenspartner oder einen guten Freund hatten".[266]
- Vertrautheit bedeutet, sich nicht nur auf sich selbst zu konzentrieren. Das Zusammensein mit anderen lenkt von eigenen Sorgen und Problemen ab – oder gibt ihnen ein anderes Gewicht.
- Vertrautheit bedeutet, sich des Wohlwollens der anderen relativ sicher sein zu dürfen. Dies ermöglicht Offenheit, Entspanntheit und Emotionalität, die nicht gleich zu Irritationen oder Verletzungen führen. Das gibt seelischen Halt.
- Vertrautheit begünstigt Aktivitäten, die Stress abbauen und der Seele guttun, wie zum Beispiel gemeinsames Singen, Essen, Spielen, Sporttreiben usw.
- Vertrautheit stärkt die Abwehrkräfte. Menschen mit intaktem sozialem Rückhalt werden seltener von Krankheiten befallen und erholen sich, wenn sie erkranken, schneller. Ebenso verfügen sie „über eine bessere psychische Gesundheit und sind sowohl für Depressionen als auch für andere, insbesondere stresserzeugte emotionale Störungen weniger anfällig".[267]

---

265 Sapolsky, a.a.O., S. 232 und 349.
266 Sapolsky, a.a.O., S. 233f. Vgl. auch die Studien, die ich in meinem Buch „Freundschaft macht glücklich!" dazu zitiere.
267 Shelley E. Taylor: Positive Illusionen, Reinbek 1993, S. 200.

Wie aber entsteht eine Vertrautheit, die den Einzelnen belastbarer macht?

Mein Eindruck ist, dass viele Menschen nicht gelernt haben, Vertrautheit herzustellen. Früher war diese Fähigkeit meist weniger notwendig, weil man sich aus oben genannten Gründen nicht gezielt um Gemeinschaft mit anderen Menschen bemühen musste. Sie war einfach gegeben – zumindest, solange man noch „unter die Leute gehen" konnte. Heute muss diese Gemeinschaft bewusst gesucht werden. Dabei gibt es einige äußere Faktoren, die Vertrautheit begünstigen:
- räumliche Nähe;
- Zeit, die man zusammen verbrachte oder verbringt;
- gemeinsame Aktivitäten;
- gemeinsame Interessen und Ziele.

Doch dies alles genügt nicht, es müssen auch charakterliche Voraussetzungen vorhanden sein. Nur dann kann sich eine Vertrautheit entwickeln, die mehr ist als bloße Gewöhnung und Gewohnheit. Mehr – damit meine ich eine Vertrautheit, die auch mit wachsendem gegenseitigem Vertrauen verbunden ist. Im Schutz dieses Vertrauens müssen wir keine glänzende Fassade aufrechterhalten, keine verkrampfte Rolle spielen, keine besondere Leistung bringen, um anerkannt und geschätzt zu werden.

Wichtig ist eine Kombination verschiedener Persönlichkeitsmerkmale, damit Vertrauen zwischen Menschen wachsen kann. Dazu gehören unter anderem:
- Selbstvertrauen und Selbstwertgefühl;
- Interesse am anderen und die Fähigkeit, sich zurückzunehmen;
- Aufrichtigkeit, Offenheit;
- Zuverlässigkeit;
- Bereitschaft, auch Fehler zuzugeben, Kritik zu ertragen;
- Toleranz;
- Respekt voreinander;
- Bescheidenheit (Verzicht auf Geltungsbedürfnis und Selbstdarstellung);
- Bereitschaft, auch persönliche Themen zu besprechen;
- Zurückhaltung im Sinne von Unaufdringlichkeit.

Sehr interessant ist, was der Fuchs dem „Kleinen Prinzen" in Saint-

Exupérys gleichnamigem Buch darüber sagt, wie man sich ein fremdes Lebewesen vertraut macht: *„Die Menschen haben keine Zeit mehr, irgendetwas kennenzulernen. Sie kaufen sich alles fertig in den Geschäften. Aber da es keine Kaufläden für Freunde gibt, haben die Leute keine Freunde mehr. Wenn du einen Freund willst, so zähme mich!"* – *„Was muss ich da tun?"*, sagte der kleine Prinz. *„Du musst sehr geduldig sein"*, antwortete der Fuchs. *„Du setzt dich zuerst ein wenig abseits von mir ins Gras. Ich werde dich so verstohlen, so aus dem Augenwinkel anschauen, und du wirst nichts sagen. Die Sprache ist die Quelle der Missverständnisse. Aber jeden Tag wirst du dich ein bisschen näher setzen können ..."*[268]

Deutlich wird, dass der Fuchs Vertrauen fassen kann, wenn er Interesse spürt, aber auch die Bereitschaft, ihm seine Freiheit zu lassen. Dies gilt auch für uns Menschen, denn niemand fühlt sich gern umklammert und unter Druck gesetzt, auch nicht unter Erwartungsdruck. So ist es kein Wunder, dass viele spätere Partnerschaften am Arbeitsplatz entstehen. Dort kann durch die Mischung von Aufmerksamkeit und Wertschätzung, aber auch Zurückhaltung und Toleranz langsam Vertrauen wachsen.

---

268 Der kleine Prinz, Düsseldorf 1956, S. 67f.

9.6. Soziales Engagement

Vorausgesetzt, man kann über Umfang und Aufwand seines Einsatzes für andere Menschen oder Institutionen selbstbestimmt entscheiden, so profitieren alle, die sich ehrenamtlich engagieren, sowohl seelisch als auch körperlich in erstaunlich hohem Maße davon. Sie sind nicht nur wesentlich zufriedener mit ihrer eigenen Lebenssituation, sondern sie sind im Durchschnitt auch gesünder und leben länger als Menschen, die sich nicht sozial engagieren. Die segensreichen doppelten Auswirkungen – für jene, die unterstützt werden, als auch für die Unterstützer selbst – sind vielfach belegt. Ausgegangen wird dabei nicht von gelegentlichem, sondern von verbindlichem und vor allem regelmäßigem Engagement.

Einige der Gründe, weshalb ein Ehrenamt psychisch und physisch wohltuend und kräftigend wirkt, seien genannt:

● Zahlreiche ehrenamtliche Tätigkeiten sind mit einer Form des Helfens verbunden, und Helfen ist ein menschliches Grundbedürfnis, das – im rechten Maß ausgeübt – dem Helfenden große emotionale Befriedigung gibt. Es stimuliert das Immunsystem und wirkt wie ein Puffer gegen Stress.

● Wer ehrenamtlich tätig ist, bleibt körperlich eher „auf Trab", denn er/sie muss sich immer wieder aus dem Haus begeben, in Bewegung setzen, möglicherweise auch kräftig zupacken. Dies ist, wenn die eigenen körperlichen Grenzen dabei respektiert werden, durchaus gesundheitsfördernd.

● Wer ehrenamtlich tätig ist, bleibt auch geistig beweglich, weil er/sie sich immer wieder auf neue Menschen und Aufgaben einstellen muss. Die Arbeit wirkt anregend und fördert nicht nur das Selbstvertrauen, sondern auch die Überzeugung, etwas bewirken zu können.

● Die Herausforderung, auf Menschen und neue Anforderungen zu reagieren, lenkt von eigenen Sorgen und Problemen ab oder gibt diesen ein anderes Gewicht. Durch die Konfrontation mit anderen Schicksalen oder Problemen bekommt man Distanz zu eigenen Belastungen und kann sie möglicherweise etwas gelassener sehen.

● Wer ehrenamtlich tätig ist, hat soziale Kontakte und erlebt zwar unter Umständen Konflikte oder Meinungsverschiedenheiten, aber auch menschliche Verbundenheit und seelischen Rückhalt. Das gemeinsame Engagement verbindet, und es vertieft Toleranz sowie gegenseitiges Verständnis.

● Wer ehrenamtlich tätig ist, bekommt meist Anerkennung und positive Rückmeldung für sein Tun – wenn nicht unbedingt von Mitarbeitenden, so doch von den direkten Nutznießern des eigenen Einsatzes. Dies steigert das Selbstwertgefühl – eine wichtige Voraussetzung, um zufrieden zu sein. Ein häufig gehörter Satz von Ehrenamtlichen lautet: „Ich gebe viel, aber ich bekomme auch eine Menge zurück."

● Durch das teilweise Mittragen von fremden Lasten – ich denke beispielsweise an alte oder kranke Menschen, die besucht, oder an Asylbewerber, die betreut werden – wächst auch die eigene Belastbarkeit.

● Ehrenamtliche Tätigkeit wird als sinnvoll erlebt. Dies steigert die Motivation, sich zu engagieren, sowie die Lebenszufriedenheit – was wiederum die Gesundheit stabilisiert.

Es ist kein Wunder, dass in einem Artikel von „Science", einer der renommiertesten Wissenschaftszeitschriften der Welt, schon vor knapp dreißig Jahren in einer gründlichen Untersuchung festgestellt wurde, dass wohltätiges Engagement „eine der besten Garantien für ein langes Leben darstellt (und) möglicherweise einen noch größeren Anteil daran hat als ein gut eingestellter Blutdruck (oder) ein niedriger Cholesterinspiegel".[269] Wichtig ist allerdings auch hier, dass man sich nicht über die eigenen körperlichen und seelischen Grenzen hinwegsetzt, sonst wird das ehrenamtliche Engagement zum Auslöser von Stress und, falls man nicht kürzertreten kann, womöglich zum Dauerstress. Dadurch würde der gesundheitlich positive Effekt sich ins Gegenteil verkehren.

---

269 Vgl. David Servan-Schreiber: Die neue Medizin der Emotionen, München 2004.

9.7. Kommunikation

Wer belastbar ist, lebt in guten Beziehungen, und diese sind ohne Sprache undenkbar. Doch wie sagte der Fuchs im „Kleinen Prinz": „Die Sprache ist die Quelle der Missverständnisse." Einerseits hat er recht – wer etwas ausspricht, kann immer auch missverstanden werden. Andererseits gibt es zur Sprache der Worte nur zwei Alternativen – nämlich zu schweigen oder sich über den Körper mitzuteilen.

Schweigen kann manchmal angemessen sein – doch Schweigen allein ist selten eindeutig. Wenn jemand auf eine Bemerkung oder Frage, eine Kritik oder eine sehr persönliche Äußerung von uns mit Schweigen reagiert, so wissen wir meist nicht, wie wir das Schweigen interpretieren sollen. Schweigt unser Gegenüber ...

- ... weil er uns etwas bewusst verschweigen möchte?
- ... aus Verlegenheit („Du hast recht, aber das will ich nicht zugeben")?
- ... aus Hilf- und Ratlosigkeit („Ich weiß nicht, was ich dazu sagen soll")?
- ... aus Betroffenheit („Mir fehlen die Worte, ich bin sprachlos")?
- ... aus Unsicherheit („Mir ist nicht klar, ob ich etwas sagen darf dazu")?
- ... aus Desinteresse („Das geht mich eigentlich nichts an, ich will es nicht wissen")?
- ... aus Feigheit („Lieber nichts sagen, das ist für mich am unverfänglichsten")?
- ... aus Misstrauen („Ich kann dir gegenüber nicht offen sein, mir fehlt das Vertrauen")?
- ... aus Resignation („Was ich sage, stößt sicher auf taube Ohren")?
- ... aus Frustration („Wenn ich bisher schon etwas sagte, wurde es nicht akzeptiert")?
- ... aus Trotz („Den Gefallen tue ich dir nicht, mich dazu zu äußern")?
- ... aus Höflichkeit („Was ich sagen würde, könnte dich verletzen")?
- ... aus Zurückhaltung („Wenn ich nicht gefragt werde, behalte ich meine Meinung für mich")?

Dreizehn Möglichkeiten, weshalb jemand nicht antwortet, obwohl wir etwas gesagt haben – und es gibt sicherlich noch mehr. Es stimmt, Schweigen ist manchmal klüger, ratsamer, taktvoller und einfühlsamer als Reden.

In vielen Fällen ist es allerdings wenig hilfreich, im Gegenteil: Es ist verunsichernd, verletzend, deprimierend oder belastend. Und es ist häufig schon gar nicht dazu geeignet, Vertrauen und Vertrautheit wachsen zu lassen. Doch bietet sich als weitere Alternative zur Sprache nicht auch noch die Körpersprache an? „Ein Blick sagt oft mehr als tausend Worte", behauptet eine bekannte Redewendung. Doch *was* sagt der Blick? Und wie soll ich es deuten, wenn ich jemanden anschaue – und er/sie schaut weg? Ist dies ein Zeichen von Verlegenheit, von Konzentration auf etwas, was ihn/sie gerade bewegt, oder von Abwehr? Woher soll ich das wissen? Das Beispiel zeigt: In aller Regel ist die Körpersprache zwar ehrlicher, aber auch wesentlich missverständlicher als die gesprochene Sprache! Zudem können mit Körpersprache keine komplexeren Sachverhalte ausgedrückt werden.[270] Es bleibt dabei: Wir sind auf die Sprache angewiesen.[271]

Was aber haben Gespräche mit Belastbarkeit zu tun? Entscheidend sind die Inhalte unserer Kommunikation. Hilfreich und wohltuend sind Gespräche immer dann, wenn die Gefühlsebene der Gesprächspartner nicht ignoriert, sondern in moderater (möglicherweise manchmal auch intensiver) Weise mit einbezogen wird. Menschen mit hoher „emotionaler Intelligenz"[272] haben genau dies gelernt. Sie zeichnen sich dadurch aus, dass sie Gefühle bei sich selbst und anderen nicht nur erkennen, sondern auch darüber nachdenken und mit ihnen bewusst und kontrolliert umgehen können. Dadurch vermeiden sie eine Menge Konflikte und Verletzungen. Da sie gelernt haben, die Gefühlsebene nicht nur sensibel wahrzunehmen, sondern gegebenenfalls auch anzusprechen, können zwischenmenschliche Verstimmungen frühzeitig bearbeitet werden. Dies ist (vgl. Kapitel 6.1.) eine enorm wirksame Vorbeugung gegen Dauerstress.

Davon abgesehen, findet in einem guten Gespräch auf mehrfache Weise ein wirkungsvoller Stressabbau statt:

---

270 Vgl. mein Buch „Faszination Körpersprache", a.a.O.
271 Bei einer Übereinstimmung der Gene mit manchen Menschenaffen von über 98 Prozent ist es den Wissenschaftlern bis heute nicht gelungen zu erklären, weshalb sich beim Menschen irgendwann in Gehirn und Anatomie die Fähigkeit zur Sprache herausbildete und bei den Menschenaffen nicht. Es gibt lediglich Spekulationen über die Ursachen.
272 Der Begriff wurde durch Daniel Golemans Buch „Emotionale Intelligenz", München 1995, bekannt. Goleman wies nach, dass emotionale Intelligenz besser als jede andere Form von Intelligenz den Erfolg eines Menschen im Leben erklärt, denn emotional intelligente Menschen verfügen über ein hohes Maß an Selbstwahrnehmung, aber auch Empathie sowie Kooperationsbereitschaft und Konfliktlösefähigkeiten. Interessanterweise ist Emotionale Intelligenz weitgehend unabhängig vom sogenannten Intelligenzquotienten eines Menschen.

- Wer Gedanken, Gefühle, Erlebnisse und Erinnerungen in Worte zu fassen versucht, muss sie sich bewusst(er) machen. Der Wunsch, jemanden an den eigenen Erfahrungen und inneren Prozessen teilnehmen zu lassen, ist ein Anlass, dafür möglichst präzise Beschreibungen zu suchen. Diese Anstrengung lohnt sich, denn dabei gewinnt der Erzähler ein klareres Bild von dem, was in ihm vorgeht.[273] Das wiederum kann entlastend wirken und die aufgewühlte Psyche beruhigen.
- „Sich etwas von der Seele zu reden" bedeutet, die eigenen Probleme und Belastungen einem Gegenüber mitzuteilen. Im Wort „mitteilen" ist das Wort „teilen" enthalten: Wir teilen das, was uns beschäftigt, mit jemand anderem. Auch dieses Teilen wirkt entlastend, wie das Sprichwort „Geteiltes Leid ist halbes Leid" deutlich macht.
- Wer dem anderen etwas mitteilt, hofft auf Resonanz. Sie kann vielerlei Formen annehmen. In vorwiegend emotionaler Form bedeutet Resonanz, dass wir uns beispielsweise mit jemandem mitfreuen, mitärgern, mit begeistern oder aber mit jemandem trauern, mit empört oder mit enttäuscht sind usw. Emotionale Resonanz signalisiert in jedem Fall Empathie, Anteilnahme und damit Verbundenheit. Dies wirkt stabilisierend auf die Psyche und gibt Mut und Hoffnung.
- Die Resonanz auf eine Mitteilung kann auch in rationaler Form stattfinden: Der Gesprächspartner kommentiert das, was ihm erzählt wird. Er ergänzt es, beurteilt es, lobt oder kritisiert es, stellt Fragen dazu, teilt eigene Erfahrungen und Ideen mit usw. Diese Form der Resonanz ist nicht weniger wertvoll als die emotionale Anteilnahme, denn sie enthält für den, der sich mitteilt, eine große Chance: Dank der Kommentare des Gesprächspartners wird er angeregt, weiterzudenken oder auch das Erzählte aus einem anderen Blickwinkel zu sehen. Kritische Fragen des Gesprächspartners mögen bisweilen unbequem sein, doch sie tragen dazu bei, Ungereimtheiten oder bisher nicht Bewusstes klar werden zu lassen, andere Lösungen zu suchen usw. In jedem Fall ist ein gutes Gespräch hilfreich, um Distanz zu dem zu gewinnen, was uns bewegt. Gleichzeitig eröffnet es uns neue Perspektiven, beflügelt unsere Kreativität. Ohne ein „Du", das gleichermaßen mitdenkt wie mitfühlt, sind solche Entwicklungen nur schwer möglich.
- Ein gutes Gespräch kann dazu beitragen, bewusster zwischen emotionaler und rationaler Ebene bei der Verarbeitung eines Problems zu un-

---

273 Auch Schreiben, z.B. Tagebuchschreiben, kann diesen Zweck erfüllen, doch ist es kein Ersatz für die Resonanz eines Gesprächspartners.

terscheiden. Außerdem unterstützt es uns darin, flexibler zwischen „Gefühl und Verstand" hin- und herzuwechseln. Denn Fakt ist: Die meisten Menschen sind zunächst derart in ihre Gedanken, Gefühle und Probleme „verstrickt", dass es ihnen schwerfällt, Gefühle und Tatsachen zu trennen oder zwischen Beobachtungen und ihrer Interpretation zu unterscheiden. Da der emotional weniger unmittelbar betroffene Zuhörer mehr Distanz zum Erzählten hat, kann er diese wichtigen Unterscheidungen hilfreich in das Gespräch einbringen. Allein die Fragen: „Warum findest du das so schlimm, was da passiert ist?" oder: „Weshalb ist das Thema für dich so wichtig?" helfen oft, Geschehen und Bewertung auseinanderzuhalten. Ebenso regt die Frage: „Weißt du das, oder vermutest du das lediglich?" dazu an, zwischen sicheren Fakten und unseren „todsicheren Annahmen" zu differenzieren.

● Wenn es um zwischenmenschliche Konflikte und Verletzungen geht, birgt ein gutes Gespräch mit einer neutralen dritten Person die Chance, uns zu helfen, auch den Standpunkt der Gegenseite besser nachzuvollziehen. Unser Gesprächspartner kann uns behutsam anleiten, nicht nur auf der eigenen Sicht der Dinge zu beharren, sondern auch die Möglichkeit einer anderen Betrachtungsweise ins Auge zu fassen. Aus eigener Kraft sind die wenigsten Menschen dazu in der Lage. Das Verständnis für eine andere Perspektive kann die Last der Verletzung oder Frustration, die wir durch einen Konflikt tragen, nicht wegzaubern, aber es kann diese Last deutlich verringern.

Doch was sind die Bedingungen dafür, dass ein Gespräch mehr ist als ...
... nur ein Monolog desjenigen, der sein Herz ausschüttet,
... nur eine gegenseitige Bestätigung, dass man recht hat,
... nur ein unverbindliches Zuhören mit oberflächlichen „So, so, ach ja"-Kommentaren?

Zweifellos ist ein hilfreiches Gespräch ein anspruchsvolles Unterfangen, denn es verlangt von beiden Gesprächspartnern Fähigkeiten, die nicht unbedingt angeboren sind, sondern gelernt werden müssen.

● Zu einem hilfreichen Gespräch gehört die Fähigkeit, von sich selbst abzusehen, um sich auf die Worte des Gegenübers zu konzentrieren. Denn nicht das Zuhören allein, sondern erst die Konzentration auf das Gehörte ermöglicht es, mitdenkend und einfühlsam auf das, was der andere sagt, einzugehen. Das bedeutet auch: daran anzuknüpfen, den Faden weiterzuspinnen, eigene Assoziationen beizusteuern. Man bemerkt in der

Regel rasch, ob ein Gesprächspartner zu dieser Konzentration fähig (oder bereit) ist. Wer nur mit Floskeln und oberflächlichen Kommentaren reagiert („Wer hätte das gedacht!"; „Also Sachen gibt's!"), ist geistig und seelisch entweder überfordert oder schlichtweg nicht bei der Sache – genauer gesagt: nicht bei seinem Gegenüber.

● Wenn jemand auf das, was er hört, nachdenklich eingeht, so bedarf es zusätzlicher sozialer Fähigkeiten wie Taktgefühl und Empathie, um das Gegenüber mit seinen Antworten weder zu über- noch zu unterfordern, weder zu verletzen noch unnötig zu belasten oder zu provozieren.

● Um anderen Menschen ein guter Gesprächspartner zu sein, muss man bewusst an seinem eigenen Gesprächsverhalten arbeiten. Dieses Ziel wird nicht von selbst erreicht, man muss es erreichen wollen. Dazu bedarf es der Bereitschaft, Zeit und Energie zu investieren.

● Das Wissen, dass gute Gespräche unsere Belastbarkeit steigern und gleichzeitig unsere Lasten vermindern, sprich: langfristigen Stress vermeiden und Stress abbauen, könnte eine hilfreiche Motivation sein, sich diesem Ziel entschlossener zu stellen. Bezogen darauf, welche Prioritäten wir im Leben setzen, kann dies bedeuten, dass wir dem Gespräch mit anderen Menschen bewusst mehr Zeit und Raum in unserem Alltag und unserer Freizeit einräumen.

9.8. Was man von belastbaren Menschen lernen kann – einige Anregungen

Der finnische Therapeut und Psychiater Ben Furman studierte die Lebensgeschichten von rund dreihundert Personen, die eine ausgesprochen schwere Kindheit erlebt hatten und daran nicht zerbrochen waren. Als Resümee stellte er folgende wertvolle Gedanken und Richtlinien zusammen, die ich ungekürzt wiedergeben möchte[274]:

- Schätze es, wie du Schwierigkeiten in deinem Leben überwunden hast.
- Sieh Probleme, die dir begegnet sind, als Prüfsteine, die dich als Mensch weitergebracht haben.
- Merke dir die Ressourcen, die in dir und um dich sind; es gibt mehr davon, als du ahnst.
- Schätze deine Entwicklung und deine Erfolge und richte deine Aufmerksamkeit auf Zeichen, die dafür sprechen, dass du auf dem richtigen Weg bist.
- Sei dir bewusst, was du vom Leben erwartest und dir von der Zukunft wünschst. Wünsche haben die Neigung, wahr zu werden, aber kein Wind ist günstig für ein Schiff, das kein Ziel hat.
- Glaube daran, dass du eine gute Zukunft verdient hast. Wenn die Vergangenheit schwer war, umso eher hast du sie verdient.
- Sei barmherzig mit dir selbst, und denke daran, du bist nicht allein: Es lohnt sich, die Senfkörner zu suchen, auch wenn man sie nicht (immer) findet.

---

[274] Ben Furman, a.a.O., S. 99.

Eine Ergänzung: Omega-3-Fettsäuren

Wie Kapitel 5 deutlich gemacht hat, kommt es bei Stress auch zu tief greifenden Veränderungen im Gehirn. Eine der Hauptfolgen von Dauerstress ist, dass die Gefahr, an einer Depression oder einem Burnout-Syndrom zu erkranken, deutlich ansteigt. Könnte es sein, dass man durch die Wahl seiner Ernährung auch die Belastbarkeit des Gehirns unterstützen kann, so wie sich durch bestimmte Ernährungsgewohnheiten die körperliche Gesundheit und Leistungsfähigkeit wirksam beeinflussen lassen?

In der Tat ist schon lange bekannt, dass das Gehirn zu zwei Dritteln aus Fettsäuren besteht. Sie sind die Grundbausteine der äußeren Hülle (= Membran) der Nervenzellen, über welche die gesamte Kommunikation innerhalb des Gehirns sowie zwischen Gehirn und Körper verläuft. Offensichtlich kann die Qualität dieser Membran durch die Art der Fettsäuren, die wir zu uns nehmen, beeinflusst werden. Für unseren Körper besonders wertvoll sind die sogenannten Omega-3-Fettsäuren. Sie sind vor allem in Fisch, Meeresalgen, Walnüssen, Rapsöl, Leinsamen und – noch konzentrierter – Leinöl enthalten.[275] Wie wirken diese Fettsäuren?

● Ein Experiment zeigte: Wenn die Ernährung von Laborratten keinerlei Omega-3-Fettsäuren enthielt, so zeigten die Tiere binnen weniger Wochen eine deutliche Wesensveränderung: „Sie werden ängstlich, erlernen keine neuen Aufgaben mehr und geraten in Stresssituationen in Panik."[276]
● Auch unser Gehirn reagiert offenbar sensibel darauf, wie viel Omega-3-Fettsäuren wir zu uns nehmen. So stellte sich heraus, dass Frauen in Ländern mit einer Omega-3-Fettsäure-reichen Ernährung deutlich seltener an postnatalen Depressionen (die nach der Geburt eines Kindes auftreten) leiden.[277] Der Grund dürfte sein, dass ihr Depot an Omega-3-Fettsäuren sehr gut gefüllt ist. Dies hat zur Folge, dass der Fötus, der in den letzten Schwangerschaftsmonaten und in den Monaten nach seiner Geburt für seinen Gehirnaufbau besonders viel von diesen Fettsäuren benötigt, den Speicher nicht restlos leert, sodass die Mutter in keinen Fettsäure-Mangelzustand gerät.

---

275 Zum Vergleich: Während auf hundert Gramm Makrele 2,5 Gramm Omega-3-Fettsäuren kommen, enthält ein einziger Teelöffel Leinöl 7,5 Gramm Omega-3-Fettsäuren und ist damit eines der für den Organismus wertvollsten Öle, die es gibt.
276 Servan-Schreiber, a.a.O., S. 157.
277 Ebd., S. 155ff.

• Eine Studie der Harvard-Universität in den USA Ende der 90er-Jahren an depressiven Patienten zeigte, dass diejenigen Patienten, die als Teil ihrer Therapie auch Omega-3-Fettsäuren verabreicht bekamen, eine deutliche Stabilisierung ihrer Stimmung und eine Linderung ihrer Depressionen erfuhren.[278]

• Eine englische Untersuchung bestätigte den positiven Einfluss der dreifach ungesättigten Fettsäuren auf Geist und Seele: Depressive Symptome, wie sie häufig bei Dauerstress auftauchen, konnten gebessert werden. Dazu zählen Antriebslosigkeit, Traurigkeit, Angst, Schlaflosigkeit, mangelndes sexuelle Interesse sowie Selbstmordneigungen.

• Auch eine antientzündliche Wirkung wird den dreifach ungesättigten Fettsäuren bescheinigt. Sie reduziert das Risiko von Infektionen und Autoimmunkrankheiten. Omega-6-Fettsäuren hingegen, die wir in unserer Ernährung überwiegend zu uns nehmen (sie sind in Butter, Fleisch, Frittierfett, Schmalz, Ölen enthalten), lösen bei einem Überschuss im Körper leicht entzündliche Reaktionen aus.

• Die herzschützende Wirkung von Omega-3-Fettsäuren ist vielfach belegt.

Die nachhaltig positiven Auswirkungen von Leinöl auf Körper, Seele und Geist des Menschen, die ihn gesünder, belastbarer und damit stressresistenter machen, haben den renommierten Ernährungswissenschaftler Hans-Ulrich Grimm zu einem Buch bewogen mit dem Titel: „Leinöl macht glücklich – Das blaue Ernährungswunder". Im Begleittext dazu heißt es: „Leinöl schärft den Verstand und stärkt die Psyche, wirkt gegen Herzinfarkt und hohen Blutdruck, bei Verdauungsstörungen und Haarausfall. Lein wurde schon in der Antike als Heilmittel eingesetzt."[279]

---

[278] Ebd., S. 162. Ähnliche Befunde zitiert Hans-Ulrich Grimm: Die Ernährungslüge, München 2005, S. 179f.
[279] Hans-Ulrich Grimm/Bernhard Ubbenhorst: Leinöl macht glücklich, München, [6]2012.

10. Die Bedeutung des Glaubens

Der Verstand widerspricht nicht der Existenz Gottes. Es gibt Dinge, die über den Verstand gehen und die auch wichtiger sind als das, was man mit dem Verstand erkennen kann. Ob ich geliebt werde oder nicht, ist für mich viel wichtiger als die Relativitätstheorie oder der gekrümmte Raum.

*Heiner Geißler,
geb. 1929, Politiker*

„Ich glaube" – aber woran eigentlich? So viele verschiedene Menschen es gibt, so viele unterschiedliche Wege des Glaubens. Die christlichen Kirchen versuchten seit Beginn der christlichen Religion, diese Vielfalt einzudämmen, indem sie ihren Gläubigen mehr oder weniger diktierten, was sie glauben sollten, um sich als dazugehörig und als „errettete Sünder" fühlen zu dürfen.[280]

Doch die Zeiten dieser Bevormundung – so werden Bekenntnisse und Dogmen heute vielfach empfunden – sind zunehmend vorbei. Glaubensbereite und glaubensinteressierte Menschen lassen sich immer weniger vorschreiben, was sie zu glauben haben. Der nachlassende Respekt vor Autoritäten macht vor den Kirchen nicht halt. Natürlich lauert hier eine Gefahr – die Gefahr von Wildwuchs und Willkür. Doch sie gehört zur Freiheit – auch zur Freiheit des Glaubens.

Wenn ich also im Folgenden erläutere, was ich selbst glaube, so soll dies nicht als Norm, sondern als Verständnisgrundlage dienen. Mein persönlicher Glaube muss nicht Ihr persönlicher Glaube sein. Er ist stark beeinflusst von meinem theologischen Wissen, doch dieses Wissen allein genügt nicht. Mein Glaube ist ebenso das Resultat meiner Erfahrungen und Begegnungen mit mir selbst, mit Menschen, mit dem Leben, mit der Bibel und mit Gott. Deshalb ist dieser Glaube so individuell, wie es Ihr Glaube ist.[281] Und: Er ist in Bewegung, denn alles Lebendige ist nicht statisch, sondern dynamisch. Ist nicht für alle Zeiten festgelegt, sondern immer für neue Erfahrungen und Erkenntnisse offen. Dies gilt auch für meine christlichen Vorstellungen und Überzeugungen.

---

280 Selbstverständlich hatten die Glaubensbekenntnisse, Glaubenslehren usw. auch eine theologische Orientierungsfunktion für die Gemeindemitglieder.
281 Vgl. dazu mein Beitrag in dem Buch „Woran glaubst du?", hrsg. von Uwe Metz, Stuttgart 2014.

Nicht umsonst hat Jesus für den Glauben, zu dem er aufrief, immer den Begriff der „Nachfolge" verwendet.[282] Wer wandert, steht nicht still, hat keinen ein für alle Mal fixierten „Standpunkt". Wer unterwegs ist, setzt sich ständig Neuem aus – auch neuen Erfahrungen und Einsichten. Deshalb können Stresssituationen und schwere Belastungen, Krisen und Krankheiten unsere Glaubensinhalte nachhaltig verändern – das darf und muss sein. Andererseits hat der Glaube gerade auch in Belastungszeiten eine stabilisierende Funktion. Mit anderen Worten: Ich sehe im Glauben, wie ihn uns Jesus von Nazareth gelehrt und vorgelebt hat, eine unersetzliche Hilfe zur Lebensbewältigung.[283] Eine Hilfe auch darin, wie man mit Druck, Spannung und Belastungen umgehen kann. Ja, mehr noch: Für mich steht außer Zweifel, dass der Glaube ein wirksames Gegengewicht gegen die gefährlichste Form von Stress bildet, nämlich Dauerstress.

Elementare Bestandteile eines für die Lebensbewältigung und damit auch für die Stressreduktion hilfreichen Glaubens sind:
● ein positives Gottesbild: Gott wird in erster Linie als liebevoll und hilfreich wahrgenommen; eine vertrauensvolle Beziehung zu ihm wird gesucht (das Gegenteil wäre ein Furcht einflößender, womöglich strafender Gott, dem man eher misstrauisch gegenübersteht);
● der Glaube ist innengeleitet, das heißt: von eigenen Überzeugungen gespeist, nicht von außen aufoktroyiert und „antrainiert";
● der Glaube ist nicht zweckorientiert, d.h., es wird nicht versucht, damit bestimmte Ziele (Reichtum, Glück, Gesundheit, Erfolg, Macht) zu erreichen.

Die gesundheitsfördernde Wirkung des Glaubens wird von einem Resümee aus den Vereinigten Staaten zum Thema „Glaube und Gesundheit" eindrucksvoll bestätigt.[284] Ein Überblick über mehr als 1200 Studien ergab einen positiven Zusammenhang zwischen körperlicher Gesundheit und Religion. Einer der Hauptgründe dafür: „Wer glaubt, verfügt (...) über mehr Bewältigungsstrategien und genießt eine höhere

---

282 Dies gilt für die drei ersten Evangelien Matthäus, Markus und Lukas, nicht für das Johannesevangelium, das, wie schon erwähnt, eine ganz eigene Theologie entfaltet.
283 Als Theologin weiß ich, wie kompliziert die Frage nach der „Authentizität" und Historizität der Evangelien ist, dennoch scheint mir das Profil, das von Leben und Denken Jesu gezeichnet wird, zumindest in den ersten drei Evangelien trotz mancher Abstriche recht zuverlässig zu sein.
284 Sie ist allerdings sehr stark von den Glaubensinhalten abhängig, wobei Abschnitt 10.4. eine besonders bedeutsame Rolle spielt.

Lebenszufriedenheit."[285] Der amerikanische Arzt und Forscher Dale A. Matthews kommt in seinem Forschungsüberblick zum gleichen Ergebnis: „Ganz gleich, welchen Herausforderungen wir im Leben begegnen: Die Forschungen zeigen, dass wir uns ihnen besser stellen können, wenn wir über einen echten religiösen Glauben und eine entsprechende Praxis als Grundpfeiler unseres Lebens verfügen."[286] Wie ich die Wirkungen des Glaubens verstehe, möchte ich im Folgenden näher erläutern.

---

285 Aus SPIEGEL SPECIAL: „Gesund und glücklich – Was Körper und Seele ins Gleichgewicht bringt", Hamburg 6/2007, S. 27.
286 Dale A. Matthews: Glaube macht gesund. Spiritualität und Medizin, Freiburg i.Br. 2000. Vgl. auch A.E. Auhagen (Hrsg.): Positive Psychologie, Weinheim 2004, S. 77ff.

10.1. Entlastung

„Alle eure Sorge werfet auf ihn, denn er sorgt für euch!", empfiehlt der Verfasser eines neutestamentlichen Briefes[287] seinen Lesern, und mit „ihm" ist unmissverständlich Gott gemeint. „Werfet" – welch eine ungewöhnliche Anweisung! Was verbinden wir damit? Wer schon einmal ein schweres Objekt – und Sorgen wiegen schwer! – geworfen hat, der weiß: Ohne Kraftaufwand geht nichts. Schließlich steuert man ein Ziel an, das nicht direkt vor den Füßen liegt, sonst müsste man nicht werfen. Die Empfehlung hört sich anstrengend an – und ist es zunächst auch. Geht es doch darum, genügend Vertrauen oder Hoffnung zu mobilisieren, um das, was einen belastet und bedrückt, nicht ständig festzuhalten und mit sich zu schleppen, sondern es mit kräftigem Schwung abzustoßen. Dazu ist eine gewisse Entschlossenheit notwendig, die man sich emotional und geistig erarbeiten muss.

Wenn wir aber die Sorgen Gott „zuwerfen" dürfen – was erhoffen wir dann konkret von dieser höheren Macht? Bestimmt nicht, dass Gott sich zu unserem „Wunscherfüller" macht, auch wenn Jesus uns aufgefordert hat: „Bittet, so wird euch gegeben."[288] Meines Erachtens liegt die Pointe dieser Verheißung Jesu darin, dass wir mit einer *Reaktion* Gottes (wenn wir ihn wie Jesus personal verstehen) rechnen sollen. Doch sie liegt nicht darin, dass wir Gott diese Reaktion – wann und wie er reagiert – vorschreiben könnten. Entscheidend ist, dass wir Gott mehr Weitblick und mehr Möglichkeiten unterstellen als uns selbst und dass wir davon ausgehen, dass er nicht nur „zur Kenntnis nimmt", sondern begleitet und unterstützt, führen und fügen kann. Dass er die Dinge nicht „dem Zufall" überlässt.

Dieser Glaube ist auch dem kühnen Psalmwort zugrunde gelegt: „Wälze auf Gott deine (Lebens-)Wege und vertraue auf ihn, er wird handeln."[289] Die Anstrengung des Abgebens ist mit „wälzen/rollen" gut beschrieben, weil beides, wie schon erörtert, einen Kraftaufwand beinhaltet. Andererseits wird nicht konkretisiert, worin das Handeln Gottes besteht. Die Entlastung besteht offenbar darin, dass wir mit den Aufgaben, die wir zu bewältigen haben, und den Lasten, die wir tragen, nicht auf uns allein, sondern „in die Hand einer höheren Macht" gestellt sind.

---

[287] 1. Petrus 5,7.
[288] Matthäus 7,7.
[289] Psalm 37,5. Luther übersetzte: „Befiehl dem Herrn deine Wege und hoffe auf ihn, er wird's wohlmachen", doch im Urtext steht lediglich: „Er wird handeln", mit anderen Worten: Er ist nicht untätig.

Klar ist: Diese kühne Hoffnung kann weder bewiesen noch widerlegt werden. Wunderbare Happy Ends oder „Gebetserhörungen" sind kein Beweis für göttliches Eingreifen und Handeln. Ebenso stellen ausbleibende Happy Ends (nach menschlichem Ermessen) sowie scheinbar resonanzlose Gebete keine Widerlegung dieses Glaubens dar.

Doch was weder bewiesen noch widerlegt werden kann, sollte unter einem anderen Aspekt gesehen werden, nämlich unter dem Aspekt der Hilfe und des praktischen Nutzens. Hilft mir dieser Glaube, mit einem Problem, einer Situation, die mich überfordert, besser umzugehen? Ja, würde ich sagen, doch unter einer Bedingung: wenn wir für alle Entwicklungen offen sind, auch die von uns ungeliebten oder gar gefürchteten. Dies setzt voraus, dass wir genügend Demut besitzen, um zu sagen: „Ich kann zwar nach menschlichem Ermessen Pläne haben und Wünsche äußern, doch letzten Endes kann ich nicht beurteilen, was das Richtige/langfristig Weiterführende für mich oder die mir wichtigen Menschen ist."

Dazu ein Beispiel: Ein Mann verspürte, kurz nachdem er in Rente gekommen war, Atemprobleme. Er ging zum Hausarzt, der ihn zum Lungenfacharzt überwies. Auf dem Weg dorthin erlitt er einen Schlaganfall, fiel in Ohnmacht und wachte, halbseitig gelähmt, im Krankenhaus wieder auf. Sobald sich sein Zustand einigermaßen stabilisiert hatte, wurden Röntgenaufnahmen von seiner Lunge gemacht. Sie zeigten, dass er einen inoperablen Tumor hatte. Wie sollte es weitergehen, was war für diesen Mann wünschenswert?

Seine Frau erzählte mir, dass sie, von dieser katastrophalen Entwicklung innerhalb weniger Tage völlig überrumpelt, sinngemäß Folgendes im Gebet formuliert habe: „Gott, ich weiß nicht, was für meinen Mann das Beste ist, ich weiß es einfach nicht. Ich würde ihn noch gerne behalten, und dir sind alle Dinge möglich, aber da du mehr weißt und weiter siehst als ich, überlasse ich dir die Entscheidung. Ich befehle meinen Mann dir an!" Kurz darauf fiel ihr Mann ins Koma und starb. Seine Frau war erschüttert, doch sie haderte nicht, sondern fand Trost und Entlastung in dem Gedanken, dass letzten Endes Gott entschieden hatte.

Diese Möglichkeit der Entlastung – auch von der Frage: „Habe ich etwas versäumt? Hätte ich etwas tun können, um diese Entwicklung zu verhindern?" – ist eine unschätzbare Hilfe zur Stressreduktion. Ebenso die Erleichterung, seine Sorgen und Belastungen nicht unablässig mit sich herumtragen zu müssen. Zum Dritten spielt die Überzeugung eine große Rolle, dass das, was (mit einem) geschieht, einen – wenn auch möglicherweise im Moment verborgenen – Sinn hat. Diese Überzeugung hegte vermutlich auch Paulus, als er der Gemeinde in Rom schrieb: „Wir erkennen aber, dass Gott denen, die ihn lieben, alles zum Guten zusammenwirkt."[290] Gott zu lieben bedeutet in diesem Fall, ihm das eigene Leben anzuvertrauen, ohne dabei die persönliche Verantwortung vollkommen abzugeben. „Zum Guten" – darunter verstehe ich: Es geschieht nicht einfach nur etwas mit uns, Gott lenkt entweder die Ereignisse oder das, was sich für uns daraus ergibt. Man erhofft also zuversichtlich einen Sinn (das heißt wörtlich: ein Ziel) in dem, was man erlebt oder was einem widerfährt. Diese Hoffnung wirkt stärkend und entlastend.

---

290 Römer 8,28 (eigene, wörtliche Übersetzung). „Zum Besten" steht nicht im griechischen Urtext.

10.2. Vertrauen

Die Erfahrung, dass Vertrauen Kraft gibt, wird im Alten Testament immer wieder eindrücklich formuliert, zum Beispiel in den Worten: „Gott gibt dem Erschöpften Kraft, und dem Machtlosen vermehrt er die Stärke. (Sogar) junge Männer werden müde und matt, Krieger straucheln und kommen zu Fall, aber die auf Gott hoffen, wechseln Kraft ein, sie steigen mit Flügeln empor wie Adler, sodass sie laufen und nicht ermatten, dass sie wandern und nicht müde werden."[291]

„Sie wechseln Kraft ein" – damit wird angedeutet, dass die Erschöpften auch selbst aktiv werden, um sich aus der Tiefe wieder in die Höhe zu schrauben. Dieser Aspekt erscheint mir sehr wichtig, denn oft beobachte ich bei Christen, die unter Druck stehen, eine kindlich-passive Erwartungshaltung Gott gegenüber im Sinne von „Hilf mir, dass es mir besser geht", anstatt konkreter zu formulieren: „Hilf mir, dass ich die Schritte erkenne und tun kann, die notwendig sind, damit es mir besser geht." Bei dieser Form von Vertrauen ist die eigene Verantwortung nicht ausgeschaltet oder minimiert. Sie wird lediglich – doch das ist enorm wichtig – in einen größeren Zusammenhang gestellt, man kann auch sagen: Sie wird in Gott verankert. Eine Frau, die Brustkrebs überstand, formulierte: „Für mich war die Krankheit ein Innehalten ... Ich bin ganz getrost. Ich kenne den Plan zwar nicht, den ‚der da oben' hat, aber seitdem lebe ich den gegenwärtigen Tag mit Anstand. Was morgen sein wird, sehe ich dann schon."[292]

Wie enorm wichtig der Glaube an einen führenden und unterstützenden Gott sein kann, wird auch in Psalm 23 deutlich, wo der Beter, sich selbst mit einem Schaf und Gott mit einem Hirten vergleichend, schreibt (V.4): „Und wenn ich auch wandere im finsteren Tal, fürchte ich kein Unglück, denn du bist bei mir, dein Stecken und Stab, die trösten mich." An und für sich kann das finstere Tal als ein Symbol für eine dunkle, schwere Zeit – Dauerstress! – in unserem Leben verstanden werden, in der wir uns einsam und verlassen, ausgeliefert und überfordert fühlen. Dennoch betont der Beter, dass er dies noch nicht als „Unglück", wörtlich: als „Böses", ansehe, schließlich ist er nicht allein: „Du bist bei mir." Deutlich wird, dass das Vertrauen in eine höhere Macht stabilisierend wirken kann, weil es das Gefühl der Einsamkeit und Schutzlosigkeit gegenüber Mächten, denen man nicht gewachsen ist, lindert oder verwandelt.

---
291 Jesaja 40,29-31 (eigene Übersetzung).
292 Klose-Ullmann, a.a.O., S. 48.

Doch das Vertrauen des unter Druck geratenen Beters geht noch weiter. Wörtlich heißt es (V.4): „Dein Hirtenstab und dein Lehnstab, sie leiten mich." Hier wird auf die Begleitwerkzeuge des Hirten angespielt, mit denen er seine Herde führt und durch gefährliche Wegstrecken dirigiert.[293] Das deutsche Wort „trösten" bedeutet von seiner Grundbedeutung her: „stabilisieren, einen Halt geben", und Martin Luther, der geniale Übersetzer der Psalmen ins Deutsche, hatte wohl diese Grundbedeutung im Sinn, als er das Wort „trösten" wählte. Einleuchtender wird das Bild jedoch durch die korrekte Übersetzung „führen/leiten", denn Schafe sind auf diese „Stabführung" eines Hirten angewiesen. Sie wären, auf sich allein gestellt, schnell mit der Wegsuche überfordert, wie mir ein Schäfer einmal im Gespräch erklärte.[294]

Fazit: Die Kraft, die der Beter bekommt, erwächst ihm aus dem Vertrauen, auch in dunklen Zeiten des Lebens – Belastungs- und Stresszeiten! –, nicht auf einen Abgrund zuzusteuern, sondern dank Gottes Führung bewahrt zu werden. Nicht unbedingt vor der Krise, aber in der Krise. Dieses Vertrauen wirkt chronischer Überforderung, die schließlich im Unglück, sprich: in Haltlosigkeit und Zusammenbruch, endet, wirksam entgegen.

Dazu ein Beispiel: Eine Untersuchung an Eltern, deren Kinder im Endstadium einer Krebserkrankung waren, zeigte, dass religiöse Eltern ebenso tief betroffen waren vom Leiden ihres Kindes wie nicht religiöse Eltern. Doch wiesen die religiösen Väter und Mütter eine geringere Stressbelastung auf als jene Eltern, die auch in dieser Situation von Gott nichts wissen wollten. Die Erklärung der Forscher war: Christen konnten dank ihres Glaubens besser mit der schweren Belastung umgehen. Konkret half ihnen offensichtlich die Überzeugung, dass Gott seine Gründe hatte, weshalb er gerade ihnen dieses harte Schicksal auferlegte. Das bedeutet: Diese Eltern fühlten sich trotz aller offenen Fragen von Gott geführt und in ihrer Belastbarkeit nicht überfordert.[295] Der Glaube gab ihnen Halt und Hoffnung – die Hoffnung, der Belastung gewachsen zu sein.

---

293 Ob es sich wirklich um zwei verschiedene Arten von Stäben handelt oder ob nur, wie häufig im Alten Testament, eine Sache mit zwei Begriffen umschrieben wird, ist nicht ganz klar.
294 Jesus wusste um diese Eigenheit der Schafe, weswegen auch sein Gleichnis von einem Schaf, das sich verirrte und nicht mehr zur Herde zurückfand (Matthäus 18,12-14), vollkommen der Realität entspricht. Der Schäfer, den ich befragte, sagte, dass ein Schaf in einer solchen Situation einfach stehen bleibt und sich nicht mehr vom Fleck rührt – wenn es niemand sucht und rettet, verendet es.
295 Sapolksy, a.a.O., S. 317f.

10.3. Sozialer Rückhalt

Die vielen positiven Auswirkungen des Glaubens auf Körper und Seele von Menschen werden, um es im Bild des Kreuzes zu formulieren, nicht nur durch die Vertikale – den Längsbalken – bewirkt. Diese Vertikale symbolisiert unsere Verankerung in dem Glauben an eine höhere Macht, die Christen konkret in dem Gott, den Jesus verkündet hat, erkennen. Die hilfreichen und Stress dämpfenden Konsequenzen des Glaubens haben ihre Ursache darüber hinaus in der Verbundenheit mit anderen Glaubenden. Diese Dimension wird durch den Querbalken symbolisiert.

Es ist in der Tat auffällig, dass Christen sich gern in Gemeinden, Gruppen und Kreisen organisieren. Dort erfahren sie Begleitung, Orientierung und erleben einen – natürlich je nach Gruppe unterschiedlich intensiven – gegenseitigen Zusammenhalt. Er kommt vor allem dann positiv zum Tragen, wenn Gruppenmitglieder unter hoher Belastung stehen oder in einer Krise sind. Die erlebte Unterstützung, die meist in Worten *und* Werken besteht, das heißt in Trost, gemeinsamer Reflexion, gemeinsamem Gebet oder Fürbitte, aber auch in praktischer Hilfeleistung, ist eine enorm kraftspendende und gleichzeitig entlastende Erfahrung. „Gottes Engel haben keine Flügel"[296] bedeutet hier: Gott bedient sich der Mitmenschen, um am Menschen zu handeln. Tatsächlich zeigen Studien, dass bei glaubenden Menschen mehr gegenseitiges Verantwortungsgefühl sowie mehr Einfühlungsbereitschaft vorhanden sind. Dies unterstützt Hilfs- wie auch Vergebungsbereitschaft, die den Zerbruch von Beziehungen verhindern.

Natürlich kann mit dem engen Zusammenhalt von glaubenden Menschen auch lähmende Bevormundung und Kontrolle verbunden sein (was vor allem für Sekten typisch ist). In diesem Fall zahlen die Mitglieder einen hohen Preis für die Unterstützung, die sie in Belastungszeiten bekommen. Diese Tatsache darf nicht verschwiegen werden. Doch einengende Entmündigung findet nicht überall statt, wo sich Christen gegenseitig in Druck- und Spannungssituationen beistehen. Viele von ihnen orientieren sich bewusst an der Empfehlung des Apostels Paulus an eine damals noch junge Gemeinde in der heutigen Türkei: „Einer trage des anderen Last, dann werdet ihr die Weisung Jesu erfüllen."[297] Verbundenheit erlaubt Vertrauen, Vertrauen aber ermöglicht hilfreiche Gespräche und persönliche Nähe, die mit einer Öffnung des Herzens einhergeht (siehe Kapitel 9.5.).

---

296 So lautet der Titel eines Vortrags der Verfasserin.
297 Galater 6,2.

Einander beizustehen, wenn es gilt, Lasten zu tragen, setzt allerdings eigene Belastbarkeit voraus. Sie kann – das ist ein unschätzbarer Vorteil – bei Christen nicht stillschweigend erwartet, jedoch eher vorausgesetzt werden. (Selbstverständlich, das sei an dieser Stelle ausdrücklich erwähnt, sind Nichtchristen oder Anhänger anderer Religionen ebenfalls oft bewundernswert hilfsbereit und engagiert, wenn es gilt, Menschen in Krisen- und Belastungssituationen tatkräftig zu unterstützen.)

Tatsache ist: Gemeinschaft bildet ein Gegenmittel gegen Stress – sofern sie harmonisch ist und Formen der Konfliktbewältigung gelernt wurden. Das gilt für Ehen und Familien sowie für alle Formen von Freundschaftsbeziehungen oder Gruppen, die herzlich und nicht nur zweckorientiert miteinander verbunden sind. Es gilt aber auch für alle anderen Formen von Gemeinschaft, wie zum Beispiel die zahlreichen klösterlichen Gemeinschaften oder Diakonissenverbände, die es gab und noch gibt. Sie leiden zwar unter gravierendem Nachwuchsmangel in Deutschland, doch wer dazugehört, ob Männer oder Frauen, kann sich meist eines erstaunlich langen Lebens erfreuen. Ein Grund dafür: Der belastende Faktor „Einsamkeit im Alter" fällt weg: „‚Ich bin gut damit gefahren, mich auf die Bruderschaft einzulassen', sagt Pater Franz, der zum Orden der Franziskaner gehört. Wenn er alt und klapprig werde (er ist 75 Jahre alt), meint er, fange die Gemeinschaft ihn auf ... In die Gemeinschaft eingebunden und von ihr getragen bis ins Alter menschenwürdig leben zu können, sei für ihn ein Impuls gewesen, in die Bruderschaft einzutreten, sagt der Pater."[298] Ein durchaus weitsichtiger Gedanke!

---

298 „Für Gott mitten im Leben", Artikel im Schwäbischen Tagblatt vom 16. September 2014.

10.4. Selbstwert und Werte

„Was macht mich wertvoll?" ist die Frage, die uns Menschen bewegt, sobald wir in der Lage sind, uns mit anderen Menschen zu vergleichen. Diese Frage begleitet uns bis zum Tod. Letzten Endes gibt es drei unterschiedliche Möglichkeiten, sie zu beantworten:

- Erste Möglichkeit: Wir beziehen die Antwort ausschließlich aus der Anerkennung der Gesellschaft, in der wir leben. Die Frage lautet dann genau genommen: Wie viel Anerkennung bekommen wir für das, was wir tun? Das heißt: Wir müssen uns diese Anerkennung hart und unablässig verdienen. Das bedeutet eine hohe Abhängigkeit von den Werten, an die unsere Gesellschaft Anerkennung knüpft. Selbst wenn es uns gelingt, dank unserer Erfolge und Leistungen Anerkennung zu erwerben, so können wir uns dieser Wertschätzung jedoch nie dauerhaft sicher sein. Denn sie wird uns, sobald wir unsere Erfolgs- oder Leistungsbilanz nicht mehr halten können, wieder entzogen. Dies kann in Form von Ablehnung, Ausgrenzung oder Verachtung geschehen. Doch viel schlimmer ist für viele Menschen die Nichtbeachtung, mit der sie plötzlich leben müssen, wenn sie den Anforderungen der Leistungsgesellschaft nicht mehr gewachsen sind.

Letzten Endes sind es vor allem drei Kriterien, an denen jeder Mensch in unserer Gesellschaft gemessen wird: Was leistest du beruflich? Wie viel Macht hast du? Und was kannst du dir leisten, sprich: Über welche materiellen Ressourcen verfügst du? Wer von Haus aus wohlhabend oder prominent ist, muss nicht unbedingt auch noch beruflich Karriere machen, um angesehen zu sein. Wer hingegen über keinen nennenswerten Wohlstand oder über keine „angeborene" Popularität verfügt, muss sich den Kriterien der Leistungsgesellschaft anpassen. Diese Gesellschaft bringt einem tüchtigen Handwerker, einem freundlichen Postbeamten, einer geduldigen Erzieherin oder einer gewissenhaften Krankenschwester nicht annähernd die gleiche Anerkennung und Wertschätzung entgegen wie einem reichen Firmenbesitzer, einem einflussreichen Manager, einem siegesverwöhnten Sportler oder einem titelreichen Akademiker. Das zeigt sich nicht nur, aber auch in den Lohnunterschieden!

Der unentrinnbare Stress, den die Abhängigkeit von den Maßstäben der Gesellschaft mit sich bringt, äußert sich leider auch in einem enormen Förderkult und Leistungsdruck, dem sich Kinder in heutiger Zeit ausgesetzt sehen. Die ständige Angst „Was ist, wenn ich den Erwartungen meiner Eltern, meines Partners, meiner Umwelt nicht genüge, wenn ich beruflich und materiell nicht mit meiner Umgebung mithalten kann?" führt oft schon bei Schulkindern zu einer chronischen inneren Anspannung – mit den bekannten Folgen. „Viele verknüpfen ihren Selbstwert ausschließlich mit Leistung", stellt Carmen Binnewies, Professorin für Arbeitspsychologie, fest. „Dadurch werden sie leicht zum Opfer des ökonomischen Drucks, gehen über ihre Grenzen und beuten sich selbst aus."[299] Diese Haltung wird auf die Kinder übertragen.

• Zweite Möglichkeit: Wir beziehen die Antwort auf die Frage, was uns wertvoll macht, aus den Beziehungen zu uns wichtigen oder nahestehenden Menschen. Dies dürfte einer der Hauptgründe sein, weshalb nach dem neuesten Familienreport für mehr als drei Viertel der Deutschen die Familie der wichtigste Lebensinhalt ist. 80 Prozent sagen sogar: „Man braucht eine Familie zum Glück" – vor 25 Jahren sagten dies weniger als 50 Prozent![300] Die Familie ist offenbar die letzte Bastion, in der wir uns unseres eigenen Wertes versichern oder meinen, sicher sein zu können. Und dies, obwohl Familien heute leichter zerbrechen als früher und obwohl die Bereitschaft, die eigenen Eltern einmal zu pflegen, wenn sie alt sind, bei der jungen Generation deutlich gesunken ist!

Es ist, wie einige Kapitel dieses Buches deutlich gemacht haben, in der Tat von enormem Einfluss auf unsere Gesundheit, ob wir mit einigen anderen Menschen positiv verbunden sind und uns geliebt fühlen. Dies gilt für Männer ebenso wie für Frauen. Eine Studie weist nach, dass Männer, die Herz-Kreislauf-Erkrankungen hatten, sich jedoch von ihrer Frau geliebt fühlten, halb so schwere Symptome wie diejenigen aufwiesen, die sich nicht geliebt fühlten. Selbst Männer, die klare Risikofaktoren aufwiesen (erhöhter Cholesterinspiegel, Bluthochdruck, Stress, Rauchen), waren vor Gesundheitsproblemen besser geschützt, wenn sie sich von ihren Frauen geliebt fühlten.

Natürlich reagieren auch Frauen hochsensibel auf positiven Rückhalt. „Von tausend an Brustkrebs erkrankten Frauen", so Servan-Schreiber, „starben innerhalb von fünf Jahren in der Gruppe derjenigen, die sagten, es fehle ihnen an Liebe in ihrem Leben, doppelt so viele wie in der

---

299 „Erholung: Die Kunst, neue Kräfte zu sammeln", Psychologie heute 8/2014, S. 26.
300 „Familie – das beliebteste ‚Auslaufmodell' aller Zeiten", in: Psychotherapie und Seelsorge 1/2014, S. 10.

anderen Gruppe."[301] Auch erkranken Frauen, die sich von ihren Männern nicht wertgeschätzt fühlen, häufiger an Infektionen und Magen-Darm-Erkrankungen als Frauen in einer harmonischen Beziehung, was darauf hinweist, dass erlebte Missachtung Stress bedeutet und – unter anderem – zu einem geschwächten Immunsystem führen kann. Diese wenigen Beispiele zeigen, dass der Preis für die Abhängigkeit von uns nahestehenden Menschen hoch ist: Sie entscheiden mit über unser seelisches, aber auch körperliches Wohlbefinden.

● Dritte Möglichkeit: Wir beziehen die Antwort auf die Frage, was uns wertvoll macht, aus der Verbundenheit mit Gott. Die Rede von der „Liebe Gottes" soll im Grunde nichts anderes ausdrücken als eine Wertschätzung des Menschen vonseiten eines personal vorgestellten Gottes, die ohne Bedingungen gilt. Da menschliche Liebe und Wertschätzung allerdings in der Regel mit dem Wunsch verbunden sind, dem geliebten Menschen Kummer und Leid zu ersparen, halte ich persönlich den Ausdruck „Liebe" im Zusammenhang mit Gott für missverständlich. Hilfreicher ist es meines Erachtens, von einer Art bedingungsloser Annahme des Menschen auszugehen, und zwar so, wie er ist. Dass Gott uns akzeptiert, ist in diesem Sinne voraussetzungslos, man muss und kann sich seine Wertschätzung nicht verdienen – und man kann sie auch nicht verlieren, sondern sie allenfalls ignorieren oder zurückweisen.

Diese Grundakzeptanz ist mit dem Bild eines strafenden Gottes schlechterdings nicht vereinbar. Weshalb? Weil der strafende Gott ein Gott ist, der Bedingungen und Forderungen stellt und bei deren Nichterfüllung mit negativen Konsequenzen („Liebesentzug") droht oder reagiert. Im Grunde ist es die vorherrschende menschliche, meist von ichbezogenen Erwartungen bestimmte Form der Liebe („Ich liebe dich, wenn/solange du ..."), die hier Gott unterstellt wird. Wie ich in Kapitel 2 deutlich gemacht habe, ist sie mit dem Gottesbild Jesu nicht vereinbar.[302]

Im Gleichnis vom verlorenen Sohn[303] (= der Mensch, der sich von Gott entfernt hat) macht Jesus deutlich, dass dieser die Wertschätzung des Vaters (= Gott), als er zurückkommt, *voraussetzungslos* empfängt – abgesehen davon, dass er heimkehren muss, um diese Liebe zu erfahren! Auch

---

301 Servan-Schreiber, a.a.O., S. 206.
302 Jesus kündigte Konsequenzen für unsere Lebensführung im „Jüngsten Gericht" an, in dem unser Leben sozusagen auf den Prüfstand kommt. Doch wie das letzte Wort Gottes, bildlich gesprochen, dann ausfällt, sollten wir offenlassen bzw. Gott überlassen
303 Lukas 15,11-32.

in den spektakulären Begegnungen, bei denen Jesus einzelnen Menschen ausdrücklich ihre Sünden vergab, führte er keinerlei Bedingungen ins Feld, die erst erfüllt werden mussten – außer der Bereitschaft des Sünders, sich selbst als solcher zu sehen. Besonders deutlich wird dies in dem Gleichnis vom Pharisäer und vom Zöllner, das Jesus erzählte.[304] Zum Entsetzen seiner Zuhörer bezeichnete Jesus den Zöllner, der lediglich gebetet hatte: „Gott, sei mir Sünder gnädig!", als „von Gott gerecht gesprochen", was bedeutete, dass ihm seine Sünden vergeben waren.

Deutlich wird, dass die Wertschätzung, die der Gott Jesu uns Menschen entgegenbringt, eine klare Alternative zu der bedingungsorientierten Liebe ist, die wir sowohl vonseiten der Gesellschaft als auch – in mehr oder weniger ausgeprägter Form – vonseiten unserer Mitmenschen und Nächsten erfahren.[305] Dafür sprechen Untersuchungen, die zeigen, dass glaubende Menschen mehr Selbstwertgefühl entwickeln, da sie weniger abhängig von den Kriterien der Leistungsgesellschaft sind.

Die Bedeutung des Glaubens für die Stressreduktion

Selbstverständlich sind auch glaubende Menschen nicht unabhängig von der Anerkennung der Gesellschaft sowie der Wertschätzung derer, die sie lieben und von denen sie geliebt werden möchten. Das macht sie so stressanfällig wie andere Menschen auch. Doch – um wieder auf das Bild des Kreuzes zurückzukommen – die Abhängigkeit vom Querbalken (= meine Beziehungen in dieser Welt, die Werte meiner Umgebung) wird deutlich relativiert durch den Längsbalken (= meine Beziehung zu Gott, die Werte Gottes), an dem dieser Querbalken befestigt ist. Der Längsbalken macht den Querbalken nicht überflüssig, aber er bildet ein Gegengewicht. Der Dichter Theodor Fontane schrieb:

---

304 Lukas 18,9-14. Zöllner galten aus mehreren Gründen als Sünder, die unrein waren und mit denen kein Frommer verkehren durfte. Sünder waren sie unter anderem deshalb, weil sie mit der heidnischen Besatzungsmacht, den Römern, zusammenarbeiteten. Vgl. auch Lukas 19,9: Der Zöllner Zachäus, dem Jesus bedingungslose Wertschätzung signalisierte, indem er sich entgegen dem jüdischen Reinheitsgebot in sein Haus als Gast einlud, bekannte im Lauf des Besuchs indirekt seine Schuld, indem er einschneidende Wiedergutmachungsmaßnahmen ankündigte. Jesus sprach ihm ebenso indirekt die Vergebung dieser Schuld zu mit den Worten: „Heute ist diesem Haus Heil/Frieden widerfahren."
305 Diese Bedürfnisorientierung ist einer der Hauptgründe, weshalb viele Partnerschaften zerbrechen und Eltern-Kind-Beziehungen schwere Konflikte durchmachen, wenn die Kinder einmal erwachsen sind und eigene Wege gehen.

„Es kann die Ehre dieser Welt
Dir keine Ehre geben,
Was dich in Wahrheit hebt und hält,
Muss in dir selber leben."[306]

Fontane hat recht, wenn er größtmögliche Unabhängigkeit von den Bewertungen dieser Welt einfordert. Doch er hat unrecht, wenn er meint, diese Unabhängigkeit fände man allein durch Rückzug auf sich selbst. Hier überfordert er den Menschen. Man kann nicht ausschließlich in sich selbst Halt suchen, sondern Halt erwächst dem Menschen immer aus einem festen Punkt außerhalb seiner selbst.

Menschen, die diesen Halt in Gott finden, können meines Erachtens aus drei Gründen stressfreier leben:

● Der Rückhalt, den sie in ihrer Beziehung zu Gott erleben, macht sie unabhängiger von menschlicher Rückmeldung. Diese ist wichtig, doch nicht ausschlaggebend für den eigenen Selbstwert. Sie ist ernst zu nehmen, doch nicht alleiniger Maßstab.

● Der Rückhalt, den Glaubende in ihrer Beziehung zu Gott erleben, ermöglicht ihnen, auch selbst in eine Form der „Liebe als Haltung" hineinzuwachsen, die sich von der bedingten, gefühlsorientierten Liebe deutlich unterscheidet. Die Liebe als Haltung ist die Entscheidung, einen Menschen nicht nur dann wertzuschätzen, wenn er unseren Erwartungen entspricht und uns nicht enttäuscht, sondern ihm eine Form von grundsätzlicher Achtung entgegenzubringen, die unser Verhalten bestimmt.[307]

Dies setzt eine gewisse Souveränität über eigene Bedürfnisse voraus, die sich uns hauptsächlich durch die Gefühle mitteilen („Ich bin enttäuscht, verletzt von dir, weil ..."). Dank jener Liebe als Haltung gewinnen Glaubende mehr Unabhängigkeit von jenen, die sie lieben, wodurch diese Liebe jedoch keineswegs gemindert, sondern vielmehr stabilisiert wird. Der Grund: Sie ist weniger krisen- und störanfällig, was wiederum das Stressrisiko senkt.

● Die Verankerung in dem Wertesystem, das Jesus uns vorgelebt und vermittelt hat, ermöglicht Distanz zu den Werten dieser Welt, die im Übrigen immer stark zeit- und umweltbedingt sind. Was heute ein hoher

---

306 Theodor Fontane: Poetische Kostbarkeiten, Karwe ⁶2004.
307 Diese Liebe als Haltung ist auch mit dem Doppelgebot der Liebe „Du sollst Gott lieben (...) und du sollst deinen Nächsten lieben wie dich selbst" (Matthäus 22,37-39) gemeint, denn eine bedürfnisorientierte, emotionale Liebe kann nicht „verordnet" werden.

ethischer Wert ist, kann morgen verachtet und verpönt sein, und was gestern nichts galt, kann heute plötzlich enorm populär sein. Was morgen als äußerst erstrebenwert gilt, kann schon übermorgen wieder überholt sein. Christen sind in gewisser Weise „Zeitüberlegene" – sie wissen, dass die Beurteilung Gottes anders ausfällt als die Beurteilung ihrer Umwelt, weil Gott tiefer sieht, umfassenderen Einblick hat und andere Maßstäbe anlegt.

Dazu einige Beispiele: Immer wieder kündigte Jesus an: „Die Letzten werden die Ersten sein", was nur Sinn macht, wenn Gott völlig anders urteilt als die Menschen.[308] Die arme Witwe, welche die kleinstmögliche Münze in den Opferkasten einlegte, lobte Jesus mit den Worten: „Sie hat mehr als alle anderen gegeben, denn für sie war es ein echtes Opfer"[309] – will heißen: Nicht die Quantität, sondern die Qualität der Gabe zählt.[310] Und in seinem Entwurf vom Letzten Gericht bilanzierte Jesus: „Denn was ihr einem meiner geringsten Brüder getan habt, habt ihr mir getan", nachdem er zuvor so „unspektakuläre" Hilfsleistungen wie Kleidung austeilen, Nahrung spenden, einen Kranken oder Gefangenen besuchen etc. aufgeführt hatte.[311]

Diese Erkenntnisse und eigenen Erfahrungen ermöglichen es glaubenden Menschen, sich wertvoll zu fühlen und eigene Schwerpunkte in ihrem Leben zu setzen, auch wenn sie dabei nach den Maßstäben ihrer Zeit und Umgebung („Was leistest du? Wie angesehen bist du? Was kannst du dir leisten?") nicht unbedingt hervorstechen.

---

308 Z.B. Matthäus 19,30 und 20,16.
309 Lukas 21,4.
310 Damit ist in diesem Fall die persönliche Verzichtbereitschaft gemeint, die dem finanziellen Opfer ja erst seinen Opfercharakter gibt.
311 Matthäus 25, 31-40.

10.5. Leben im Gleichgewicht

Wer eigene moralische Werte hat, muss sich nicht vom Zeitgeist unter Druck – auch unter Zeitdruck – setzen lassen. Dies birgt die Chance, einen Rhythmus von Anspannung und Entspannung, von Aktivität und Ruhe in das eigene Leben zu bringen, der gegen jede Form von Dauerstress vorbeugend wirkt. Hier kann man von der über 1500 Jahre alten Tradition des abendländischen Mönchtums eine Menge lernen. Wer sich beispielsweise mit den Ordensregeln von Benedikt von Nursia (um 480 bis 547 n.Chr.) beschäftigt, ist beeindruckt, welch umfassendes, tiefes Wissen über die Natur des Menschen dieser Mann, der ja etliche Jahre in völliger Einsamkeit lebte, gewonnen hatte. Zehn Gedanken, die seinen Regeln zugrunde liegen, seien abschließend genannt:

- **Körper und Seele bilden eine Einheit und dürfen nicht auseinandergerissen werden.**

Aus diesem Grund ist für den Christen die Sorge für seine seelischen Bedürfnisse ebenso bedeutsam wie die Sorge für den Körper. Jesus hat diese Gleichwertigkeit einmal mit einem Zitat aus dem Alten Testament veranschaulicht: „Der Mensch lebt nicht vom Brot allein (= Stillung körperlicher Bedürfnisse), sondern von einem jeden Wort, das Gott zu ihm spricht" (= Stillung seelisch-geistlicher Bedürfnisse).[312]

- **Das rechte Maß ist die Mutter der Gesundheit, sowohl bei der Arbeit als auch bei Genuss und Ruhe.**

Zahlreiche Probleme entstehen, weil Menschen etwas zu wenig oder zu viel tun. Die Kunst des „rechten Maßes" liegt darin, jegliches Übermaß rechtzeitig zu erkennen und zu vermeiden, aber auch darauf zu achten, dass kein Mangel bzw. keine Unterversorgung in einem wichtigen Lebensbereich eintritt.

- **Zur Gesundheitsfürsorge gehört der bewusste Umgang mit den eigenen Gedanken und Gefühlen (Selbstdisziplin, Selbstwahrnehmung, Selbststeuerung).**

Dieser bewusste Umgang muss gelernt und ständig geübt werden. Nur dann entwickeln sich genügend Selbstwahrnehmung und Selbststeuerung, um ein Übermaß oder eine Unterversorgung rechtzeitig zu erkennen und ihr gegensteuern zu können.

---

312 Matthäus 4,4. Vgl. auch Matthäus 16,26, wo Jesus fragt: „Was nützt es einem Menschen, wenn er die ganze Welt gewinnt, aber dabei seine Seele verliert?" (wobei „Seele" auch mit „Leben" übersetzt werden kann).

- **Der regelmäßige Wechsel von Arbeit und Kontemplation im Tages-, Wochen- und Jahresrhythmus entspricht der Natur des Menschen.** Durch diesen Wechsel, der in der benediktinischen Formel „Ora et labora" („Bete und arbeite") prägnant zum Ausdruck kommt, wird ein Übermaß an Arbeit und Aktivität, aber auch an Untätigkeit und Passivität vermieden.
- **Gesundheit steht im Zusammenhang mit Ordnung, deshalb brauchen die Tage und Wochen eine Struktur.** Ordnung kommt durch Strukturen zum Ausdruck. Durch eine vom regelmäßigen Pendeln zwischen Aktivität und Ruhe geprägte Untergliederung der Tage, Wochen und Monate entsteht ein Rhythmus. Er entlastet vom ständigen Druck, neu entscheiden zu müssen, wann wir unsere Arbeit und unser Engagement unterbrechen, und verhindert dadurch, dass wir unbemerkt in zu viel Aktivität oder Passivität abgleiten.
- **Rituale sind notwendig, um die Struktur des Lebens zu unterstützen.** Rituale sind Handlungen mit festgelegtem, mehr oder weniger immer gleichem Ablauf, die ohne Worte funktionieren und meist eine über den unmittelbaren Nutzen hinausgehende Bedeutung und Funktion haben. Sie geben, wenn sie inhaltlich gefüllt sind, der Seele Kraft und entlasten sie gleichzeitig, weil sie vorgegeben sind und nicht neu erfunden werden müssen. Man denke an Begrüßungs- oder Abschiedsrituale, an den Applaus als festgelegtes Beifallsritual, an das Ritual, die Gläser anzustoßen, bevor man trinkt, oder an das Ritual, auf einer Beerdigung eine Rose oder eine Schaufel Erde auf den Sarg des Bestatteten zu werfen. In jedem Fall haben Rituale vielfältige Funktionen:
- **Rituale unterbrechen den Alltag und verhindern auf diese Weise Ausbrennen aufgrund unablässiger Tätigkeit.**
  - Sie verleihen dem Unsagbaren Ausdruck.
  - Sie helfen, vom reinen Verstandesdenken umzuschalten in eine mehr ganzheitliche Wahrnehmung der Welt.
  - Sie sind Gefäße, die unseren Gefühlen eine Form geben.
  - Sie sind Gefäße, die unseren Bedürfnissen eine Form geben (vgl. regelmäßige Zeiten der Stille oder Meditation).
  - Sie verbinden uns mit anderen Menschen.
  - Sie sind Oasen des Energieschöpfens und Atemholens der Seele.
  - Sie geben unserem Leben Wurzeln und Kontinuität (vgl. Festrituale).

- Sie geben der Seele Heimat.
- Rituale ermöglichen es, jenseits der Sprache in Kontakt mit einer tieferen Dimension des Lebens zu kommen. Denn auch das Nichtsagbare verlangt nach Ausdruck.
- **Das Leben in der Gemeinschaft bietet die Chance gegenseitigen Vertrauens und gegenseitiger Unterstützung in Worten und Werken.** Der moderne Individualismus trägt diesem Bedürfnis häufig zu wenig Rechnung bzw. lässt es unbefriedigt. Technische Medien sollen dem entgegensteuern (ständige Erreichbarkeit, unbegrenzte Vernetzungsmöglichkeit per Internet usw.), doch sie sind kein Ersatz für erlebte Gemeinschaft im Zusammensein mit anderen Menschen.
- **Das Leben in der Gemeinschaft bedarf einer Ordnung, um Konflikten und Disharmonie vorzubeugen.** Ordnungen schränken ein, doch sie entlasten auch. Sie bieten für den Einzelnen eine Orientierung, die seinen Umgang mit anderen Menschen vereinfacht, weil nicht alles selbst bzw. in der Diskussion abgewogen und entschieden werden muss. Auch Hierarchien können eine positive Ordnung sein, wenn dadurch geklärt ist, wem welche Entscheidungsbefugnis zusteht und wer welche Verantwortung trägt. Der Verzicht auf Ordnungen und Hierarchien macht Gemeinschaften hingegen eher labil und krisenanfällig.
- **Der Einzelne ist angehalten, seine eigene Belastbarkeit realistisch einzuschätzen.** Gerade dieser letztere Punkt ist ungewöhnlich für die damalige Zeit. In seinen „Regula" (Regeln) schreibt Benedikt: „Wird einem Bruder etwas Schweres oder Unmögliches aufgetragen, so nehme er den Befehl des Vorgesetzten gelassen und gehorsam an. Wenn er aber sieht, dass die auferlegte Last das Maß seiner Kräfte durchaus übersteigt, dann soll er dem Oberen geduldig und bescheiden darlegen, warum er den Auftrag nicht ausführen kann, ohne Stolz oder Widerstand oder Widerrede."[313] Dies zeigt: Verantwortung für die eigene Person soll übernommen werden.

Auch wenn wir heute in vielen anderen Gemeinschaftsformen leben (Familie, Partnerschaft, Wohngemeinschaft, Hausgemeinschaft, Kommunität, christliche Gemeindeformen usw.), sind die Grundgedanken des Benedikt von Nursia immer noch gültig und bedenkenswert – vor allem in Hinblick auf ein Leben ohne chronische Überlastung.

---

313 In: Gelebte Antwort, Stuttgart 1981, S. 36f.

Fazit: Wir tun gewiss gut daran, möglichst viele der Regeln Benedikts in einer Weise, die zu unserer Person und unserem Lebensvollzug passt, umzusetzen. Der entscheidende Punkt dabei ist, *dass wir Getragene sind und nicht Getriebene.*[314] Nicht getrieben von der Angst, das Leben zu verpassen, den Sinn zu verfehlen, den Erfolg nicht zu erreichen, in der Bedeutungslosigkeit zu versinken. Denn diese Angst macht uns krank. Stattdessen: getragen vom Ja zu uns selbst, vom Ja anderer Menschen, aber auch vom Ja Gottes zu uns mitsamt unseren Fähigkeiten, die es zu entfalten, und unseren Grenzen, die es zu erweitern, aber mehr noch zu respektieren gilt. Vielleicht wird der folgende Psalm dann auch unser Gebet:

---

314 Vgl. dazu mein Buch „Du bist gut genug!", 8. Auflage, Witten 2014.

Psalm

Ich bin vergnügt
erlöst
befreit

Gott nahm in seine Hände
Meine Zeit
Mein Fühlen Denken
Hören Sagen
Mein Triumphieren
Und Verzagen
Das Elend
Und die Zärtlichkeit

Was macht dass ich so fröhlich bin
In meinem kleinen Reich
Ich sing und tanze her und hin
Vom Kindbett bis zur Leich

Was macht dass ich so furchtlos bin
An vielen dunklen Tagen
Es kommt ein Geist in meinen Sinn
Will mich durchs Leben tragen

Was macht dass ich so unbeschwert
Und mich kein Trübsal hält
Weil mich mein Gott das Lachen lehrt
Wohl über alle Welt

Hanns Dieter Hüsch

Literaturverzeichnis (in Auswahl)

Ann Elisabeth Auhagen (Hrsg.): Positive Psychologie, Weinheim 2004

Joachim Bauer: Das Gedächtnis des Körpers. Wie Beziehungen und Lebensstile unsere Gene steuern, München 2009

Joachim Bauer: Prinzip Menschlichkeit, Hamburg 2006

Dieter Beck: Krankheit als Selbstheilung, Frankfurt 1981

Otto Benkert: Stressdepression. Die neue Volkskrankheit und was man dagegen tun kann, München 2005

Christina Berndt: Resilienz, München 2013

Johannes Czwalina: „Wenn ich nochmal anfangen könnte ..." Menschen erzählen, Moers 2003

Thorwald Dethlefsen/Rüdiger Dahlke: Krankheit als Weg, München 1989

Carol Dweck: Selbstbild. Wie unser Denken Erfolge oder Niederlagen bewirkt, Frankfurt 2007

Joachim Faulstich: Das heilende Bewusstsein. Wunder und Hoffnung an den Grenzen der Medizin, München 2006

Howard Friedman/Leslie Martin: Die Long-life Formel. Die wahren Gründe für ein langes und glückliches Leben, Weinheim 2012

Ben Furman: Es ist nie zu spät, eine glückliche Kindheit zu haben, Dortmund 2008

Uwe Gieler: Die Sprache der Haut. Das Wechselspiel von Körper und Seele, Düsseldorf 2007

Peter Goes: Leicht wie der Geist der Rose. Selbstheilungskräfte entdecken, Göttingen 2003

Hans-Ulrich Grimm: Die Ernährungslüge, München 2005

Monika Gruhl: Die Strategie der Stehauf-Menschen. Krisen meistern mit Resilienz, Freiburg 2010

Thich Nhat Hanh: Ich pflanze ein Lächeln. Der Weg der Achtsamkeit, München 1991

Louise L. Hay: Gesundheit für Körper und Seele, München 1989

Horst Heidbrink/Helmut E. Lück/Heide Schmidtmann: Psychologie sozialer Beziehungen, Stuttgart 2009

Hildegund Heinl und Peter Heinl: Körperschmerz – Seelenschmerz. Die Psychosomatik des Bewegungssystems, München 2004

Jon Kabat-Zinn: Zur Besinnung kommen, Freiamt im Schwarzwald 2006

Barbara Klose-Ullmann: Mein Körper sagt mir, er will nicht mehr tanzen. Krankheit als Signal und Chance, München 2003

Manfred Köhnlechner: Biologische Medizin heute, Frankfurt 1993

Gert und Marlén von Kunhardt: Helle Köpfe braucht das Land, Lahr 2009

Rüdiger Lörenz: Salutogenese, München 2005

Dale A. Matthews: Glaube macht gesund. Spiritualität und Medizin, Freiburg i.B. 2000

Christiane May-Ropers: Das neue Handbuch der Körper-Balance, Paderborn 2002

Miriam Meckel: Brief an mein Leben: Erfahrungen mit einem Burnout, Reinbek 2010

Wolfgang Miltner/Niels Birbaumer/Wolf-Dieter Gerber: Verhaltensmedizin, Berlin 1986

Jean Monbourquette: Psychologie und Spiritualität, München 2008

Ingrid & Renate Müller: Zwillingskrebs. Ein Schicksal, zwei Geschichten, Reinbek 2011

Hans Rudolf Olpe/Erich Seifritz: Bis er uns umbringt? Wie Stress die Gesundheit attackiert – und wie wir uns schützen können, Bern 2014

Johann Caspar Rüegg: Gehirn, Psyche und Körper. Neurobiologie von Psychosomatik und Psychotherapie, Stuttgart 2006

Robert M. Sapolsky: Warum Zebras keine Migräne kriegen. Wie Stress den Menschen krank macht, München 1996

Silvia Schroer/Thomas Staubli: Die Körpersymbolik der Bibel, Darmstadt 1998

David Servan-Schreiber: Die neue Medizin der Emotionen, München 2004

Daniel J. Siegel: Mindsight – Die neue Wissenschaft der persönlichen Transformation, München 2012

Karin Spaink: Krankheit als Schuld. Die Fallen der Psychosomatik, Hamburg 1994

Spiegel Special: Gesund & glücklich. Was Körper und Seele ins Gleichgewicht bringt, Hamburg 2007

Reinhard Tausch: Hilfen bei Stress und Belastung, Reinbek 1995

Shelley E. Taylor: Positive Illusionen. Produktive Selbsttäuschung und seelische Gesundheit, Reinbek 1993

Henry G. Tietze: Entschlüsselte Organsprache. Krankheit als Ausdruck seelischen Leids, München 1987

Harald C. Traue: Emotion und Gesundheit. Die psychobiologische Regulation durch Hemmungen, Berlin 1998

Martin Urban: Wie die Welt im Kopf entsteht, Frankfurt 2002

Frederic Vester: Phänomen Stress, Stuttgart 1995

Beate M. Weingardt: Das verzeih ich dir nie! Kränkungen überwinden, Beziehungen erneuern, Witten [12]2014

Beate M. Weingardt: Wer immer nur gibt, gibt irgendwann auf, Gießen [7]2014

Beate M. Weingardt: Du bist gut genug! Wie Sie Ihre inneren Antreiber erkennen und gelassener werden, Witten [8]2014

Beate M. Weingardt: Ein Mann – (k)ein Wort. Warum Männer nicht gern über Gefühle reden und warum Frauen sich nicht damit abfinden, Witten [4]2013

Beate M. Weingardt, Faszination Körpersprache – Was wir ohne Worte alles sagen, Witten [3]2013

Beate M. Weingardt: Freundschaft macht glücklich! Warum wir Weggefährten brauchen, Witten [2]2014

Timothy D. Wilson: Gestatten, mein Name ist Ich. Das adaptive Unbewusste – eine psychologische Entdeckungsreise, München/Zürich 2007

Michael Wirsching: Psychosomatische Medizin. Konzepte, Krankheitsbilder, Therapien, München 1996

Hans-Ulrich Wittchen: Handbuch Psychische Störungen, Weinheim 1998

Hans Walter Wolff: Anthropologie des Alten Testaments, München 1984

Beate M. Weingardt
Du bist gut genug!
Wie Sie Ihre inneren Antreiber erkennen und gelassener werden können

Wir alle lassen uns in unserer Lebensgestaltung von Zielen, Werten und Wünschen leiten. Doch kaum jemand nimmt diese „inneren Antreiber" genauer in den Blick: Woher stammen sie? Wollen wir ihnen wirklich folgen? Solche Antreiber können uns nicht nur beflügeln, sondern auch einengen und die Lebensfreude abschnüren. Beate Weingardt zeigt, wie wir ihnen auf die Schliche kommen und sie verbannen können. Auf diese Weise gewinnen wir Gelassenheit und werden auch als Christen glaubwürdiger. Denn Gott bietet uns an, uns mit seiner Liebe zu tragen, damit unser Leben gelingt. Seelsorgerlich und psychologisch fundierter Ratgeber.

Paperback, 13,5 x 20,5 cm, 192 S.
ISBN 978-3-417-24917-0

Beate M. Weingardt
Das verzeih' ich dir nie!
Kränkung überwinden, Beziehung erneuern

Menschen kränken einander, verletzen die Gefühle anderer – jeder hat das schon selbst erlebt. Selten geschieht die Kränkung absichtlich. Dennoch sitzt der Schmerz tief. Was tun? Vergessen? Welche Schritte sind notwendig, damit Verzeihen möglich ist? Warum fällt uns Vergeben oft so schwer, vor allem bei Menschen, die uns nahestehen? Diesen Fragen geht Beate Weingardt sehr praxisnah nach. Ein phsychologischer und seelsorgerlich fundierter Ratgeber!

**Gebunden, 13,5 x 20,5 cm, 176 S.
ISBN 978-3-417-26926-0**

Beate M. Weingardt
Freundschaft macht glücklich!
Warum wir Weggefährten brauchen

Freunde bereichern das Leben und machen glücklicher. Doch wie findet man wahre Freunde? Wie beginnt man eine Freundschaft, und was kann man tun, damit sie ein Leben lang anhält? Diesen und anderen Fragen geht Beate M. Weingardt nach. Untersuchungen belegen, dass in einer globalisierten Welt das Bedürfnis nach echten Wegbegleitern immer größer wird. Jeder von uns braucht Freunde – sie gehören zu den größten Schätzen in unserem Leben!

Gebunden, 11 x 18 cm, 96 S.
ISBN 978-3-417-26520-0